首届国会

THE FIRST CONGRESS

HOW JAMES MADISON, GEORGE WASHINGTON,
AND A GROUP OF EXTRAORDINARY MEN
INVENTED THE GOVERNMENT

FERGUS M. BORDEWICH

美国政府的创造
1789
~
1791

[美]
弗格斯·M.博德维奇
著

濮阳荣
译

上海社会科学院出版社
SHANGHAI ACADEMY OF SOCIAL SCIENCES PRESS

图书在版编目（CIP）数据

首届国会：美国政府的创造，1789—1791 / (美)
弗格斯·M.博德维奇 (Fergus M. Bordewich) 著；濮阳
荣译. —上海：上海社会科学院出版社，2018
　　书名原文：The First Congress: How James Madison, George Washington, and a Group of Extraordinary Men Invented the Government
　　ISBN 978-7-5520-2368-8

Ⅰ. ①首… Ⅱ. ①弗… ②濮… Ⅲ. ①议会－历史－研究－美国－1789－1791 Ⅳ. ① D771.29

中国版本图书馆 CIP 数据核字 (2018) 第 148206 号

上海市版权局著作权合同登记号：09-2018-571

THE FIRST CONGRESS: HOW JAMES MADISON, GEORGE WASHINGTON, AND A GROUP OF EXTRAORDINARY MEN INVENTED THE GOVERNMENT BY FERGUS M. BORDEWICH
Copyright:©2016 by Fergus Bordewich
Published in agreement with Elyse Cheney Literary Associates, LLC
through The Grayhawk Agency.
Simplified Chinese edition copyright:
2018 Beijing Paper Jump Cultural Development Co., Ltd.
All rights reserved.

首届国会：美国政府的创造，1789—1791

THE FIRST CONGRESS: HOW JAMES MADISON, GEORGE WASHINGTON, AND A GROUP OF EXTRAORDINARY MEN INVENTED THE GOVERNMENT

著　　者：[美]弗格斯·M.博德维奇（Fergus M. Bordewich）
译　　者：濮阳荣
总 策 划：纸间悦动　刘科
策 划 人：唐云松　熊文霞
责任编辑：董汉玲
特约编辑：程　彤
封面设计：xtangs@foxmail.com
出版发行：上海社会科学院出版社
　　　　　上海顺昌路 622 号　邮编 200025
　　　　　电话总机 021-63315900　销售热线 021-53063735
　　　　　http://www.sassp.org.cn　E-mail: sassp@sass.org.cn
印　　刷：北京中科印刷有限公司
开　　本：880mm × 1230mm　1/32
印　　张：12.75
字　　数：282 千字
版　　次：2018 年 10 月第 1 版　2018 年 10 月第 1 次印刷

ISBN 978-7-5520-2368-8/D.493　　　　　定价：62.00 元

译者序

濮阳荣

国会在美国三权分立的政治体制中扮演着十分重要的角色，其主要职能是负责国家的立法工作。作为一种全新的制度设计，它的产生过程无疑充满了曲折和传奇。面对如此严肃的课题和诸多庞杂的史料，如何用一部作品向普通读者展示那段历史，做到既客观理性，又兼具可读性和趣味性，显然不是一件轻松的事情。本书作者弗格斯·M.博德韦奇可以说做出了成功的尝试。全书正文共二十章，另有"前言"和"结局"，以时间的演进为叙事主轴，让各类重大历史事件（如宪法、总统制、首都选址、国会议员选举、国家金融方案等）有序地穿插其间，以生动的笔触和理性的思考，再现了一个个鲜活的面孔（华盛顿、麦迪逊、杰斐逊、汉密尔顿、亚当斯等），使读者有机会在领略伟大人物风采的同时，也能窥见他们的世俗欲望。他们有着深厚的家国情怀，无比的战略雄才，但也如同你我一样渴望家庭温暖、功成名就，甚至资财丰盈。

二百多年前召集的第一届美国国会，显然没有一劳永逸地解决所有历史问题，随着时间的推移，新的矛盾将层出不穷，它最卓越的贡献是用成文的法律和不成文的惯例，让美利坚合众国这艘航船顺利地扬帆起航，并确保这艘航船不会严重偏离航线。后人在继承这一笔宝贵遗产的时候，除了感怀国家日益强大，先辈功勋卓著，还应像当时一位名叫拜伦·海德·德·内维尔的外国观察家告诫的那样"保持理智"。

《首届国会》的主要翻译工作完成于我在英国访学期间。得益于莱斯特大学翻译研究中心良好的学习环境和图书馆丰富的文献资源，翻译工作进行得颇为顺畅。我想借此机会对莱斯特大学翻译研究中心应雁博士表示感谢，对浙江省重点高校建设计划项目和本人工作单位宁波大学外国语学院提供的学习机会致以谢忱，对纸间悦动编辑熊文霞女士深表敬意，她为本书的翻译和出版付出了大量劳动和心血。鉴于作者水平有限，书中难免存在谬误和不足，望读者诸君不吝指正。

濮阳荣

献给克洛伊

她已经付出了一切,

还将继续付出。

目录

第一届联邦国会议员名单　ix

前　言　尼布甲尼撒的怪物　001
第一章　汹涌之海　017
第二章　政府的扶植之手　031
第三章　新纪元　051
第四章　气派与批评　067
第五章　复杂要务　085
第六章　一个重要而微妙的议题　099
第七章　丑陋的政治　115
第八章　性质不明的提案　133
第九章　书面保障　149
第十章　无与伦比的中心　167
第十一章　插曲一　187
第十二章　金融的迷宫　209

第十三章　全国性的滔天大罪　223

第十四章　骚乱的号角　245

第十五章　密谋、会晤、计策、反计　261

第十六章　南方立场　275

第十七章　印第安人　295

第十八章　插曲二　307

第十九章　自由最好的所在　317

第二十章　最差的引擎　329

结局　美国曙光　349

后记　359

致谢　365

专有名词英汉对照表　367

参考文献　385

我们置身荒野之中，没有任何前人的足迹给我们指引。

——詹姆斯·麦迪逊，1789年6月

阴谋诡计、结党营私、私下交易，在这样一个政府里频繁上演；比起在皇宫大殿议事的君主专制政体，这个面对公众进行辩论的共和政体有过之而无不及。

——路易斯－纪尧姆·奥托，1790年7月

我们开始忘记，当年的爱国者也是和我们一样的人，像当今的人们一样主动或被动地受到外部影响；我们几乎无法避免地把他们想象成拥有超人类品质的巨人，而不会想到这样做会让他们的性格缺乏应有的连贯性和道德品质。

——查尔斯·弗兰西斯·亚当斯，1871年

第一届联邦国会议员名单

参议院

康涅狄格州

奥利弗·埃尔斯沃思

威廉·塞缪尔·约翰逊

特拉华州

理查德·巴西特

乔治·里德

佐治亚州

威廉·菲尤

詹姆斯·冈恩

马里兰州

查尔斯·卡罗尔

约翰·亨利

马萨诸塞州

特里斯特拉姆·道尔顿

凯莱布·斯特朗

新罕布什尔州

约翰·兰登

佩因·温盖特

新泽西州

菲利蒙·迪金森(1790年12月6日以后接替威廉·彼得森担任参议员)

乔纳森·埃尔默

威廉·彼得森(1790年11月13日因被选举为新泽西州长而提出辞职)

纽约州

鲁弗斯·金

菲利普·约翰·斯凯勒

北卡罗来纳州

本杰明·霍金斯

塞缪尔·约翰斯顿

宾夕法尼亚州

威廉·麦克莱

罗伯特·莫里斯

罗得岛州

西奥多·福斯特

小约瑟夫·斯坦顿

南卡罗来纳州

皮尔斯·巴特勒

拉尔夫·伊泽德

弗吉尼亚州

威廉·格雷森（1790年3月12日去世）

理查德·亨利·李

詹姆斯·门罗（1790年12月6日接替威廉·格雷森担任参议员）

约翰·沃克尔（被任命填补威廉·格雷森去世留下的空缺，任职时间从1790年3月31日到11月9日）

众议院

康涅狄格州

本杰明·亨廷顿

罗杰·舍曼

乔纳森·斯特奇斯

小乔纳森·特朗布尔

杰里迈亚·沃兹沃思

特拉华州

约翰·瓦伊宁

佐治亚州

亚伯拉罕·鲍德温

詹姆斯·杰克逊

乔治·马修斯

马里兰州

丹尼尔·卡罗尔

本杰明·康蒂

乔治·盖尔

乔舒亚·锡尼

威廉·史密斯

迈克尔·詹妮弗·斯通

马萨诸塞州

费希尔·埃姆斯

埃尔布里奇·格里

本杰明·古德休

乔纳森·格洛特

乔治·里奥纳德

乔治·帕特里奇

西奥多·塞奇威克

乔治·撒切尔

新罕布什尔州

埃比尔·福斯特

尼古拉斯·吉尔曼

塞缪尔·利弗莫尔

新泽西州

伊莱亚斯·布迪诺特

兰伯特·卡德瓦拉德

詹姆斯·舒尔曼

托马斯·斯尼克孙

纽约州

埃格伯特·本森

威廉·弗洛伊德

约翰·哈索恩

约翰·劳伦斯

彼得·西尔维斯特

杰里迈亚·范·伦塞勒

北卡罗来纳州

约翰·巴普蒂斯塔·阿什

蒂莫西·布拉德沃思

约翰·塞维尔

约翰·斯蒂尔

休·威廉姆森

宾夕法尼亚州

乔治·克莱默

托马斯·菲茨西蒙斯

托马斯·哈特利

丹尼尔·希斯特

费雷德雷克·奥古斯塔斯·米伦伯格

约翰·彼得·米伦伯格

托马斯·斯科特

亨利·温库普

罗得岛州

本杰明·伯恩

南卡罗来纳州

伊达诺斯·伯克

丹尼尔·休杰

威廉·劳顿·史密斯

托马斯·萨姆特

托马斯·都铎·塔克

弗吉尼亚州

西奥德里克·布兰德（1790年6月1日去世）

约翰·布朗

伊萨克·科尔斯

威廉·布兰奇·吉尔斯（1790年12月7日以后接替西奥德里克·布兰德）

塞缪尔·格里芬

理查德·布兰德·李

小詹姆斯·麦迪逊

安德鲁·摩尔

约翰·佩奇

乔塞亚·帕克

亚历山大·怀特

前言

尼布甲尼撒的怪物

Preface

Nebuchadnezzar's Monster

广袤的美洲大陆如果组成一个政府,则其不能长期被一种民主所主宰——否则你也会想着用祷告统治地狱了。

——托马斯·韦特,1787 年 11 月第一届联邦国会在美国历史上最具划时代意义。倘若它未能获得成功，我们今天所熟悉的美国将无从说起。离制宪会议结束不到两年，所有 13 个州尚未全部批准宪法，第一届国会却承担着组建一个崭新政府的历史重任，一切几乎从零开始。无论是参与了国会还是未参与的，都不知道它会不会成功，能不能成功。第一届国会之所以取得成功，是政治角力、鲜明个性、不同理念以及超凡决心合奏的史诗华章。它赋予宪法以生命，为这个国家的政府开创了诸多先河，也为政治斗争提供了舞台，这样的斗争一直延续至今，构成了 21 世纪的政治风景：区域竞争、对宪法的解释（是逐字逐句还是灵活处理）、联邦权力和地方权益的冲突、政府三个分支之间的紧张局面、对个人权利的保护、跨越意识形态的障碍达成妥协、对金融和财政调节手段的质疑、对税收的敌视、军事存在的性质，以及对强势政府的广泛担忧，等等。

　　人们对于政府的信心极低。自 1783 年独立战争结束以来，国会就一直在没有多少实际权力和缺乏尊重的前提下，试图管理这个国家。如同其他牢骚满腹的美国人一样，新当选的南卡罗来纳州参议员拉尔夫·伊泽德向托马斯·杰斐逊抱怨："我们身处一个令人难堪的局面，而祸端主要是缺乏高效强劲的政府，政府的影响力需要遍布美国各个角落。"人们对政客普遍投以不屑：一名移居到佐治亚州的新英格兰人感叹道："这里的人跟罗得岛人一样堕落，因为这个州的大部分政府部门都由品行恶劣的人把持着。"许多有政治理想的人也对公众的投票权热情不高。自命清高又颇具影响力的康涅狄格州众议员罗杰·舍曼说："人们参与政府事务越少越好，他们掌握的信息太少，容易被误导。"

至1789年隆冬，美国政府仍然形同虚设。在纽约市，邦联议会仍未退出历史舞台，参会人员从1785年就开始集中，但自10月以来一直未达到法定人数。议会秘书查尔斯·汤姆森哪怕在大街上碰到议员，都会把他们拉进办公室，以便他能够在记录本上写下他们已经"集中"过了。老的议会尽管没有正式解散，但实际上已经没有了开会场所，人们被从现在位于华尔街上的联邦大楼赶出来，原先的场所正在法国出生的工程师皮特·朗方（由于对自己的美国人身份很自豪，他不再用原来的名字皮埃尔）的指挥下改建成新的联邦国会。工人们翻建了屋顶，拆除了破败的内饰，新建了宏伟的楼厅，以立柱承重，整个建筑呈现出时尚的托斯卡纳风格。诚如那位到访美国的法国外交官穆斯捷伯爵，伊利诺-弗朗索瓦-以利亚所言，朗方在建造"一个能寓意新宪法的纪念碑。无论是国会大楼还是新宪法，它们都被设计者彻底改变了，带给客户的震撼远超出当初的设想"。这个建筑是如此引人注目，一些议员甚至怀疑"它是为了吸引南方人而故意设计成这样的"，诱使他们来纽约而不至于让其失去首都的位置。

那些将于1789年3月出现在联邦国会大楼的议员，任重而道远。不断叫嚣的反对派要求对宪法进行多处修改，或者召开新的制宪会议修改宪法。政府财政收入匮乏，欧洲国家又拒绝贷款给美国，好几个州的财政状况濒临崩溃。成千上万的定居者拥入阿巴拉契亚山脉以西的大片区域，激起与定居在此的土著部落间的矛盾，也使得国家领导者开始担心"新兴州数量激增，可能难以管理"。从新罕布什尔到北卡罗来纳，觉醒的农民公然违抗政府的税收计划。南方人不相信北方人，西部人也不相信东部人。支持奴隶解放的人组织起来向国会施压，要求规范奴隶贸易甚至立法终结奴隶制，而如果国会胆敢处理奴隶制的问题，"特殊传统"的维护者就打算脱离联邦。中央政府的永久选址应该怎么定？对诸如此类关键问题的讨论并未在法律的框架内进行，每个国会议员都心知肚明：国家存亡有赖于各方利益的平衡。

美国当时还是一个由11个主权独立的州组成的松散联合体——国会集中的时候，北卡罗来纳和罗得岛实际上还不属于这个国家，而且在接下去的数月一直如此。那时，美国更多地体现的是一种理想，一种观点，而不是一种现实。"我们现在的联盟与尼布甲尼撒的怪物并无多大不同，后者是由铜、泥和铁构成的——它既不是完全的民族国家，联邦国家，也不是主权国家，"约翰·亚当斯的朋友威廉·都铎在给这位副总统的信中叹道，"如今的美国，地域辽阔，人口分散，加之礼仪及信念方面差异极大，很难把这样的国家融合成一个整体。"直到1790年12月的时候，北卡罗来纳州立法机构仍然以较大优势投票否决了一项要求其宣誓支持宪法的提案。鉴于当时落后又不可靠的通信方式和交通状况，要管理这样一个文化多元而又幅员辽阔的国家，前景堪忧。整个国家从南到北的跨度达到1200英里左右，从佐治亚州到缅因——缅因州当时还是马萨诸塞州的一部分；从大西洋沿岸到密西西比河则有 500 英里左右。从心理上，美国人把这个国家分成四个区域——北部或称作东部各州，指哈得孙河以东的区域，即康涅狄格州、马萨诸塞州、罗得岛州、新罕布什尔州（1791 年后，佛蒙特州也算作该区域的一部分）；中部各州如纽约州、新泽西州和宾夕法尼亚州（有时候马里兰州、特拉华州及弗吉尼亚州也算作该区域）；南部各州包括佐治亚州、北卡罗来纳州、南卡罗来纳州、弗吉尼亚州（有时候马里兰州和特拉华州也被算作该区域的一部分）；西部各州主要按照阿巴拉契亚山脉的走向来确定，从纽约州中部到佐治亚州，还包括后来一些州的一部分，比如俄亥俄州，如今中西部上段（upper midwest）的部分地区，弗吉尼亚西部的肯塔基地区，北卡罗来纳州的田纳西地区，以及亚拉巴马州和密西西比州，后两个州当时都属于佐治亚州。

大部分美国人当时居住的地方实际上跟小村落相差无几，它们都是几十年前从荒原上开垦出来的，许多地方都远离重要的城镇。全国不到 300 万的人口里，大约一半有英格兰血统。剩下的里面，黑奴占了 18%，大约相当于当时主要来自爱尔兰、苏格兰、威尔士和德国的移民或移民后代。还应该加上数量未知的印第安人，他们也许有几十万之众，却被人口统计部门忽视了。这些零散分布的部落包括但不限于纽约州的易洛魁人，西佐治亚州的克里克人和切罗基人，他们一直是西进拓荒者难以逾越的屏障。1790 年，只是拥有 43000 人口的费城、拥有 33000 人口的纽约、拥有 18000 人口的波士顿、拥有 16000 人口的查尔斯顿、拥有 13000 人口的巴尔的摩可以被称作城市。而这些城市同拥有近百万人口的伦敦比起来，根本不值一提，与拥有 500000 人口的巴黎也完全无可比拟。

美国人只在名义上认为自己是一个民族。很多新英格兰人认为,宾夕法尼亚人和他们所在的州"在风俗礼仪方面与自己的差异之大如同光明和黑暗"。宾夕法尼亚州国会议员乔治·克莱默评论说,他对在纽约发生的一切感知程度还不如"对发生在牙买加大开罗进行的各种交易。纽约人和我持差不多的立场——我们相互尊重但彼此全无好感"。南方人对任何一个北方人都不相信:"我深深地觉得不管谁演奏乐曲,南方人总要做那个定调的人",议员西奥德里克·布兰德如此告诫他的一位弗吉尼亚老乡。看到如此根深蒂固的不调和状态,马萨诸塞州议员费希尔·埃姆斯,一位民族统一的坚定支持者,"希望每一位美国人都理解民族统一极其重要且不可或缺,一旦遭到破坏,其后果将如同玉米无法生长,水壶无法烧开一般"。与此同时,面对无法施行的宪法,反对者无耻地拒绝遵守它,称其"不过是让一些一般原则形成了文字而已",警告人们这部宪法是为暴政铺路的,不久言论自由和新闻自由将不复存在。

新政府能够运作吗?作为比任何人都希望第一届国会能如期进行的人,詹姆斯·麦迪逊说道:"我们身处荒原,前方没有任何引领的足迹。"今天人们习以为常的总统制,当时仍旧遥遥无期。总统乔治·华盛顿已经选举出来了,但对于这个位置的职责难以达成共识。没有行政部门,除了参议院和众议院的工作人员及华盛顿的私人秘书以外,也没有联邦政府雇员。没有最高法院或者其他低层次的联邦法院。至于联邦政府与州政府之间的关系,人们只能猜测。国会没有多数派或少数派领袖,没有有组织的政党,没有固定的议事程序,行政部门和立法部门之间的关系也不清晰。国会选区在大小上让人费解:佐治亚州国会议员詹姆斯·杰克逊是16000人的代表，而来自马萨诸塞州缅因选区的乔治·撒切尔则代表了96000多人。奴隶制进一步扭曲了国会议员的代表权。为了确保宪法在南部得到批准，纽约代表同意每个奴隶可记作五分之三个人，以分摊各州在众议院的代表席位。蓄奴州因此额外获得其所保有的奴隶人口数60%的席位，使得蓄奴州在国会的影响力远超其按照自由州原则所能得到的，紧随而来的是永久保有这种优势的臆想。

尽管很少正面提及，但奴隶制的幽灵时常影响第一届国会的很多关键性讨论，就如同一颗小行星即将撞向地球一般，其影响不言自明，但极少有人敢于承认。已经被宪法取代的《邦联条例》规定，每个州在邦联议会上只有一个投票权，如此安排使得奴隶制在政治上意义不大，因为它给予拥有100783名奴隶的弗吉尼亚州和没有一名奴隶的马萨诸塞州一样的投票权。在制宪会议上，较大的州要求代表权反映一个州的人口规模，这就带来了另一个两难的问题：奴隶该算作人还是财产？如果只是自由白人被算作人，那么人口更密集的北方显然将控制政府，并且只要他们愿意，他们最终将有权结束奴隶制。然而，普遍认为北方终究将失去其人口优势，因为西部出现了一些新的蓄奴州。如果南方能在短期内获得在政府内的影响力，定期进行的名额再分配将最终使其牢牢确立统治地位。计算奴隶人口数以获得更多在国会的投票权是个很好的解决方案，因为谁也没说在事实上给予奴隶投票权，为"代表"他们的人投票。

奴隶制也许是关在民族大厦地下室里的魔鬼，很少有人提及，但其他威胁就不那么容易压制下去了。国会开幕前夕，一个事件动摇了美国人对于共和政府的信心。谢司起义在今天的美国历史上除了作为脚注出现，几乎被人们忘记了，但它却让参加第一届国会的议员们心头蒙上了阴影。1786年到1787年的秋冬之际，深受重税之苦的农民在退伍老兵丹尼尔·谢司的领导下关闭法院，袭击法官，打伤税务官，侵入西马萨诸塞州富有官员的家园。派去镇压反叛者的民兵中，有好几十人倒戈了。保守派担心这些"绝望而又不讲原则"的反叛者决心掀起阶层争斗，意在与英国人结盟。起义最终被波士顿富人支持的武装力量镇压，但它暴露出国家军事力量极端虚弱。起义似乎也有力地证明了直接民主、自由集会和言论自由的危险。在后续的辩论中，国会议员们常常表达一种担忧，美国已经进入一种下降轨道，将和历史上的共和政体一样陷入内部纷争。如同弗吉尼亚参议院理查德·亨利·李后来告诉乔治·华盛顿的一样，谢司起义似乎证明了"不受约束的人类，不利于政府的管理"。

有关外部颠覆、阴谋集团以及印第安人攻击的报道无所不在。有些新政府的国会议员心存焦虑，尤其是听说了西部地区可能独立出去成为单独一个国家，或者与西班牙或英国结盟，他们就更加不安了，原因在于西部地区与全国其他地区的关系"松散而脆弱"。（一些美国人反对在西部定居，担心稀释原有各州的人口。"我们能够让西部地区处于美国政府的管辖之下吗？如果能，其意义何在？"独立战争后退役的将军鲁弗斯·普特南不解地问）除了大山造成的天然分界，白人和原住民之间没有清晰的界限，由于仇恨颇深，边界战争时有发生。定居者殷切期待得到法律的保护，而虚弱的邦联政府却未能满足。除非他们的要求得到满足，否则"他们要么投靠西班牙政府，成为其子民，要么联合起来割地为王，脱离联合政府的管辖"。宾夕法尼亚州国会议员托马斯·斯科特如此警告。在南部，据说成百上千的克里克人正动员起来准备进攻佐治亚边境。安东尼·韦恩将军汇报称那里的安全形势非常严峻，威胁不仅来自印第安人的破坏活动，也来自"西班牙人给予逃跑黑奴的刻意保护……如果国会不能立刻采取行动，这个新兴国家就将面临人口流失带来的困境"。在东北部边境，包括如今的中西部上段的大部分地区，英国人不仅拒绝按照和平协定的要求放弃边关要塞，而且增援了8000兵力，据说正煽动当地印第安人的不满情绪。

更大的威胁来自这个国家不稳定的财政状况。独立战争期间，大陆会议已经向欧洲的银行和政府，以及美国人举借了大笔的债务。政府深陷债务泥潭，欠下近200万美元的超期利息，每年尚有50万美元海外债权人的到期债务。"我们身处黑暗之中，"一位宾夕法尼亚州国会议员说，"我坚信我们现在游走在悬崖边缘，鲁莽行动会带来危险。"政府债务也催生了货币和期票贬值问题，有些贬值高达四十比一。国家和政府的全部未支付债务最终证实为7400万美元。1789年的时候，没有一个国会议员知道如何处理这笔庞大的债务。"在美国，我们在这门（财政）科学上仍然经验匮乏，"马萨诸塞州国会议员埃尔布里奇·格里沮丧地表示，"我们仍旧需要摸黑前行，必须认真考虑每一步的危险。"

在一些有远见的金融家眼里，美国作为走向世界的贸易巨人和制造业发动机的前景也仅仅是黑暗中的一线曙光。那时候在美国仅有三家银行，分别位于费城、纽约和波士顿，只有几家公司，且主要是从事收费公路业务的。与此同时，还有至少50种让人眼花缭乱的货币流通着，很多还是伪造的：西班牙多布隆和皮斯托，荷兰盾，英国英镑，法国金币，以及众多由各州发行的货币。1787年，纽约立法机构宣布所有流通中的铜币都属于假币。为了得到对应的面值，许多钱币都被修剪或调整了大小，其结果是即使最简单的交易都要随身带着量具。如此混乱的货币体系让旅行者和生意人苦不堪言。在南方一些地区，钱币的位置被烟草取代。在一些州，比如新泽西，旅行者不得不接受的当地货币在别处一文不值：如果有人在纽约以七五折的价钱买入新泽西货币，期望因此获利，那他真的到新泽西去花这些钱的时候，可能发现那些钱只能按五折花出去。如此"糟糕的不正当生意，"一位法国旅行者愤愤不平地说，"滋生出欺骗的伎俩，不是教人靠诚实劳动，而是靠不当得利来生活。"

新政府能否处理所有这些"似乎正笼罩在好几个州上空的混乱、敌视和不睦"，公众对此至少信心不足。"全国性政府不会有低能的危险吗？"副总统约翰·亚当斯忧心忡忡，他认为整整一半的国会议员会在两年内辞去职位。"什么能点燃人们的希望或者激起他们的畏惧？权利？保护自身和政府部门的武力？权利之中蕴含的奖励和惩罚？"

第一届国会，尤其是第一次会议，深受小个子詹姆斯·麦迪逊的影响，他常常引导辩论，以卓越的领导才干和雄辩的演说能力掌控了立法机构，受到众议院上下的敬重。虽然他的正式职位只是弗吉尼亚州众议员，但他与华盛顿的亲密关系以及对宪法的深入理解，使他在安排众议院议程时拥有一种独特的权威。众议院议长权力很小，多数派和少数派领袖是几十年以后才有的，所以麦迪逊在众议院审议过程中的领导地位并不意外。但麦迪逊只是一个多元又个性化的团体里具备这种才能的第一人。参加第一届国会的 95 名参、众议员是个比较年轻的群体，大部分人是三四十岁的年纪。一小部分人最终表现出无法适应耐心的审议工作。对工作十分专注的麦迪逊曾在国会开幕不久尖锐地指出，他眼中"能尽心尽力地干好这个苦差事的人并不太多"，而失去耐心的马萨诸塞州年轻议员费希尔·埃姆斯嘲笑同事们"让人困倦"的工作方式和"斤斤计较的"工作态度——换言之，他们心胸狭隘、吹毛求疵。但大多数人还是很专业的政治家，他们有天分，有经验，有智慧。多数人也都参加过独立战争这一爱国行动，尽管据说有一小撮人在独立战争中是支持英国殖民者的。

罗杰·舍曼曾为康涅狄格妥协案做出过努力，该法案使得每个州在参议院的席位一样，而众议院的席位则根据每个州的人口数来确定。他在康涅狄格州的同事、参议员奥利弗·埃尔斯沃思出身贫寒，但在耶鲁大学受过教育，在大陆会议任职数年，为司法部门的形成做出了贡献。参议员理查德·亨利·李担任公职40年，他最初是弗吉尼亚州下议院议员，被认为是当时最好的演说家之一。马萨诸塞州的埃尔布里奇·格里性情刚烈，执着地信奉共和政体，从1762年开始担任公职并签署了《独立宣言》，后来成为批评集权政体最猛烈的人之一。新泽西州的慈善家议员伊莱亚斯·布迪诺特，是福音教派长老会教徒，花费很多资财支持爱国军队，救助英国战俘，后来成了邦联议会的主席。国会中有一些大财阀，比如来自宾夕法尼亚州的参议员罗伯特·莫里斯，他是美国最富有的人之一；有农学家，比如来自南卡罗来纳州的参议员拉尔夫·伊泽德，拥有500名奴隶和4300英亩的种植园；有军人，比如来自佐治亚州的众议员詹姆斯·杰克逊，曾在前线与印第安人战斗；有忠于信仰的人，比如来自宾夕法尼亚州的弗雷德里克·奥古斯塔斯·米伦伯格，他放弃了路德教会的教职加入大陆会议，并成为宾夕法尼亚州议会议长。尽管这些人代表不同的利益，性格差异也不小，但他们将完成一项政治协作的壮举，让后人难以超越。

现代意义上的政党当时并不存在，但宪法支持者和反对者之间的巨大分野早已显现。自称"联邦主义者"的占据了参议院22个席位中的20席，众议院59个席位中的46席，在不同程度上致力于建立一个强有力的中央政府。"反联邦主义者"是明显的少数派，但也足够让"朋友们（宪法支持者）保持活跃和警惕了"，一位联邦主义者写道。他们反对宪法，寻求限制联邦政府权力，尽可能多地为自己的州谋求权益。总体而言，反联邦主义者认为中央政府的运作应通过各个独立的州来实现，而非直接授权给民众；联邦政府的权力应主要局限于一些领域，比如州与州之间的贸易、外交事务、公海领航、钱币发行，以及国防。在同意批准宪法的同时，一位反联邦主义作者，以"联邦农民"的笔名写了一系列流传颇广的信件，控诉美国人如何被一伙"贵族"蒙骗，他们一直盘算着在各州的基础上建立一个"巩固的中央政府"。新的制度，联邦农民写道，"是一个危险的实验，灾难即将降临"，除非各州有权否决他们认为"有害于人民"的法律。一位怒骂成性的匿名纽约人，在《每日广告报》上发表文章，把宪法指责为"君主式的、贵族式的、寡头式的、独裁式的、魔鬼般的奴隶制度"。其他人则担心总统职位的巩固会让拥有这一职位的人成为"像英国国王一样的君王，而且是最糟的类型——一个民选的君王"。唯一的办法，大多数反联邦主义者认为，就是大幅度地修改宪法。

联邦主义者担忧的是，如果反对宪法的人成功地使新政府屈从于各州的意志，他们将最终毁了这个政府。"我们还不能以为自己已经身处安全的港湾。"参加过独立战争的马萨诸塞州将军本杰明·林肯告诫约翰·亚当斯。大部分联邦主义者认为对宪法的任何修改都只是浪费国会的时间而已，而且正如语法学家诺亚·韦伯斯特所言，可能"从新罕布什尔到佐治亚播下不和谐的种子"。其他人则尖刻得多，《自由人期刊》一位匿名的社论作者就语带嘲讽地写道："古人对于牛、鳄鱼和猫的崇拜，现代人对于占星术和巫术的信仰，相比那些宪法修正案的荒唐程度并不过分。"另一位同样意在讽刺的作者，在《纽约每日公报》上宣称："如果必须修改宪法，那就来点有趣的吧，比如一点点空洞的点缀。"

尽管人们有诸多抱怨和焦虑，大家对新政府的期许和兴趣仍然很高。"所有的目光都集中在国会上，希望重归黄金时代。"一位选民在给埃尔布里奇·格里的信中写道。在接下去的几个月，全国性的法规将与区域性的嫉妒心及商业利益发生碰撞，有时候还很激烈；个人竞争时而超越公共利益；代表团内，州与州之间，地区与地区之间的政治分裂将难以收拾。有些人开始怀疑这个国家到底能不能存在下去。然而，第一届国会的成果是非常丰硕的，因为它把宪法从一纸文书和人们的满腔希望转变成了可以运作的国家机器。

第一届国会有三次会议，前两次在纽约，第三次在费城，在此过程中，第一届国会将设立国务院、战争部、财政部、最高法院、联邦法院系统，并制定第一部联邦刑法。国会将讨论并通过宪法第一修正案，就是我们今天说的《权利法案》。它将启动一个了不起的议程讨论税收和关税问题，以保证联邦政府的收入来源，并采取一个有深远意义的财政计划，该计划将国家经济体系建立在资本主义原则之上。美国的第一家国家银行将得到创立，第一次人口普查将发起，专利和版权制度将建立。同阿巴拉契亚西部地区印第安部落的协定将通过谈判发起，国家的永久首都选址将确定。最初十三州中一直不肯让步的州——北卡罗来纳和罗得岛——将同佛蒙特一起加入联邦，这也创造了一个先例，即新加入的州在加入联邦的条件上将同原有的州一样。"没有一个国家，没有一项法律能在如此短的时间里在建立政府、秩序、政府信用及全面安定等方面取得这么巨大的成果。"约翰·特朗布尔，一位哈特福德的律师（不是同名画家）在第三次会议闭幕以后写给约翰·亚当斯的信里充满了赞誉。

还要再经历几个月，政府的其他部分才能慢慢成形，进而在新制度的曙光中展现色彩。然而，在第一届国会期间，乔治·华盛顿——他在就职仪式上十分紧张，连手都在发抖——将逐渐展示总统制度的面貌，彰显它的权力，摆脱国会的束缚，为后代诠释这一职位的基本特征。约翰·亚当斯则很遗憾没能把副总统职位塑造成参议院审议过程的决定性角色，其无足轻重的地位直至今天也没能改变。亚历山大·汉密尔顿是首任财政部长，将为美国政府设计一套经济制度，并交给几乎不懂经济的国会审议立法。国务卿托马斯·杰斐逊后来才来到纽约，他将帮助选定国家的首都地址，并有违直觉地支持了汉密尔顿的财政计划。亨利·诺克斯是战争部部长，他倡导与印第安人维持和平，然后又号召这个国家的第一支常备军与其开战。大法官约翰·杰伊将让新设立的最高法院走上正轨。

这一切意味着什么？"这些美国人正航行在茫茫大海之中。"

穆斯捷伯爵是位极犀利的外国观察家，对美国抱有好感，他在反思中透露的满是旧世界的悲观情绪，几乎都能听出其话语里的叹息声。"这些习惯了在近乎平静的水面上驾驶小船的领航员，当他们经历过一些风暴和危险，让那些经验和才干都胜于当今美国伟大政治家的人也觉得可怕的风暴和危险，他们将会更深刻地理解管理的艺术。他们将在经历中意识到理论和实践之间有多大的距离和不同，懂得如何取得成功和庆祝成功一样重要。"然而，现在全国上下只有兴奋和庆祝，这刚刚诞生的政府将超越人们的期望，连创立者都将惊艳于它的表现。当国会在1789年那个阴冷潮湿的春天开幕的时候，一切都是新的，美国人从心底里觉得他们正迎来一个新纪元。"不同阶层和地位的人们似乎怀有同一种冲动，众议院第一次开幕时，大家立刻拥进了走廊里。"年老的詹姆斯·肯特回忆道，他还是个孩子的时候曾目睹国会开幕的场景，"我认为那是自豪而荣耀的一天，愿望终于实现。众议院是全体人民的期待，正在散发出生命的活力，将来有一天会比罗马元老院更有可能被看作'国家的避难所'。"

第一章

汹涌之海

Chapter One

An Ocean Always Turbulent

我们的宪法如同一艘刚刚下水的航船，还停靠在码头；她将如何确定航向，如何展开航程，满载希望的她能否安全行进，一切都不得而知。

——佐治亚州众议员詹姆斯·杰克逊

波托马克河谷的冬天变幻莫测。冻雨、冰雹以及偶尔的降雪让亚历山德里亚周边的许多农田变成了泽国，道路泥泞不堪，严重扰乱了旅行者的行程。1789年2月下旬，其中的一个旅行者，严寒天气里一个不起眼的身影，已经从位于蓝岭山脉附近的家中出发，穿过弗吉尼亚来看一位朋友，一位美国历史上最有名的人。当他接近乔治·华盛顿的弗农山庄时，詹姆斯·麦迪逊将会看到道路两旁种满了参天大树，这些橡树在寒冬中掉光了叶子，道路尽头才是气派的房子，有廊有柱，面朝河流。麦迪逊正在赶往纽约的途中，去即将成立的新国会履新。去弗农山庄并不顺路，更直接的路线是从马里兰州的乔治敦穿越波托马克河，然后直奔巴尔的摩。但是，华盛顿向他发出了召唤，对他信任有加，他们二人也都认为麦迪逊能在即将到来的大辩论中扮演核心角色。麦迪逊在竞选参议院的弗吉尼亚席位时败给了政治对手，在艰难战胜他的朋友詹姆斯·门罗后获得了一个众议院席位。反对宪法的人在弗吉尼亚州很强势，他们警告说麦迪逊当选国会议员将使"这片土地付出血的代价"。幸运的是，如此骇人的预测并未成为现实。

华盛顿需要有人帮他完成将于4月发表的就职演说。他先把这个工作交给了助手戴维·汉弗莱斯，后者准备了一篇长达73页的长文，满篇都是政策和提案，表明华盛顿支持建立强大的联邦政府和有力的行政部门。麦迪逊告诉华盛顿应该放弃这篇东西：它太冗长，想说的太多。他建议华盛顿用更直白的话语向一个脆弱的国家发表讲话，这个国家正要开始一项政治实验，其结果很难预测，很多人并不看好未来。他们重新组织了演讲稿，最终放弃了汉弗莱斯的长文，而把华盛顿想要告诉国民的内容进行了浓缩提炼，以期获得每一位美国人的支持。准备就职演说对于华盛顿来说有些冒昧：他还不是总统。推选总统选举团的投票仍在好几个州进行着——选民不能直接选举总统——投票结果直到国会开幕才能正式公布。但是既然他没有对手，那么结果也是可以预计的了。

此二人之间的差异真是不能再大了。一位是57岁的战斗英雄，那个时代的巨人，鹰钩鼻子宽肩膀，胯骨很宽，恰似为马背而生，在人眼中如神一般。经过恶劣天气、饥饿、失败和背叛的磨炼，他在战斗中表现出超人般的自制力。他英勇无畏，多次暴露在敌人的枪口之下。据说有一次美国军队在长岛遭遇溃败，他抱起一块大石头向一艘载满准备逃跑的士兵的船怒吼，如果他们放弃战斗，他就让这艘船"沉入地狱"。畅销书作家常常把他描绘成国家的"拯救者""救世主"，甚至偶尔直接把他比作耶稣基督。"啊，华盛顿！我多么爱戴你的名字！"耶鲁大学校长埃兹拉·斯泰尔斯在一篇广为流传的布道文中感叹，"多少次我感谢上帝，因他创造了你这样的人之骄子。俄斐的黄金也好，珠宝钻石也罢，都比不上你心里的高贵和美好。你的名字比波斯花园里的阿拉伯香料更加醇香。"他的面孔无处不在——在雕刻上，在铜版画上，在餐盘上，在匾额上，在水壶上，在酒杯上——他或许是唯一一位差不多每个美国人都熟悉的人。尽管他曾公开宣称"真心诚意地不愿意"担任总统一职，但他就像一个新英格兰人说的，"是唯一一位男人、女人和小孩、辉格党和托利党、联邦主义者和反联邦主义者都认可的总统"。

麦迪逊比华盛顿小20岁，在政治圈因为学识和辩论能力颇受尊重，但并不是很受爱戴。瘦弱矮小的他，只有5英尺4英寸（约1.63米），体重也仅100磅（约45千克），被同辈很多人认为"缺乏男人气概"，似乎他全身的精华都体现在灵活又聪明的大脑上了。弗吉尼亚一位著名政治家的妻子把他贬为"一个沉闷无趣的人……史上最不善交往的人"。华盛顿和麦迪逊在1781年就见过面，那时麦迪逊在大陆会议里供职。华盛顿一眼就看出这个在普林斯顿受过教育的年轻人很不一般。尽管麦迪逊的军旅生涯很短暂，只在弗吉尼亚做过一小段时间民兵，但他在政府任职的背景却让人印象深刻。他曾是弗吉尼亚革命会议的成员，然后——才刚刚二十几岁的年纪——就担任了州长帕特里克·亨利及其继任者托马斯·杰斐逊的政治顾问。战争结束后，作为弗吉尼亚议会议员，麦迪逊拥护华盛顿在波托马克河谷的商业利益，并成为这位退役将军最信任的顾问之一。

尽管麦迪逊说话时声音很小，经常让人听不清，也没有太多演讲技巧，但他总能以"最聪明的想法"和高超的议会策略让与之共事的人刮目相看。为他写传记的理查德·布鲁克海瑟敏锐地观察到，他明白"失去一张选票并不等同于失去一场辩论，因为如果之后你能够为执行决议书写纲领，那么你就能往更好的方向推进"。关于这一点，麦迪逊那些情感丰富的同事并未明白。这个教训是麦迪逊在制宪会议上领教的，在会议上有好些不成功的提案，比如总统由立法机构选举产生而非通过选举机构进行全民投票，比如国会有权否决各州的法律，比如国会两院代表都按人口数产生。这些教训让参加第一届国会的麦迪逊不屑于以惨重的代价获得道德上的胜利，而是坚定地要让不完美的国家机器运作起来。

麦迪逊在说服华盛顿参加会议并接受总统职位上厥功至伟。华盛顿更愿意待在弗农山庄的"葡萄藤、无花果树下"安享晚年，这是他最喜欢用来表明退出政坛决心的说法，尽管他深知要想让国会成功召开，他不能那样做。他理解麦迪逊忧国忧民的心思，但担心人们会批评他有个人野心，因为他早在1783年就公开宣布退出政坛了。但是，麦迪逊——大家一致认为善辩是其最大特点——成功地说服了华盛顿在修复不幸的邦联政府这个关键行动中发挥作用，声称除他以外，没有第二个美国人能得到全国人的一致支持。一旦下定决心，华盛顿就变得坚不可摧。汉密尔顿对他的观察是："他性格的最大特点应该是谨慎，不把所有情势和思考都权衡一遍，绝不采取行动；哪怕看到一处疑虑，他就不冒进。但是一旦下定决心，实现目标就是唯一选择。"如麦迪逊所料，华盛顿现身费城消除了一些人的担心，那些人当时正在担心重构政府会不会走得太远了。

伴随着批准宪法的进程，麦迪逊的名声越来越大。在此期间，他作为《联邦党人文集》共同作者之一（与亚历山大·汉密尔顿及约翰·杰伊合著），阐明了一个强力中央政府的立场，告诉人们这样的政府不会削弱、反会加强个人自由，解释了国家机器的运作机制。他大胆地挑战了一种广为人知的信念，即稳定的共和国只能在小型社会里运作，比如希腊的城邦国家或者族群单一的美国社区。"潜在的内斗原因"——个人利益——是"人性中固有的"，他说道，既然无法摆脱，那就要适应而不是否认它。这个目标可以通过一个广泛参与的共和国最好地实现，危险的多数派无法残暴地镇压政治上的少数派，也不大可能出现一个单一政党获得多数而镇压其他政党的情况，一个有代表性的政府而非直接的民主体制会"修饰放大公众的观点"，公众的观点通过一个选举出来的机构讨论过后，人们能更好地辨别出真正有利于国家的东西。

与同时代的很多政治家一样，麦迪逊相信立法机构会长期处于最有力政府分支的地位，很有可能"把所有权力都吸进冲动的旋涡"。为了遏制立法机构对权力的贪欲，他认为政府的三个分支都要充满活力，并赋予其"手段和动机避免侵害其他分支"，以避免立法机构全力叠加从而走向专制。仅仅有"公文之保障"——带有好的意图却没有约束力的意见——是不够的。把国会分成两个机构，每个机构有不同的权力，仅仅是第一步。更大的挑战来自如何使两个较弱势的政府分支——行政和司法分支——阻止立法分支的独裁地位。为实现这一目的，总统被赋予否决权以保护行政分支的独立性，而最高法院成员的终身制将有利于阻止司法受到政治干涉。"必须下大决心阻止任何野心，"他在一个著名的会议上说道，"政府本身除了是人性的最完整反映还能是什么？如果人人都是天使，政府就没必要存在了。"

新国会的选举结果从各州慢慢汇集——没有确定的选举日——结果证明比华盛顿、麦迪逊和其他新宪法支持者希望的好很多。联邦主义者在国会两院的选举中获得了压倒性的多数。按照华盛顿的观点，美国人展现了良知，但未来仍旧充满危险。要破坏这个不到两年时间里由制宪会议重新构建、尚在试验阶段的国家，不会很难。

"一些不可预知的灾难",华盛顿担心,仍有可能"把我们的喜悦扼杀在襁褓中"。

华盛顿压力空前,他深知公众的期待之高远非他能满足。这位当选总统收到了各种无休无止的请求,比如前大陆会议成员小约翰·阿姆斯特朗就要求华盛顿"在履行国家赋予你的职责时要顺服神的旨意"。(然而,阿姆斯特朗的意见属于不太有说服力的那种,1783年,他曾是所谓纽堡阴谋的核心成员,这个行动想通过军事政变对抗国会。)许许多多的担忧折磨着华盛顿,既有政治方面的,也有个人方面的:发生在边境的动乱和各州不稳定的财政状况,弗吉尼亚宪法反对者再生事端,下一季小麦和黑麦的种植安排,他拥有的西部边远地区土地的管理问题,他80岁高龄的母亲健康每况愈下,最终在弗雷德里克斯堡因癌症去世。现在他即将担起总统这一职位的空前重担。他向邻居塞缪尔·沃恩坦言,当然毫无疑问也对麦迪逊说过:"我一直害怕的事情终究要发生了,我现在没法不相信了。从这一刻起,当这种必要性越来越明显,而且不可避免时,我预计自己的心中将充满痛苦,每个夜晚我都必须再一次面对数不尽的尴尬、困惑和麻烦,而我的一生已经几乎被公务耗光了。"

按照计划,原先的邦联政府将在3月3日停止运作,新国会于3月4日开始运转。但是持续不断的恶劣天气让麦迪逊的北上之路进展缓慢。他在巴尔的摩给华盛顿写了一份快件,报告了一个好消息——联邦主义者在那个州的选举中也获得了胜利:"我认为所有的候选人都是拥护宪法的。"但是到费城以后,麦迪逊的意志消沉了一些日子,一位来自纽约的旅行者告诉他,只有一小部分参议员和国会议员抵达了那里,新泽西和纽约甚至还没有完成选举。(这个旅行者是一位深受麦迪逊信任的种植园主，他还告诉麦迪逊一个不好的消息，就是英国代理人在横跨阿巴拉契亚的弗吉尼亚州肯塔基地区很活跃，不断挑起对抗美国政府的事情，这是麦迪逊必须着手解决的问题。）在通往纽约那漫长而泥泞的路途中，还有更多让麦迪逊头疼的事情：本国混乱的财政形势、到处讨要薪金的愤怒退伍老兵、关于联邦政府永久首都选址的关键性辩论……一些人坚持认为应该对宪法做出各种修正，而这些修正可能会让麦迪逊所做的努力付诸东流。他也清楚人们对于新政府的期待过高，有些不切实际了。"人们对新国会翘首以待，"一位马萨诸塞选民写道，"我们期待你们做得比天使还要好。"

新当选的国会议员正从 11 个批准宪法的州出发，赶往纽约，也许行进得很慢。谁也没有信心他们能否担负起一个全新的、未经考验的政府的要求，这个新政府需要他们在以后的日子里慢慢构建出来。"远离平和幸福的家园，投身于公务、政治和礼节就连我自己看来也是不可理喻的，但我命该如此。"来自新罕布什尔的参议员约翰·兰登感叹道。来自波士顿的费希尔·埃姆斯太紧张了，不敢到众议院履职，觉得那跟死差不多。"我将离开，中断与这世界的联系，去到纽约，我必须解决好我所有的私事，以便为将来做好准备（将来对于我是一种恐惧和不确定的状态）。"他这样跟朋友交心。埃姆斯的同行者之一、经验更加丰富的埃尔布里奇·格里也一样不知道未来意味着什么。他曾是制宪会议中仅有的三位拒绝签署最后文件的人之一，自那以后他经历的嘲讽让他一直感觉沮丧和气馁。"你现在投身于政治的汪洋大海了，那是一片汹涌之海，"一位支持者给了他善意的忠告，"愿你的习惯和经验让你免于晕船，而你正直的思想让你勇立潮头。"

1789年，在纽约这个位于曼哈顿岛南端的城市，仍然随处可见独立战争期间英国人占据此地七年造成的祸害。每一个纽约人都不会忘记，城中饿殍满地，物资缺乏，街道上筑起防御工事，一片焦土，还有那让人揪心的难民营、对反抗者的疯狂报复、因没有柴火取暖而在冬天里活活冻死在家中的穷人。就算现在，小岛的乡间仍旧散落着瓦解的堡垒和要塞，而东河两岸的尸骨依稀可见，他们是在1776年长岛战斗中献身的美国军人。

就在近期的1787年6月，一位旅居法国多年的游客发现这座城市仍旧"一片颓废"。然而现在，它已经焕发出生机。全城上下，工人们正削平小山，填海平地，修建房舍，铺平街道，筑造码头。商业在复兴，贸易在增加，港口里停满了来自世界各地的船舶。尽管纽约是这个国家的第二大城市，三层以上的建筑不多，但对于来自乡村地区的大部分国会议员来说，它仍然有着某种大城市的气派。弯弯曲曲的街道上满是哈得孙河谷的荷兰人，来自新英格兰海岸的水手，犹太人和法国人，爱尔兰人和德国人，纽约西部边远地区的乡下人，旅游的易洛魁族人，自由的黑人，奴隶，身背契约的白种仆人，他们像奴隶一样，不准买卖东西，不准赌博或结婚，不准走出主人住所10英里（约16千米）外的地方。这座城市的报纸是自由竞争的。在华尔街和沃特街的"商人咖啡屋"里，你有可能在不经意间看到很有政治前途的年轻律师艾伦·伯尔或亚历山大·汉密尔顿，他们就在投机客、船东、进口商以及各行各业的商贩之中，商贩有的从事地产交易，有的则是奴隶交易。在附近的商业区，百老汇和东河码头之间的区域,你能看到做鞭子的,做假发的,提炼鲸蜡的,卖治疗牙疼药的,卖夹竹桃盆栽和茉莉花的苗圃,卖火绒箱的,卖雪橇铃铛的,卖鹅毛笔的,卖膝盖扣的,卖红酒白酒的,出版商和印刷商,教跳最新欧洲舞步的,以及搞音乐的"琴师和作曲家"范·哈根先生,他正准备招收学徒。甚至这座城市的绞刑架也很特别,藏在一个装饰华丽的中国式石塔里,旁边就是实施鞭刑的地方和牢房。

纽约城最有名的医生塞缪尔·巴德是个热爱这座城市的人,他会滔滔不绝地夸耀这座城市的环境有多健康,四周大片农田,"空气清新怡人"。但许多国会议员倒是惊讶于无处不在的垃圾。垃圾散发出浓浓的腐臭味,而洗衣女们在克莱克特河边忙着洗衣,那是如今纽约州法院和联邦法院附近的一片水域,制革工人们正把化学品倒入河中,河面上漂浮着肮脏的东西,比如死猫死狗的尸体和腐烂的动物内脏。看到这种景象的弗吉尼亚议员约翰·佩奇倍感恶心:"这里的街道铺设得不好,又脏又窄又弯曲,到处是奇形怪状的木头、石头和砖头做的房子,脏兮兮的猪猡和泥巴随处可见。"此外还有粪便。穷人们直接把夜壶里的东西倒在排水沟里,任由雨水和大批到处游荡的猪崽儿去解决掉这些秽物。而对于有钱人来说,卫生问题(原先就这个水平)是靠奴隶解决的:在晨曦的微光中他们排着长队奔向河边,头顶的桶里装着有钱人的粪便。

来自康涅狄格州的参议员奥利弗·埃尔斯沃思并不为这嘈杂的环境发愁,这位虔诚的教徒发现纽约人很信仰宗教,也很守规矩,这让人感到宽心。这里禁止锯人行道上的木头,禁止在克莱克特河以南除了教堂前面以外的地方种树,禁止驾驶水车的速度超过步行的速度。说脏话会被处以罚款 3 先令或关禁闭,教堂很多且都坐满了人。"更让我高兴的是,"埃尔斯沃思给妻子阿比盖尔写信说,"人们参加宗教仪式时表现出来的体面和虔诚。他们不会到处张望,也不会窃窃私语或放声说笑。大部分的女士和许多男士都在做祷告的时候跪在……长椅上,身体前倾遮住脸面。"埃尔斯沃思很显然没有注意到码头后面大街小巷里的青楼,不过离他寄住的地方几分钟的脚程而已。

相比于费城人的教友会做派和波士顿人的古板,纽约人对自己的时尚品位颇为得意。女人们穿着雍容华贵的连衣裙,内有裙撑,前后削平了,两边的裙摆各有两英尺宽。发式如同精美的建筑,少则一英尺(约 30 厘米),常饰以蕾丝和花朵。当地商店里的各种服装布料让国会议员的太太们目不暇接:细麻布、印花棉布、白棉布、媒染布、厚粗棉布、凸花条纹布、黑色丝带、平纹皱丝织品、绉绸、天鹅绒、羽缎斜纹布、色格棉布、亚麻棉混纺粗布、斜纹里子布、粗绒大衣呢,还有一些在新罕布什尔和佐治亚这样的偏远地区根本没听说过的布料。新英格兰的清教徒则对当地妇女穿的紧身上衣大为惊诧,认为这简直是腐化堕落,更别提那位法国大使了,他影响了美国人的手织布工艺,却公开与情妇居住在大使馆,而此人正是他的妻妹。其他人则对纽约人过度讲究礼仪及没完没了的社交没有好感。"如此铺张的习俗"尤其让恪守长老会清规的宾夕法尼亚参议员威廉·麦克莱不满,他嘲笑女人们……走路时身体前倾"就好像有什么病痛让她们无法站直身子一样"。

麦克莱讨厌的不仅是纽约人、拥堵、挥霍和高物价,还有联邦大楼,说它就是浪费钱,是纽约人浮夸的表现,并不比"大婴儿房"好多少。[这里有一个文字游戏：朗方（L'Enfant）这个名字的意思是"孩子"。]"有这么多的门窗、角落和小窗……所有尊贵的国会议员可以在里面玩躲猫猫、捉迷藏或者其他什么的，玩上12个月也没人发现。"他匿名给《联邦公报》投稿时写道。然而，大多数到达的议员都对大楼的和谐设计、雅致风格和现代的内部装修大加赞赏。正面是托斯卡纳式的拱门，而在室内，高悬的门厅以大理石砌成，往里走是玻璃顶的中庭，使一楼大厅洒满阳光。八角形的会议厅是大多数著名辩论进行的地方，它普遍被认为是个杰作。这个55英尺（约16.8米）长70英尺（约21米）宽的"众议员空间"（人们经常这样说）有两层楼高，两边各有三扇大窗户，使得室内光线充足，整个房间里还装着有凹槽的爱奥尼亚柱子。议员们的桌椅——每一个都覆有与窗帘匹配的蓝色缎子——组成了一个半圆形。楼上小一点的参议员会议厅——面积40平方英尺（约3.7平方米），15英尺（约4.6米）高——装饰有漂亮的壁柱，柱顶是朗方设计的，头顶是淡蓝色的天花板，上面一个太阳和13颗星星熠熠生辉。一把大号的椅子——有人意味深长地把它称作"宝座"——属于参议院议长，即副总统，高出地面3英尺（约0.9米），位于深红色缎子做成的搭棚下面。只有众议院会议厅设有旁听席，常有大批市民拥进来聆听辩论，这也被看作一项了不起的公众娱乐活动。由精英构成的参议院直到1795年才对外开放。

3月3日晚上，当麦迪逊还跋涉在从弗吉尼亚赶往纽约的道路上时，旧邦联被位于百老汇末端乔治堡的13门大炮正式"轰塌"。一家报纸的报道里洋溢着乐观情绪，"无政府状态和反联邦主义的结盟随着相关生命的逝去瓦解了，它再也不是牢不可破的了"。第二日清晨，11门大炮——每一门炮代表一个批准宪法的州——在纽约港口再次轰鸣，同时还响起了欢乐的铃声。"旧政府慢慢沉睡，新政府正在苏醒。"众议员乔治·撒切尔乐观地写道。教堂的钟声持续鸣奏，旗帜飘扬，人们欢呼着，满是欢愉和欣喜。1789年3月4日，宾夕法尼亚州参议员、商人罗伯特·莫里斯预言："毫无疑问这将成为世界历史上的新纪元而被人津津乐道。"

那天早上，莫里斯从新泽西出发，跨越了哈得孙河来目睹国旗在国会大楼上升起，加入载歌载舞的民众。他认为理所应当去庆祝。独立战争期间，他为了这个新国家的诞生，比大多数人付出的都多。作为邦联议会的财政主管，他几乎凭一己之力挽救了革命政府，以自己的个人财产为政府的开销提供了保证。作为坚定的联邦主义者，他对新政府满怀期望。但他也是一个冷静的生意人，从不感情用事。那天早上走在曼哈顿的街头，他比很多开心的爱国者都看得更远。无论国会多么努力，他给妻子莫莉写信说："公众的期望似乎都太高了，我觉得一段时间后失望情绪在所难免。但是你很清楚公共政策不可能迅速跟上社区民众的热切期待，有些人满怀兴趣，有些人愚昧无知，而有些人则考虑不周。"

第二章

政府的扶植之手

Chapter Two

The Fostering Hand of Government

我一生中从未感受过比现在更大的屈辱,我要待在这里如此之久,在全世界的目光之下,却什么也不能做。

——参议员威廉·麦克莱,1789年3月

炮声于3月4日正午再次轰鸣，以纪念国会正式开幕。参议员和众议员聚集在彼得·朗方为他们精心打造的会议厅里，却尴尬地发现到达的两院议员都大大低于法定人数。到场的参议员只有8人，而众议员也只有13人，这些人中除了2人以外，都来自3个州：马萨诸塞、康涅狄格和宾夕法尼亚。当詹姆斯·麦迪逊最终于3月14日抵达纽约时，也只多来了2名参议员。"什么时候两院议员能达到法定人数，只能猜猜看了。"他在给华盛顿的信中发了牢骚。国会议员达不到法定人数，新政府就名存实亡。总统和副总统的选票也无法统计，任何立法程序都不能开展，法院不能产生，税收无法进行。"这是十分让人难堪的局面。"费希尔·埃姆斯给马萨诸塞的朋友信中写道，"我们失去了斗志，信用，一切都没了。公众会在新政府诞生之前就忘了它。"

新罕布什尔州长约翰·沙利文抱怨说："我们想要进行选举的心情变得和这个季节的天气一样糟糕。"而他只是众多对现在的政治局面摇头叹息的人之一。纽约的参议员选举陷入了僵局，联邦主义者控制的州参议院和反联邦的议会之间互不妥协，这样就需要几个月才能选出参议员。在西马萨诸塞，一个国会选区正在进行第五轮决选，目前还看不到结果。在南卡罗来纳，竞选查尔斯顿席位失败的候选人对获胜的威廉·劳顿·史密斯提出了质疑,后者于独立战争期间正在英格兰和欧洲过着安生日子。在新泽西,两队候选人相互竞争爆发了冲突,有可能推迟国会议员的产生。据报道,有一位国会议员忙着经营自己的磨粉厂,另一位忙着春耕播种,还有一位忙着准备捕鱼的船只,还有其他一些人似乎更操心自己的事情而不是公共事务。费希尔·埃姆斯惊讶地发现"一位特拉华参议员正忙于——做生意!"然后不无沮丧地表示:"这么少的人要做这么多的事情,而这些人还并不都能胜任。"

但是总的来说,许多议员缺席国会,是由于恶劣的天气、虚弱的体质、泥泞的道路和糟糕的运气。弗吉尼亚的西奥多里克·布兰德"坐船出了问题,坐车出了问题,路途中满是泥泞,一路走得疲惫不堪,等等",刚走完三分之一的路程,就只能在波托马克河畔乔治·梅森的家里休养了。新罕布什尔众议员塞缪尔·利弗莫尔得了胆病,根本出不了门。从波士顿开始的陆上旅行意味着要坐6天的雪橇,"一块又一块的大石头让雪橇抛了锚,在结冰的河面上行驶一段之后,在不结冰的河流只能用小船推着过河",或者挤上马车,坐在没有弹簧的长凳上,穿越早就属于这个国家但地图上却找不到的领土。在这样的马车上,修鞋匠和政治家,牧师和小贩,男人和女人是一律平等的。(这个国家的第一本地图册直到1790年才出版,上面展现的道路只有大约1000英里,分布在纽约的奥尔巴尼和弗吉尼亚的约克镇之间。)如果洋流、船长和天气配合得好,海上旅行可能舒服一些,但是船难并不罕见,就算从新泽西到曼哈顿跨越哈得孙河时,也常发生淹死人的事情。宾夕法尼亚参议员到达曼哈顿对岸的新泽西时,给妻子写信说,"风刮得如此猛烈,夜晚如此黑暗,雾又是如此浓"，以致他不敢冒险在晚上渡河。

对于没到的议员，大家苦苦哀求、三请四邀，甚至连哄带骗，但效果也就是一般。"全世界会怎么看我们？"查尔斯·汤姆森，即将完成使命的邦联议会秘书长给慢吞吞的特拉华参议员乔治·里德——此人3月的第三周还没有出发——写信说，"作为朋友，（我）恳请你放下手头不太重要的事情和私人事务，立刻赶过来。那些有荣誉心、关心国家前途和人民福祉的人痛彻心扉，而那些厌恶新宪法、不愿意人民获得自由、不关心国家和人民的人，正对我们现在这种毫无生气的状态拍手叫好。"

在这段艰难的日子里，政府的存在相当程度上仰仗了汤姆森的努力，他从1774年以来就担任公职，也有望被提名，在新政府里获得一个职位。做出贡献的还有约翰·杰伊，他曾是邦联外交部部长，办公地点在他自己的律师事务所里，亨利·诺克斯也有文献，他曾在租住的沃特街客栈里主持战争部的工作。穆斯捷伯爵对这样的情形感到好笑，他在给法国的上司写信时说，美国人把一切问题都赖在坏天气头上。但他认为，新国会议员将会像他们的前任一样"在履行职务的时候，深深地感到大家对于公共事务的淡漠"。他很确定的是，新国会在管理能力上不会比旧政府强，而且肯定需要外部势力的保护才能存在下去。如果法国不介入进行"指导"，英格兰定会捷足先登。

诸如此类的麻烦每天都在困扰着这些国会议员，他们每次去联邦大楼都希望看到一些新面孔。与此同时，他们也在计算着时间。不管在哪里聚集，客栈也好，咖啡屋也好，或者走在城外的漫漫田野里，他们盘算最多的不是现在国家亟待解决的事务，而是20多个竞争成为首都的备选地,这些地方包括亚历山德里亚、弗吉尼亚、布朗克斯等。不管哪个州成为首都所在地,都有可能对联邦人事任免权产生很大的影响,甚至对政府本身也会有影响。纽约人刚刚花了一大笔钱翻修联邦大楼,当然希望把政府留在原来的地方。弗吉尼亚人希望政府能坐落在波托马克河畔,马里兰人希望能在巴尔的摩,新泽西人则希望能在特伦顿附近的特拉华河畔。组织有序的宾夕法尼亚人坚定地认为,政府应坐落在"一个更中心的位置",要么紧邻费城,要么靠近萨斯奎哈纳河。"宾夕法尼亚人将会得逞,如果我们总是一副被动的样子,而任由其他州采取行动",众议员约翰·彼得·米伦伯格提醒人们,他是独立战争的英雄,其兄弟弗雷德里克·米伦伯格也是众议员。费城人很有信心,如果他们能把临时首都搬到自己的城市,那么费城拥有的联邦主义者、图书馆资源、画家和科学社团将使国会永远不会再离开。这些密谋的宾夕法尼亚人策划着在总统选举结果公布后让国会休会,然后继续到宾夕法尼亚讨论国家大事。但其他人都清楚宾夕法尼亚人的算盘,下决心进行抵制。4月的时候,宾夕法尼亚人不得不面对现实,他们为数众多的对手不会让国会休会。"你很难想象这里的人们对于对宾夕法尼亚人的敌意。"宾夕法尼亚参议员威廉·麦克莱评论道,他的日记是唯一详细记录第一届国会方方面面的资料。(为了与参议院的议事原则保持一致,即讨论不对外公开,参议员们被公开禁止做记录,麦克莱没有按照要求做。)

4月1日早晨,天上下着雪,众议院议员终于达到了法定人数。众议院会议厅还在建造,到达的29名议员拥进一个会议室——四个星期过去了，仍然有很多议员缺席。在夹杂着希望和恐惧、坚定决心和地区算计的氛围中这些议员开始根据美国宪法处理第一件议案。"人民的眼睛正看着你，"一位选民告诫来自马萨诸塞的乔治·撒切尔，"我们指望着你，等待给我们带来幸福和快乐的措施，当然这些措施也有可能让我们痛苦和失望。"（"如果你不能让我们所有人都幸福，你就麻烦大了。"另一位市民警告马萨诸塞的众议员本杰明·古德休。）

众议院在 4 月 1 日的第一件议案就是选举胖胖的宾夕法尼亚人弗雷德里克·米伦伯格为议长，这主要是个仪式性的职位。威廉·杜尔，一个放学后急忙赶去众议院听辩论的小男孩，多年以后绘声绘色地描述了米伦伯格粉扑扑的脑袋、褐色的外套和铜纽扣："他的声音和举止都很得体，但我感觉他好像不够放松和稳重。"这个职位和今天的议长不可同日而语，如今的议长一职权力很大，尤其是在安排议事日程上。米伦伯格的主要工作就是保证会场礼仪，并在涉及议会秩序的问题上充当首要仲裁人。按照程序原则，议长很少参与辩论，极少有投票的机会，除非在票数出现平局的时候。这种情况在第一届国会期间总共才出现了 5 次，有一首挺挖苦人的打油诗这样写道：

> *弗雷德·奥古斯塔斯，上帝保佑他红红的鼻子圆圆的头*
> *比那议长大人手中的权力厉害不了一丢丢。*

众议院缺乏体制化的领导者，允许甚至需要麦迪逊在未来的日子里牢牢抓住积极提议案的机会。

第二章 政府的扶植之手　　037

众议院议长负责给各种委员会分配委员。除了都有议长这个职位，当时的制度和如今这种高度体制化的制度就再无相似之处了。除了选举委员会和后来的赋税委员会这样的第一批常设委员会以外，众议院常设委员会——在第一届国会期间大约设立了150个——一般都是临时组建的，以审议各种议案并进行总结。这些委员会通常不过几个人，都是经过米伦伯格精心挑选的，能吸收各种不同观点。一般完成汇报以后，该委员会也就解散了。参议院规模很小——1789年春天时只有20个议员，第一届国会结束时也只有26人——其下设的各个委员会通常集体解散，议案也都是以"全体会议"的形式进行集体讨论的。（参议院第一个常设委员会直到1816年才设立。）

米伦伯格当选众议院议长之后4天，4月5日，理查德·亨利·李到达纽约，使得参议院议员达到法定人数。庆祝的礼炮安静了很久了，人们的欢呼也消失很久了，但至少国会可以开始运作了。

两院要求所有议员，无论是联邦议员还是州议员，无论是选举出来的还是任命的，都宣誓遵守宪法，不管政见是否一致、情感上是否赞同。要求他们这么做，似乎在政治上是很基本的，但是很多美国人，好几个州政府，纽约州长、马萨诸塞州长、弗吉尼亚州长，以及相当一小部分国会议员曾经反对宪法，甚至强烈反对过。国会开幕了，谁也说不好这些反联邦主义者会不会像第五纵队一样试图从内部推翻政府。没有宣誓效忠宪法的环节，他们就有可能随意玩弄政治伎俩。拥护新政府的人们看到宣誓时没有出什么差池，都松了一口气。

下一个议题是计算选举总统和副总统的投票结果。和预期的一样，选举乔治·华盛顿为总统是民心所向，但副总统的选举结果就是另一回事了。票数，用麦迪逊的话说，"足够让约翰·亚当斯获得二把手的位置"，但只是相对多数。相比华盛顿的69票，亚当斯只得到了34票，这样的结果极大地伤害了这个自尊心很强的人。其他的票数被10个败选的候选人获得，包括外交部部长约翰·杰伊，纽约州长乔治·克林顿，马萨诸塞州长约翰·汉考克，著名的南卡罗来纳政治家约翰·拉特利奇，以及其他几个人。"比起以这种不体面的方式当选副总统，是不是我不当选更好？"亚当斯接着补充说，由于他是个地道的新英格兰人，"再没有比在副总统选举中遭到如此算计更大的羞辱了。"他永远无法原谅亚历山大·汉密尔顿，后者帮助策划了让亚当斯得票减少的把戏。那时候汉密尔顿没有任何公职，但他对北方联邦主义者颇有影响。他对亚当斯本人没有恶意，他们在很多事情上观点一致，但是汉密尔顿怀疑亚当斯能否整合这个尚不太平的国家，担心如果人们不投票给华盛顿，那么亚当斯将会侥幸当上总统。直到1804年第十二修正案实施，投票都是直接选举总统的，得票第二的自然成为副总统。汉密尔顿至少亲自要求7个北方选举人不要投票给亚当斯，以保证华盛顿当选。

亚当斯出生于1735年，其父是位农民，当过教会的执事。亚当斯在哈佛接受教育，是个训练有素的律师。早在1774年，他就因为替在所谓波士顿惨案中被控射杀平民的英军士兵辩护而声名鹊起。他酷爱阅读，时常自省，善于自我批评。在那样一个崇尚自我约束而非自由表达的年代，他又是那样的直言不讳、富有激情、喜欢争辩、吹毛求疵、绝对独立又极度敏感——一个矛盾的混合体。传记作家约瑟夫·J.埃利斯一针见血地这样写道："他深受不安全感和自我怀疑的折磨，并不是怀疑自己的天分和智商，而是不断怀疑能不能确保有一种外部环境使他具备的巨大个人天分服务于一份伟大的事业，而不是自我展示的机会。"他是大陆会议里热情而又极其精力旺盛的代表，人们视他为最有效的领袖之一，用本杰明·拉什的话说，他是"大陆会议第一人"。亚当斯早就意识到与英格兰的战争不可避免，因此竭力主张独立，当时很多北美领袖都暗地里或明确地希望以和平方式解决问题。1776年，亚当斯旗帜鲜明地大声疾呼："这些联合起来的殖民地是也应该是自由和独立的州……他们与大不列颠国之间的所有政治联系结束了，也应该彻底地结束了。"独立战争期间，他撰写了《权利和不满宣言》，否认了议会对于殖民地的管辖权，成功地倡导了各州成立自己的共和政府，主持了负责起草《独立宣言》的委员会及战争和兵器委员会——也就是埃利斯说的"实际上是一个人的战争部"。他很可能是建国先驱那代人里最敏锐的政治思想家。

然而，亚当斯好像总是故意要把自己弄得不受欢迎，而且经常能达到这个效果。作为驻巴黎的外交官，他易怒又举止不当的问题让本杰明·富兰克林和法国人都很恼火。后来，作为首位出访英格兰的美国外交官，他又对英国的表达方式发生了兴趣，这使他与参加第一届国会的许多共和国支持者格格不入。他执意把总统职位称为政府的"君主"分支，把参议院称为"贵族院"，把众议院称为"平民院"。穆斯捷伯爵对亚当斯本人没有什么好感，对他亲英的做派更加反感，穆斯捷伯爵在向法国外交部描述这位当选副总统时语带挖苦地说："因此，正是那一点点通过努力才积累起来的天分，经常让一个普通人忘乎所以。他具有自我拔高的能力，有时候还不知羞耻地凌驾于天资、德行以及任何品行都胜于他的人之上。"

然而，就新英格兰来说，没有人获得了超过亚当斯的荣耀和敬仰，也没有人能有如此的国际声望。同样没有任何其他新英格兰人被认为可以担当副总统的大任。（约翰·汉考克尽管广受尊敬，但他是个反联邦主义者，从来都不是一个真正的竞争对手。）当很多美国人（至少起初是这样）把亚当斯看作弗吉尼亚人乔治·华盛顿的"完美竞争者"时，副总统这个职位却并不适合亚当斯这个人。诚如戴维·麦卡洛所言："他长于行动，强在倡议，而副总统这个职位不能提供任何一种这方面的机会。"他坐车从马萨诸塞到纽约的路途中，每经过一个新英格兰城镇，街道上两旁都站满了人，为他欢呼喝彩，但是他的缺点，将会让美国人对于这个国家第二高的职位形成久久无法消除的不屑态度。

查尔斯·汤姆森立刻被派往弗吉尼亚，向华盛顿宣布，华盛顿现在正式当选美国第一任总统了。一直渴望能在联邦政府谋得一份差事的汤姆森，一定很期待能陪伴在这位伟人身边的几天时间。汤姆森从纽约出发8天后，于4月14日抵达弗农山庄，一路上"经历了恶劣天气，走过了泥泞道路，渡过了许多大河"。很可能是在办公室与汤姆森面对面站着的时候，华盛顿发表了一篇正式声明，这篇声明按照历史学家肯尼思·R.博林的说法，早已经"在他的口袋里等待了"一些时间："不管我个人的感觉和情绪如何，我相信除了接受这个任命，我再也没有更好的办法来表明我对（来自国会两院）这份荣耀的态度。"

华盛顿表达出来的谦虚态度是计划好的，但并不是不真诚。他根本没法确定自己是否具备这样的才干，来满足人们的期待——他不是简单地履行一个职务，而是创造一个原先完全不存在的职位，可能的话，去征服波涛翻滚的大海。稍有不慎，这艘大船就有可能沉没。（在邦联国家时期，国会的最高长官就是其"总统"，而华盛顿现在是第一位整个国家的总统。）几个月来，他一直担心选举的事情。国会推迟召开现在对于他倒像是一种"缓刑"，他给亨利·诺克斯写信说："我可以明确地告诉你，前往政府赴任的过程中，我将会带着一种犯人奔赴刑场的感觉：我是如此不情愿，在为公务操劳一辈子，人生步入晚年的时候，离开平静的生活投身于波涛汹涌的大海。"

两年庄稼歉收使他资财耗尽，于是华盛顿不得不放下面子，向人借了600英镑来完成向北的旅行。动身之前，他可谓繁务缠身。佃户的租子要收，面粉要装桶运输，牲口要喂食，土地要施肥，烟草山要分摊给各个农场，草种要播撒，砖要制好，奴隶们要分配去挖沟渠、填山谷、修栅栏、种梯牧草，一切都要在下一场暴风雨光顾这本已松软潮湿的土地之前完成。他认为在纽约等着他的事情会比这些困难得多，摆在他面前的工作需要绝对的谨慎、怀柔和巧妙，当然还要坚定。他只能期望并祈祷自己能不负众望。"我走在一片无人涉足的土地上，"他后来给一位英国的祝福者凯瑟琳·麦考利·格莱姆的信中写道，"几乎没有一个（我将会采取的）措施，其动机不会引起不同的解读。几乎没有一个行为不会被后人看作先例。"他真诚地补充道，这种真诚来自对过往的深刻反省："所有人都看到——大部分人很羡慕——围绕在崇高位置四周的光环。对于我，除了能给予我为人民谋福利的权力以外，它什么也不是。"

在纽约,费希尔·埃姆斯留意观察自己的同事。这位在哈佛受过教育的英俊小生是一位酒馆老板的儿子,也是年鉴作者。他在波士顿地区的众议院席位选举中竟然以 11 票的优势击败了年长的革命者塞缪尔·亚当斯,因此被视作天才。很快他就会获得众议院最优雅演讲者的名头。埃姆斯也没想到,自己在面对康涅狄格的罗伯特·莫里斯、罗杰·舍曼和弗吉尼亚的理查德·亨利·李这样的大人物时,并没有畏首畏尾,所有这些人在举止、穿着和言谈方面都是非常支持共和的。但埃姆斯也发现大多数新同事远不及他想象中的"半神和罗马元老院成员"般受人敬仰。他给一位哈佛的同窗写信说:"看到这里很多人都无精打采,我很苦恼,因为政府有着远大前程需要实现,因为他们可能在论辩时诉诸群情,因为他们代表各州的偏见,因为他们在琐事上纠缠不休,因为他们在繁文缛节上乐此不疲,这些都不利于提高处理问题的效率和士气。很遗憾,我想象的情形比现实情况好很多。"然而,他也承认,"也有许多经验丰富的人,他们有德行,通业务",是"冷静、坚定的人",他们"在大多数情况下"不靠耍阴谋诡计获取利益。

最让埃姆斯失望的人是詹姆斯·麦迪逊。"来这里之前,别人就提醒我不要轻易被别人影响。我很害怕那样,因为我认为自己很难避免受到自己敬重之人的影响。但是在麦迪逊身上,我看到了太多错误,有些根本没法解释,很有可能造成损失,尽管他知识渊博,人品也很好。"麦迪逊有很好的判断能力,"能够清晰地洞察真相,并在辩论中牢牢把握它",这是罕见的天赋,也是他发言说服力强的基础,埃姆斯承认。"理解透彻并从各种不同视角观察之后,他可以在别人完全没想到或者只想到一点点的情况下,清楚地解释问题，而他人只能叹服，赞扬他比别人都高明。总体来说，他是个有用的人，值得尊敬的人。"如此赞美了一番麦迪逊之后，埃姆斯来了一段不那么恭维的临别赠言："让我多说一句，没有贬损他的意思，作为政治家，他太过专注于自己的理论。他照搬书本上学来的原则，而极少考虑实际情况。"很少有人认为麦迪逊会是个有效的领导者。对许多人来说，他看上去"太过谦恭，不适合管理工作"，太过温和，缺乏"一种不顾众人鼓噪和内讧的霸气"。虽然如此，麦迪逊还是立刻让众议院着手讨论紧急且意见分歧很大的国库收入匮乏的问题。

宪法赋予了国会增加国库收入的权力，但没有具体操作办法。没有收入，政府信用难以建立，政府的开支也无法满足。尽管直接收税在好几个州很常见，联邦政府这样征税会让市民感到不满，他们与国王的税务官之间的战争一点不比独立战争轻松。但是没有收入，新政府将不过是一个可怜的玩笑，正好让穆斯捷伯爵这样的欧洲人看笑话。政治上最可行的办法是对进口货物征收关税，对船舶进行收费，但这样又面临着诸多棘手的政治问题。

麦迪逊和同僚们很清楚，如果立法收税，就必须尽快行动，否则将因此失去一大笔收入。因为春季航运季开始了，货船正大量驶入美国港口。战争部部长亨利·诺克斯估计，如果不能对进入美国港口的船只征收进口税，国家将面临 30 万美元的损失。这可不只是抽象的数字，国会议员只要走三个街区到东河岸边去看看就知道了。那里桅杆如林，有些船舶是将要于 1789 年驶入纽约港的 1100 吨级远洋船只。未来还有更好的前景：第一艘悬挂美国国旗的船舶航行在恒河上，现在正在返回纽约的途中，而最近刚刚开始的与中国贸易也预示着未来更广阔的亚洲出口市场。南卡罗来纳的拉尔夫·伊泽德告诉其他参议员，如果能把正在地中海破坏美国贸易的巴巴里海盗赶走的话，连奥斯曼帝国都将成为南方大米的重要市场。

4月9日，麦迪逊在众议院典雅的八角形会议厅发表了他的第一个重要讲话。坐在弧形桌边的国会议员们身体前倾，努力想听清麦迪逊的发言。他说，"联邦政府在摆脱了无法运转的窘境之后"，现在必须果断决策。国库收入不足的问题正在恶化，"每位先生应该都能看到来自春季进口的收成（潜在税收）正在消失；如果（国会）延迟征收关税，那么法律出台以后将无税可征，因为到那时所有春季航船都已到港并完成卸货了"。

他提交了四个提案，主要有两个基本目标：增加国库收入，以及促进尚不成熟的美国制造业、商业和航海业的发展。第一个提案建议对一般货物征收5%的关税，另外一些货物的关税要高一些，包括来自西印度的糖浆、盐、酒、茶叶、胡椒粉、糖、可可粉和咖啡，还有大麻和缆索、丝绸鞋子、锡、黄铜、羊毛、生牛皮以及其他货物。第二个提案建议对所有进口货物的船只征收吨位费，范围包括：对美国人完全拥有的船只征收最少的每吨6%吨位费，对与美国签订贸易协定的国家臣民所拥有的船只征收30%的吨位费，对其他国家民众拥有的船舶征收50%的吨位费。这方面受影响最大的是英国，它与美国的贸易比其他国家加起来还要多。第三个提案建议在进口港设立关税征收区域，配备征税人员、检查人员和海军军官——这些是确立联邦官僚制度和任免制度的基础。第四个提案建议联邦政府对所有灯塔和浮标拥有控制权。尽管这样的税收来源在好几个州也大同小异，"公众的抗议声变得越发强烈，因为地方政府在看到自己的利益受到损害时，故意放大了这种情绪"。穆斯捷伯爵观察的结果是这样的，因为这些提案第一次要求州政府向联邦政府让出税收管辖权和部分领地。

要想让这些提案成为法律，麦迪逊需要使出浑身解数说服众人。他认为商业在原则上"应该在国家政策允许的前提下自由进行"。但是应该有些例外情况。如果美国完全不对自己的港口征税，且在美国船只和国外船只上不做任何区分——或者叫"区别对待"，这是那时的表达——美国的航运业将遭受严重损失，甚至危及整个国家。而对国外的船只征收高额的费用将会带来多重好处。它将让美国制造商更便宜地运输货物，进而促进萌芽期的国家工业，保护成千上万的工作机会。由此推理，麦迪逊认为：没有来自政府的"扶植之手"，整个国家工业很可能在廉价的外部竞争面前毁灭。

麦迪逊一再试图表明英格兰是他的主要目标。（那一年仅抵达纽约的船只就有超过三分之一是英格兰的，还有更多是英美共有的。）他指出，太多的美国贸易是通过英国商人和英国船只进行的，"那个国家控制着比她应得的大得多的贸易份额"，他说。

麦迪逊话音刚落，出于地区和商业利益考虑的反对意见立刻出现。新英格兰人呼吁对所有外国船只征收重税，而制造业不足、依赖进口的南方人拒绝任何征税计划，声称这个提案会对南方造成更大伤害。比如说，一位南卡罗来纳国会议员断定，盐税将对南方穷人特别不公平，因为穷人吃的含盐食品比富人多，因此这项举措将"如同人头税一样成为最让人讨厌的税种"。一些新英格兰人觉得区别对待英国船只将得罪他们最好的客户，或许会导致贸易战。纽约人，最坚定的自由贸易者，抗议针对外国船只的任何区别对待，宣称商人应该有权"像辛勤的蜜蜂一样,在繁花丛中自由采集最好最多的蜂蜜"。

提案带来许多让人困惑的问题,涉及的远不只贸易领域。这样的法律会得到执行吗?会要求各州行使执行权吗?各州的法官会立刻转变成联邦法官而得到永久职位和薪水吗?要想取得成功,商人的合作必不可少,但可以信任他们吗?高税收会不会导致走私和逃税问题?拒绝承认宪法的罗得岛和北卡罗来纳怎么办?怎么对它们进行处罚?"恐怕这项法律会带来更多诈骗行为,而不是收入",费希尔·埃姆斯表示担忧,他坦言自己"不是财政专家"。所有这一切,在他看来"仅仅是个实验",一次冒险之举。

卫道士们则让这场辩论变得更加复杂。宾夕法尼亚众议员托马斯·菲茨西蒙斯宣称朗姆酒"不是生活必需品,而是奢侈品,而且是奢侈品里最有害的那一种"。他补充说:"如果我们可以把税征得足够高从而减少人们对它的消费,那就更好了。"佐治亚的詹姆斯·杰克逊以嘲笑的口吻反驳说美国(纽约)生产的朗姆酒比进口的差"500倍",如果某些议员真心关注公众福利,他们应该首先毁掉他们自己的酿酒厂。不久,菲茨西蒙斯又说征税问题"占用了我们太多的精力,其他事情几乎都没干"。

关于对糖浆征税8%的提案,辩论进行了4天。马萨诸塞议员坚持认为糖浆是贫困阶层的"生活必需品",他们完全无法承受如此高的税负。然而,这一切远不只是糖浆征税的问题。尽管新英格兰人没有把话说得那么清楚,他们反对征税是为了支持纽约人对奴隶制的投资,进而关系到塞勒姆和波特兰等地吃糖浆的穷人。糖浆是一种利润丰厚的三角贸易的基石,这个三角贸易关系到北大西洋渔业、奴隶制和朗姆酒,使得名义上反对奴隶制的新英格兰,既和跨大西洋的奴隶贸易,又和西印度群岛残忍的劳动密集型制糖业紧紧地捆绑在了一起。腌好晾干的鳕鱼一直是西印度群岛奴隶的主要食物,这些鳕鱼被晾得很干,从而不至于在赤道的高温气候下变坏。新英格兰商人在西非用鳕鱼和朗姆酒一起交换奴隶,把奴隶卖给西印度群岛地区的种植园主,购买糖浆带回新英格兰,转换成朗姆酒,再去非洲交换奴隶。18 世纪 80 年代,新英格兰人还把大量劣质鳕鱼卖到法属西印度群岛,换回糖浆和糖。(当美国人在 1780 年到 1787 年间被禁止同英属西印度群岛进行贸易时,据说在牙买加一地饿死的奴隶就有 15000 人。)"这些情形构成了我们航行链条上的一环,而美国的最重要的国家利益依赖于我们在航行上的成功",埃姆斯说,他旗帜鲜明地反对奴隶制,但支持新英格兰航运业的态度却一点也不含糊。如果鳕鱼贸易受损,"它就会给新英格兰各州带来致命的灾难"。

麦迪逊呼吁国会议员们不要只盯着局部利益不放。"我们必须考虑联邦的整体利益",他也强调任何被采纳的税收制度一定是建立在相互妥协的基础上的。"我想请问诸位,为什么在考虑利益的时候,对一部分人的考虑多于另一部分人?北方人是更好的黏土捏成的吗?他们呼吸的空气更新鲜吗?如果他们呼吸着更好的空气,那是因为他们作为人的权利,还是因为整个国家的福利和荣耀?他们是上帝选出来的那个少数吗?是不是其他所有人就该承受累累重负,而他们仍然不受任何限制地自行其是?"任何税负都该被看成一个更大系统的组成部分。他敦促大家:"让我们努力以公正平等的方式分配公共负担。"

听众们对麦迪逊试图协调的尝试表示同情，不过仍旧对各自代表的局部利益毫不动摇。在税收法案立法之前，还要经过几个月断断续续的吵闹和争辩。

第三章

新纪元

Chapter Three

A New Era

场面庄严肃穆,难以言表。

——一位亲历华盛顿就职仪式的目击者

乔治·华盛顿认为在组建政府过程中的迟缓和低效是让国人尴尬的事情。他决定不再添乱。"既然这样的延迟肯定让已经到达的议员很反感，我决定能避免的耽搁就一定要避免。"他让麦迪逊放心。当众议院还在为鳕鱼和糖浆的问题争论不休的时候，他们在4月22日下午获知华盛顿已经到达泽西河岸边。

离开弗吉尼亚前，华盛顿骑马去弗雷德里克斯堡看望了奄奄一息的母亲，向她保证一旦看到新政府根基稳固，他就回到弗吉尼亚。她阻止华盛顿继续说下去。"你不会再看到我了。"她告诉华盛顿。华盛顿和他母亲的关系不算很好，没有任何关于两人此情此景之下亲密交流的记载。但是华盛顿无疑知道她说的没错。就在这一年，癌症夺去了她的性命。当他把那花岗岩般坚毅的面孔转向纽约时，他把青年时光、成年岁月和军事辉煌都抛在了身后，开始了人生中最后也是最复杂的一段旅程。

在助手戴维·汉弗莱斯、秘书托拜厄斯·利尔、男仆比利·李，以及充满希望的查尔斯·汤姆森的陪同下，华盛顿离开弗农山庄。他们在乔治敦渡过波托马克河，往北朝巴尔的摩方向前进，翻过连绵小山，那正是包括华盛顿在内的波托马河谷推介者希望国家首都所在的地方。他曾希望"能尽可能悄无声息地"走过这一路，以便保存些体力。但事与愿违。沿途的人们喝彩欢呼,彩旗在空中飘扬,祝福者向他献花,高举孩子向他致敬,要求他发表演说。有大炮的城镇鸣响礼炮,老兵们如找到队伍一般跟随数英里,有人激动地流下眼泪。写着"新纪元"和"瞧,帝国如日初升"标语的旗帜随处可见。尽管华盛顿在能躲开的时候总是躲着人群,但在人们的强烈要求下,他还是在巴尔的摩、威尔明顿和费城发表了演说,20000人——全城一半的人口——把鹅卵石铺成的街道围得水泄不通,口中高呼"人民之父万岁!"向华盛顿献上了只有罗马皇帝才配得上的荣誉花环。更多欢呼的人在特拉华河的新泽西岸边等候着他,这里是他在战争中渡河的地方。着装整齐的骑兵和步兵护卫他来到特伦顿,站在两排头戴花环的女子中间,她们把花朵撒在他的脚下,嘴里唱着赞颂之歌。《合众国公报》报道说华盛顿几乎变得像神一样伟大,站在"上天从未降于凡人之身的荣耀之巅"。

4月23日早晨,华盛顿终于在新泽西的伊丽莎白见到了两院议员组成的一个委员会、约翰·杰伊、许多纽约官员,以及在独立战争中与他并肩作战的亨利·诺克斯,胖胖的诺克斯穿着一身军装。华盛顿穿着蓝黄相间的套装,有点像战争时穿的军装,端坐在一个挂着红色帘子的遮篷之下。他乘坐的是47英尺(约14.3米)长的大船,船上的13名水手穿白袍戴黑帽,划船载着华盛顿渡过哈得孙河,彼时港口停靠的船上彩旗飞舞,礼炮轰鸣。如同受到了这欢庆气氛的感染,海豚跃出水面,鸽子在大船四周飞翔。船靠近自由岛(也就是后来修建自由女神像的地方)的时候,满满一船的男女在"天佑吾王"的曲调声中唱着迎宾赞歌。当华盛顿靠近曼哈顿海岸,经过炮台,往北在东河岸边的礼炮声中登陆,成千上万的男人、女人和孩子发出此起彼伏的欢呼声，人群站得密密麻麻，如同"收割前的玉米粒"。另一位观察了现场的人回忆说，从炮台到默里码头，人们纷纷脱帽致敬，就像翻滚的大海。

关于此情此景，华盛顿后来写道："这让我的心中充满了既痛苦（要知道，就算竭尽全力，我最终得到的结果可能与眼前的情形完全相反）又高兴的情绪。"这是战争结束后华盛顿第一次回到纽约。如果有人认为他应该为长岛战斗失败导致纽约落入英国人之手而承担责任的话，他们显然已经原谅了华盛顿。他诚惶诚恐，因为想到了自己做出的牺牲、征战和政治斗争的岁月，以及国家即将开始的重大实验——这场实验可能一败涂地、无果而终。退伍老兵聚集起来在默里码头拜见了他。台阶的最低端铺上了地毯迎接他，一位军官宣布有一名警卫准备随时听候他的差遣。听到这里，华盛顿转身面向人群，想借机宣传一下民主。他说他会接受这个安排，带上警卫，但事实上"人民的爱戴就是他最想要的护卫"。但是他拒绝乘坐马车，而是在骑兵、炮兵和身着军装的官兵、纽约州长乔治·克林顿、纽约市长、多名牧师以及普通市民"人山人海"的簇拥下，缓步走过一条又一条街道，街道上挂满了丝绸旗帜、花环和常青树枝，一直来到位于樱桃街一栋提前为他租好的建筑前，该建筑位于如今的布鲁克林大桥附近。后来突降大暴雨，但好像没有人在乎。各个阶层的纽约人走上街头，每一处的窗口几乎都点上了金字塔形的蜡烛和各种各样的照明设备，以示庆祝。马萨诸塞众议员乔治·撒切尔给妻子的信中写道："街道、房屋、门口、窗口、教堂，以及所有高处的位置都挤满了流动的观礼人群。每个人都情绪高昂，随时会爆发出欢呼和赞美声。"

也不是没有持不同意见的人。对于主张共和的人来说，华盛顿前往纽约的行程散发着浓浓的王家特权味道，暗示新总统就是某种意义上的美国国王。有一幅名为"进城"的讽刺漫画在纽约流传开了，画中的华盛顿穿着耶稣的外衣，到达美国人的耶路撒冷——纽约，坐在"比利·李"膝上的他，起身跨上一头由戴维·汉弗莱斯牵着的毛驴。毛驴头上长着邪恶的犄角，口中唱"伟大时刻终于降临了，现在大卫负责牵驴了"。*还有一件事虽然没有这么尖刻，但对于表现人们看到华盛顿这个排场的矛盾心理一样有效。一名国会议员报告说，一位在独立战争期间做过贡献的著名教友会教徒，在得知华盛顿正经过自己的房子时，对庆祝仪式投以典型教友会式的轻蔑，说自己"对门外的喧闹嘈杂声完全没兴趣"，而在当选总统的游行队伍经过其门口时，他都不愿意从饭桌边站起来。

穆斯捷伯爵站在百老汇大道末端，以一个官场老手的犀利眼光观察着总统的一举一动。作为三位被委派到美国政府的外交官之一——其他两人是西班牙和荷兰的外交官——穆斯捷伯爵在纽约规模不大的上层社会里地位突出。身为贵族的他出于外交考虑，穿着普通美国人的服装。"这种装扮应该会让那些穿着艳俗欧洲服装的美国人感到困惑。"一名崇尚简朴的纽约人评价道。穆斯捷伯爵对华盛顿印象深刻，但也有颇多不解："他的面容上刻着慈悲和高贵，两者相得益彰，一种品质很好地抑制了另一种品质可能带来的自负。他的平和还可以继续磨炼。"战争期间，华盛顿通过听从——或者表现出听从——别人的意见，成功地避免了政治损失。

---

* 英文 ass 还有"蠢人"的意思，故后一句也可以理解成大卫是个蠢材。——译者注

但是当他成为总统之后，这个策略就很难实施了，因为根据宪法规定，他需要与国会之间保持一种动态甚至敌对的关系。华盛顿不会让自己沦为国会的"工具"，但他似乎也不想把国会打造成为他服务的工具。后一种策略对于习惯了欧洲君主高压统治的穆斯捷伯爵来说更符合华盛顿的利益。总统将面临什么样的未来，连穆斯捷伯爵也不愿意猜测。

伴随着各种欢迎华盛顿到来的庆祝活动，参议员正就如何正式地称呼总统展开激烈的讨论。尽管为了这样的琐事进行争辩几乎成了笑柄，但它远不是没有意义的。这件看上去微不足道的事情里隐含着一个不小的问题：总统职位的性质是什么？人们对此有很大分歧，一派认为新国家应该效仿欧洲君主国的模式进行等级制管理，另一派则决心把总统置于国会的管理之下。后续的讨论中没有了副总统亚当斯就职时的友好氛围。如果总统不能得到一个"了不起的头衔"，亚当斯宣称，美国将会变成"全欧洲轻视、奚落和嘲笑的对象"。这通言论标志着亚当斯短暂、强势而最终自毁前程的副总统任期的开端，也彰显了他作为这个国家第一位也是直到现代唯一一位活跃的副总统形象。宪法明确规定的副总统职责是主持参议院，但亚当斯打算以更强力的姿态履行职责。他期望不仅充当立法过程的看客，还要做推动者。几乎是从他坐上那把像宝座的椅子开始，他就开始履行设定参议院议程的权力。在这过程中，他那火爆的纽约人脾气没帮上什么忙。

亚当斯尽管学识丰富，从政多年，但他对于演说却没什么天分。与其同为联邦主义者的罗杰·舍曼，虽然演说能力也不高，但还是对亚当斯做出了这样的评价："能和漂亮的行动形成最鲜明对比的事情"只有亚当斯发表的演说。"他的演讲本身生硬难懂，晦涩如浆洗过的亚麻布或粗硬布。"第一届国会的头几周里，亚当斯不断介入辩论，头脑里想到什么就立刻说上一通，甚至包括对他自己职责定位不明的情况——他曾把自己的职位比作古罗马时期的执政官制度和斯巴达时期的双王制中的一位王。他当众说出了自己内心的疑惑，或许还很让人觉得好笑，朗方是不是故意把议长的椅子，也就是他坐的这把，设计得宽到可以坐下两个人——一个是总统——"他拥有这个位置时就拥有所有的权力，另一个人什么也不是"。亚当斯带着惊人的坦诚告诉满脸尴尬的参议员："我觉得很难做。我是副总统，什么也不是，但我也可能是全部，因为我也是参议院一把手。当总统来到参议院时，我会是什么呢？那时我不可能再是一把手了，不可能，不可能——我希望诸位帮我考虑一下我是什么。"此类带有哲理的话语可能在餐桌上被人聊得起劲，但是参议员们却听得一头雾水。

亚当斯说完这番话后，不太友好的宾夕法尼亚参议员威廉·麦克莱写道："就好像对自己的尴尬位置感到懊恼一样，（亚当斯）身子后倾靠在了椅子上，紧接着是肃静。"麦克莱发现亚当斯的举动如此怪异，他所能做的也只是帮助亚当斯控制住情绪："上帝原谅，我不是故意的，但我脸上的肌肉其实要笑出来的。"一向冷静的康涅狄格参议员奥利弗·埃尔斯沃思最终站了起来——他的政治理念与亚当斯一致——郑重其事地拿起一本宪法，拇指在上，花时间翻了翻。最后他神情严肃地告诉副总统："我看了宪法（埃尔斯沃思故意暂停了一下），我发现，先生，很明显也很清楚，先生，无论什么情况下,您都是参议院的一把手,但是其他的(他又看了一眼,就如同面前是个巨大的海湾),我就不敢乱说了。"

如此傲慢的批评,不管表达得多么客气,都不太应该出现在参议院这个和副总统职位一样无章可循的全新机构里。实际上,在好几个州,由州立法机构选举出来的参议员被认为应该代表州政府的利益,而不是公众利益。在马萨诸塞州、宾夕法尼亚州和北卡罗来纳州,正式"指示"立法者的权力——也就是控制选票的权力——属于各州的机构。这是一个可能限制参议员工作的机制,特别是有时候即将选举的消息需要几周时间才能从联邦政府传到参议员所在的州政府,然后再要求州立法机构集合,或者需要州长指示等待消息的参议员下一步怎么做。

不久,有关亚当斯虚荣和脆弱的消息就传遍了参、众两院,然后他迅速变成了笑柄。麦克莱残忍地讥笑他是"一只穿了马裤的猴子",而弗吉尼亚众议员约翰·佩奇和朋友圣·乔治·塔克以打油诗你来我往好好地嘲笑了副总统一番。佩奇写道:

> 外表庄重,
> 内心空洞,
> 他眼中只剩达官、王公,
> 目无常人,
> 点头哈腰,
> 他只对上层膜拜、鞠躬。

塔克回应道:

> 我得说，
> 这位副手
> 骄傲自大招人骂。
> 目中无人，
> 所到之处，
> 他虚荣膨胀如蛤蟆。

亚当斯没看到过他们的打油诗，但他不大可能不知道议员们在他背后的嘲讽。如此开端可谓不利。

随着总统就职仪式日益临近，游客大量拥进纽约，把客栈、旅馆和私人住宅都挤得满满当当。每个人都极其希望看上一眼华盛顿。"我看到他了！"一位波士顿妇女给家里写信时激动得上气不接下气，"我从来没见过像他这样伟大而高贵的人。我愿意在他面前双膝跪地，为他祈福。"一位名叫玛丽·道宾的女房东亢奋得过了头，人都快要崩溃了："她满脑子想的都是见总统的事情，身体都出现了异常变化。这太痛苦了，尽管见到总统会带给她巨大满足，但她宁愿这种状况早点结束。"

4月30日早晨，邮船沿哈得孙河而下，密密麻麻，而曼哈顿的乡间道路上全是行人，他们往南边奔去，穿过岛上的农田和陡峭的小山。钟声庄严，教徒们成群结队地来到教堂为国家祈祷。伴随着鼓声和风笛声行进的是穿裙子的苏格兰高地人和身穿蓝上衣黄马甲、头戴巨大锥形帽子、昂首阔步的英国近卫第一步兵团。麦克莱翻出自己"最好的行头"，朝联邦大楼走去，那里已是"人山人海"。爬上台阶，他看到约翰·亚当斯正处于慌乱之中，请求参议院教他如何用妥当的礼仪接待总统。"我该怎么做？我们该怎么迎接（他）？"亚当斯带着紧张的笑容哀求，"我该站着还是坐着？"在亚当斯的一再请求下，参议院开始了一场最后时刻的激烈讨论，探讨英格兰国王发表演说时英国上院和下院分别使用何种礼仪。国王穿长袍戴王冠吗？他坐着吗？下院议员站着还是坐着？最后，马里兰州参议员查尔斯·卡罗尔站起身来怒气冲冲地说，美国人接待总统的礼仪应该和英国人在议会的做法一样。这个好笑的辩论占据了很长时间，以致三位被任命去护卫当选总统参加就职仪式的议员都忘了时间。费了一些周折，他们才停止讨论，匆忙赶往总统在樱桃街的住所。

正午刚过，华盛顿出现了，看上去正在沉思，有些紧张，他头发上撒了粉，穿着一套朴素的美国制棕色绒面呢子服装，除了金属扣子上有凸起的鹰形图案，再没有别的装饰。12点半，总统就职巡游开始了，队伍最前面的是一列列的士兵，然后是坐在马车上的国会议员，华盛顿自己乘坐一辆马车跟在后面，最后是成群结队兴高采烈的市民。"无论老少，不分贵贱，大家把大街小巷挤得水泄不通，只为一睹这位大英雄的风采。"一位马萨诸塞州纽伯里波特的报社记者如此报道。离国会大楼还有几个街区的时候，华盛顿从车上下来，脱帽向站立在左右的人群致敬，姑娘们不断把花撒在他的脚下，他在两排士兵的队列中间走进了国会大楼。华盛顿无声地走过铺着大理石、开着天窗的前厅，上楼来到了参议院会议厅，那里副总统和参、众两院议员正等着他的到来。

带着些许尴尬，亚当斯把华盛顿引领到了参议院议长的座椅旁。华盛顿刚落座，亚当斯就紧张兮兮地宣布，总统宣誓就职仪式一切准备就绪了。华盛顿再次站起身，准备发表演说。但是，麦克莱报告说："他似乎把应该说的内容忘了一半，因为他站在那里一言不发，看表情应该是脑子里一片空白。"致辞完毕后，他鞠躬致谢，被人引导进了包厢。见到华盛顿出现，楼下的人群中爆发出雷鸣般的欢呼声。按照事先约定的信号，炮台开始传来炮声，而停靠在港口的船只也鸣枪与之呼应。

包厢正中是一张蒙着红色天鹅绒的桌子，上面放着一个深红色的垫子，一本巨大的《圣经》就放在垫子上。纽约州最高司法官员罗伯特·R.利文斯顿大法官走上前去，主持就职仪式。（当时最高法院还不存在，首席法官也还没有——最高法院和法官的设立是国会需要解决的无数问题之一。）利文斯顿示意大家安静，人群静了下来，华盛顿把手按在《圣经》上，用勉强可以听得到的声音说："我谨庄严宣誓，我必忠实执行合众国总统职务，竭尽全力，恪守、维护和捍卫合众国宪法。"（与后来的传统不同的是，华盛顿没有在誓词后加上"愿上帝保佑我"，那是19世纪晚期才开始的做法。）一位亲历此情此景的人后来写道："现场庄严肃穆，难以言表。"来自罗阿诺克的约翰·伦道夫当时正在哥伦比亚大学读书，学校5年前刚刚把校名从"国王学院"改成现在这样，对于这个年轻的弗吉尼亚人来说，总统就职仪式就像"加冕典礼"。

参议院秘书塞缪尔·奥蒂斯举起《圣经》凑到华盛顿的嘴唇边。利文斯顿宣布"完毕"，然后转向众人，挥手大声呼喊："华盛顿万岁，美国总统万岁！"消息飞速传遍全城，四面八方的欢呼声地动山摇。华盛顿把手放在胸口，向人群鞠躬致敬，然后重新回到参议院会议厅。

国会议员重新集合之后，华盛顿开始读麦迪逊几周前为他写好的演讲稿。"我期待一个反映普遍意志的机构开始焕发出生命的活力。"一位旁观者在将近半个世纪以后回忆道。毫无疑问，总统现身让每一个美国人又惊又叹，但他自己却焦虑至极。相比于汉弗莱斯之前那个冗长啰唆的演讲稿，麦迪逊修改过的这一稿清晰易懂又能安抚人心。"国家给予我的信任，使我深感责任重大，"华盛顿对现场的国会议员说道，"也让我这个天资薄弱又缺乏历练的人常常感到惶恐不安，时时反思自身的不足之处。"历史重担应该由每一个人来担当，他提醒大家，"共和政府的命运"，从古至今正深深地寄望于"美国人民参与的这场实验"。换句话说，他们在第一届国会的所作所为，影响的不仅是他们自己和投票给他们的选民，还将影响未来的好几代人。华盛顿强调自己非常愿意与立法机构合作。他观察到尽管宪法赋予总统对任何必要和有用的措施提出建议的权利，但是他"在情感上更愿意信赖源于先天禀赋的天分、正直的品行和设计并采纳措施时的爱国心，即由国会议员们，而不是自己就某一具体措施提出建议"。在这里他清楚无误地表明自己把国会视作至高无上的政府分支。最后，他宣布自己不打算接受任何薪金，尽管宪法明确规定了发放薪金。他说，自己有责任"放弃任何金钱上的补偿"。他只会接受自己在处理公务时产生的费用。（这样做听起来很了不起，但是很多国会议员对华盛顿担任大陆军总司令时的巨大花费记忆犹新，他们现在倒是希望总统不要超过支出额度。最终华盛顿勉强接受了国会划拨给他的每年25000美元经费，这是一大笔钱。）

演讲语气坚定，几乎没有政治色彩，这符合麦迪逊和华盛顿的理念：总统应该超越党派利益。他只简略地提及了一处涉及国会的问题——"偶尔行使宪法第五款赋予的权力"，也就是宪法修正案的权力，以及导致一些市民反对宪法的"不安"。通过州议会和立法机构，美国人提交了近200条内容有所重叠的宪法修正案，内容涉及很多方面，如果一一讨论，有可能推翻制宪会议的很多成果。尽管华盛顿语焉不详，但他这是在发出一种信号，虽然原则上支持修宪，却不会支持推翻宪法和现政府的任何行为。"我告诉自己，当你小心谨慎地避免任何危及现存联合政府的改变，或者任何需要更多未来经验做保障的变化，"他说，"对自由人基本权利的尊重，对公众和谐的尊重，将足以影响你对如下问题的思考：权利能在多大程度上变得坚不可摧，公众和谐如何能安全有效地得到推广。"

麦克莱对华盛顿的演讲未做评价，相比于演讲内容，更让他感到失望的是华盛顿颤抖的身体。"伟人感到很焦虑紧张，紧张程度超过大炮或滑膛枪瞄准他的时候，"这位宾夕法尼亚参议员在日记中写道，"他身体发抖，好几次几乎读不出声音来，尽管可以想象他应该已经读了好多次。他把演讲稿换到左手，过了一会儿，又换回右手。当他说到'全世界'几个字时，挥舞了一下右手，让人觉得很笨拙。"一直崇拜华盛顿的麦克莱为华盛顿的表现感到难为情，真希望"天之骄子"只是读了读演讲稿而没有做那些夸张的动作，"因为我很伤心地看到他并不是每方面都在行"。

费希尔·埃姆斯的评价比麦克莱中肯一些，他觉得就职仪式"非常感人"，而总统"严肃得近乎悲伤"。他给一位波士顿的朋友写信说："这对我来说，就像一个有关美德的寓言。"当天晚些时候，埃姆斯得以更近距离地观察华盛顿，很惊讶地发现他看上去如此苍老疲惫:"岁月的风霜在他脸上刻下了印迹。"

晚上,整座城市都沉浸在庆祝新纪元的氛围中。炮声隆隆,港口停靠的船上搭起架子、挂上数不清的灯笼,把水面装扮得繁星点点。百老汇大道末端竖起一幅描绘华盛顿的巨大"透明画",华盛顿上方是寓意"刚毅"的形象,侧面则分别是"公正"和"智慧",而新开业的约翰街剧院则展示着另一幅透明画:从天而降的"名誉"正给总统戴上寓意不朽的王冠。(透明画是当时很受欢迎的一种艺术形式,人们在固定于画框上的帆布或薄纸上涂上颜色,画框背后点上蜡烛或灯笼照亮画像。)

晚上,华盛顿在西班牙外交官的家中与戴维·汉弗莱斯、亨利·诺克斯及罗伯特·R.利文斯顿一起看烟火表演,这位外交官的两个大花园灯火通明,里面有雕像有列柱,还有凯旋拱门,上面悬挂着13颗星星,代表新国家的所有13个州,其中有两颗星星是不亮的,表示罗得岛和北卡罗来纳还没有批准宪法。晚上10点,华盛顿终于可以起身前往樱桃街的家了,由于庆祝的人群仍没有散去,他索性下车步行回去。等待国会和总统的,是如何创造政府这个问题。

第四章

气派与批评

Chapter Four

Pomp and Quiddling

全世界无论文明还是野蛮都需要称谓。

——理查德·亨利·李,1789 年 5 月在早春的一场暴雪中，众议院最受尊重的议员之一伊莱亚斯·布迪诺特给新泽西家中的妻子写信，表示自己宁愿在雪中剪一天树枝，也不愿意在联邦大楼跟同僚们讨价还价。他曾是众议院议长职位的有力竞争者，但是没有胜选的时候他似乎真正松了一口气。带着深深的宗教般的责任感，他是为数不多关注美国印第安人福祉和"素质提升"的人之一，而同时代的人多认为战争是"印第安问题"的最终解决方案。他还是黑奴解放的倡导者，泽西北部的农场里黑奴仍然很多。共和政治体制对他来说，终究是为改善全人类生活多提供了一个途径。因此5月19日，在众议院的发言席上，他带着契合其虔诚气质的严肃神情，提议建立第一个内阁部门，这实际上也是现代行政分支的基础。

鉴于目前政府所处的财政困境，他呼吁必须尽快任命一名"公共财政专家"——财政部部长。他警告说，战争期间举借的外债利息到期了，国家信誉又很脆弱，内债持续增长，把这一切综合起来考虑，国家的财政危机极其严重。"如果由于缺乏合适的规章，任由这些情况带来混乱和损害，任何可怕的后果都有可能产生。"布迪诺特的提案可谓一石激起千层浪，国会立刻就财政部的性质、权力和责任，以及——最重要的——谁来管辖等展开了激烈的辩论。

这个提案立刻遭到了像埃尔布里奇·格里这样的富商反对，他们担心一个会管钱的财政专家会毁了爱国者们辛辛苦苦缔造的国家。格里表示，"专门设立一个有权有势的金融专家"会让这个人有"数不清的机会在不受监管的情况下骗取国家财产"，且毫无疑问会成为总统手里的"一个危险工具"。什么样的人够资格——或者能获得信任——来担任这一职位呢？他不知道有没有这样的人。相比之下，保险得多也明智得多的做法是把权力分散到一个委员会的每个成员手中，他们相互监督，就如同看管公共财产那样。或者如果财政部必须有一个人来掌管的话，这个人最多只能是个总会计师，其主要职责是向国会提供所需信息。

格里是大陆会议里拒绝在最终文件上签字的三个人之一，也是第一届国会里最坚定的反联邦批评者之一。他对新政府的支持有时候听起来也是暂时的。"我现在和以往一样憎恶宪法里的某些腐败条款，但是我在道义上有责任支持经过多数人批准的政府，等待修改宪法的日子，因为反对新政府会播下内战的种子，为军事独裁埋下隐患。"他写道。然而，他的质疑深深植根于他对美国政府的复杂态度中。尽管他因为反对宪法而在联邦主义者的报纸上受到猛烈批评，格里却声称自己从没有拒绝签署宪法，而是希望在有可能进行修改的情况下推迟签署。现在的体制会不会演变成君主政体，他认为完全有赖于对宪法做出一些修改。"如果不做任何修改，"他声称，"我认为它将演变成君主政体，还是世袭制的。"

44岁的格里是一名英国海员的儿子，在哈佛受过教育。他从18世纪70年代起就在立法部门工作，其中有7年是在大陆会议和邦联大会。作为一名新英格兰人，他代表了一类矛盾体。身为一个强烈主张共和的人，他在政治上的激进做派同在西印度贸易投资的经济利益出现了矛盾。他在辩论中表现得紧张又敏感，经常与人针锋相对，对人冷嘲热讽。他被人称为"牢骚满腹的人"，似乎反对任何事。然而，他是个很有原则的人，一直坚守1776年形成的革命共和原则，也很担心新的共和体制太脆弱，经不起严重的内部纷争。尽管格里被几乎所有人都认为是个反联邦主义者，但他"就凭良心行事，你找不到适合他的政党或集团标签"，他的传记作者乔治·A. 比利亚斯如此写道。在他看来，格里的主要职责就像他告诉自己的选民那样，是保护"被统治的人免受贪婪及不合法野心的侵害"。

布迪诺特和格里交换了意见之后，詹姆斯·麦迪逊提议设立战争部和外交部。没有人，也不会有人出来质疑亨利·诺克斯担任战争部部长的安排，他在战争时期就是华盛顿的炮兵指挥官。外交部部长的候选人里，还没有谁有绝对优势，但是普遍认为约翰·杰伊是最有可能的候选人，他担任过很多年的邦联政府外交部部长。托马斯·杰斐逊当时还在法国，尽管他打算请假回国，但是除了华盛顿以外，没有人想到他。（因为法国大革命正在进行，杰斐逊只好以学习留着"鸡冠头"发型的印第安人的语言为乐，埋头苦读普鲁士国王的文集，阅读关于卡罗来纳植物的书籍。）大法官利文斯顿暗示自己希望担任财政部部长，但杰伊、小亚历山大·汉密尔顿和罗伯特·莫里斯都是可能的候选人，其中莫里斯是主张小型政府的议员眼中的最差人选，此人是主要的联邦主义者，但常常独断专行。麦迪逊私下认为，与他合作完成《联邦党人文集》的汉密尔顿是最适合"此类业务"的人选，但很少有政治家完全明白为什么。然而，一场针对汉密尔顿的肮脏政治诽谤运动正在进行：汉密尔顿的敌人之一在给总统的匿名信中表示，汉密尔顿就是一个自私自利的犹大，只要时机成熟就会背叛华盛顿。

没有人反对设立行政部门本身：宪法已经明确（也许有点模糊）地提到"各行政部门的主要负责人"——多少人，哪些人以及他们的权力还未具体说——需要向总统报告。宪法还同样模糊地说明，如果国会做出这样的选择的话，它可以把任命"下级官员"的权力赋予总统一人、法庭或部门负责人。这就是宪法的全部规定，中间留下的未明确说明的部分立刻成了各方辩论的战场。麦迪逊在提案中一个类似的表述激怒了反联邦主义者，他们认为参议院与行政分支同权，控诉麦迪逊将要以牺牲立法分支权力为代价扩张总统权力，这个说法不无道理。麦迪逊所说的是，外交部部长及以此类推任何总统提名的其他官员，在任命的过程中"将获得参议院的建议和认可，总统有权免去其职务"。这样的语言表述并没有出现在宪法中，它暗示一旦某官员得到任命，就将按照总统个人的决定行事。

接下来的辩论标志着宪法的宽松解释者（麦迪逊是其中之一）与另一批人之间的第一次碰撞，那批人坚持认为如果宪法没有规定这种权力，那么这种权力就根本不存在。在宪法没有明文规定的情况下，一些议员认为国会有权在需要的时候免除被任命的行政官员；另一批人则认为免除官员的职务只能通过正式的弹劾程序实现；还有一批人认为既然参议院同意任命官员，那么只有参议院有权免除官员职务；另有一批人——包括麦迪逊——认为免除官员的权力只属于总统。

由于参议院只有两名反联邦主义者，因此反对总统拥有免除官员权力的声音很弱。奥利弗·埃尔斯沃思是坚定的联邦主义者，被普遍认为是其家乡康涅狄格最好的律师之一。他坚决捍卫总统免除手下部门官员的权力：如果他没有这样的权力，那么行政权力的意义何在？行政权力的反对者们，包括一些名义上的联邦主义者，在众议院进行了激烈的斗争。"哪一条明确规定了这样（免除官员）的权力？"格里质疑道，"我相信没有这样的条款。"他进一步指出根本不是总统任命官员，而是参议院通过其建议和认可来进行这项工作。唯一可以接受的免除官员程序，佐治亚的詹姆斯·杰克逊补充道，就是弹劾："无论花多久时间讨论，都只能那样做。任命官员的机构应该具有免去他们职务的权力。"

这场激烈辩论的背后存在一个很大的问题，其实是一系列的问题，涉及美国到底应该怎样管理：总统拥有独立的权力？还是说，他是一个象征性的角色，国会的代理人？政府的权力在哪里？参议院是行政机构还是立法机构？两个分支的权力如何协调？

许多人，既包括主张小型政府的人如格里，也包括联邦主义者如约翰·亚当斯，认为总统职位类似于君主，而政府就像王室。毕竟他们没有其他的参考样本，因为几乎没有哪个共和政体——古代的罗马、现今的荷兰——可以用来与他们正在创造的共和政府国家机器进行参照和比较。再怎么费力想象，他们也无法把华盛顿想成美国版乔治三世以外的角色。最终，格里认为任命行政官员无异于建立"恩宠"体系，会让行政分支变得像王室一样，其权力最后肯定会超过政府的其他分支。至于任命的权力，就如南卡罗来纳众议员威廉·劳顿·史密斯所说的，参议院永远比总统更值得信赖，因为其成员来自社会各界，了解公众情绪，"而总统过着隐居生活，只和一些喜欢的人交谈，通常得到的消息是不全面的"。

随之而来的问题是，如果被任命的官员只能通过参议院的弹劾进行罢免，那么只要其保持"良好行为"，他就有可能无休止地待在位置上——换句话说，没有任职年限的职位实际上是终身任命。同样的道理，如果总统可以任意罢免官员的话，宪法赋予参议院的任命权将会变得毫无意义。"一个新的总统可能通过任命新的官员来改变某些部门，让联邦政府陷入混乱状态，"弗吉尼亚众议员西奥德里克·布兰德对此表示担心，"这样不就实际上把总统变成君主了吗？他不就拥有凌驾于政府各部门之上的绝对权力了吗？"（命运多舛的布兰德在两个月前来纽约的路上"既遇船难又遭车祸"，就在这一天中风瘫痪了，差点死在当场；尽管他后来又回到国会，但是第二年因为再次中风而辞世。）

一旦想到华盛顿离开政治舞台后的事，为共和政体的未来担忧的人就不止几个了。所有人都认为华盛顿本人不会滥用职权。"有些事如果其他人做了也许没什么，但是发生在华盛顿身上就不一样了。"威廉·劳顿·史密斯给朋友写信说。然而，史密斯还是担心伟人的继任者将"没那么德隆稳健"。所有人都觉得继任者会是约翰·亚当斯，一个有确定继承权的人："如果亚当斯当上总统（我敢说过些年他会的），由于新英格兰各州对他唯命是从，我想他一辈子都会待在总统宝座上。所有政府官员都将依附于他。如果参议院敢于在宪法问题上反对总统，官员们在所有场合都将与参议院唱反调；如果众议院有可能对总统造成阻力，他们就会对众议院议员指手画脚。"

当时，年轻的史密斯只有30岁，是位坚定的联邦主义者，其先人既有南卡罗来纳的种植园主，也有波士顿的商人，其投资涉及银行业、造船业和奴隶贸易。史密斯接受过律师训练，与该州最有权势的政治家族联姻，几乎不费吹灰之力就踏上了政途。但由于卷入一件难以说清的争议，他差点就丢掉了国会议员的位置。独立战争期间，史密斯正在英国读书，他在查尔斯顿的政敌认为就算他不是个潜藏的保守党员，也说不上爱国。他们试图把史密斯赶出国会，但没有成功，不过他从此很难摆脱这段过往经历的负面影响。

史密斯勾勒出总统获得官员任免权后的可怕后果："北美大陆上的所有官员将会组成一个方阵"，完全听命于行政首长，"对于任何其他想要角逐总统位置的人来说，这个队伍非常危险，所有手段都会被用来歌颂掌权的人，打击竞争对手，贿赂、威胁及密谋等无所不用，且所向无敌"。如果参议院不在总统面前低头，史密斯继续说，他的手下就会动手彻底架空参议院，"然后，这个重要的机构将会被人民憎恶，失去其在政府里的地位；然后，宪法阻止最高行政长官独揽大权的作用将会消失，其他政府分支也将失去作用被废止；然后，所有权力都归于总统和他在众议院的执政同党。"

在参议院辩论中依旧表现强势和自信的麦迪逊对此强烈反对。相比于担心总统独揽大权，他更担心参议院权倾一时。整个宪法，麦迪逊仍旧小声而耐心地说，是建立在这样的原则上的，即行政官员应该对自己的行为全权负责，任何削弱这种责任的做法都有违其精神和意图。宪法对于弹劾权的设置仅仅是一种"补充性的安全措施"，而非其他。总统必须拥有任免官员的权力——恰恰因为他需要对官员的行为负责，如果未能"阻止他们的不当作为"，总统自己将受到弹劾。同样的道理，如果总统没有这项权力，那么一个腐败的官员将可以为所欲为地"犯罪"，而不会被免职，因为总统除了把他解职以外没有更好的办法。而且，麦迪逊说，考虑一下弹劾的诸多不便和花费吧——让参议院一直开会就为了投票决定一个人的去留；因为参议员随时有可能被召集来开会，"因此他们一刻也不能离开"。他斩钉截铁地说，宪法从未考虑设立一个"永久参议院"。

此时，第四个行政部门——内政部也在酝酿之中。这是查尔斯·汤姆森最期待设立的一个部门，它将监管州政府和联邦政府之间的关系，处理印第安事务，保管政府文件，负责管理后来才设立的专利和版权局。它也将向总统汇报有助于改善制造业、农业和商业的建议。这个部门还可能有更多职责，只不过当时人们普遍认为那不过是给汤姆森的一个闲差，毕竟他是旧议会里做部长时间最长的人。经过那些艰苦工作的磨炼，汤姆森深信自己有资格得到任命，也想当然地认为没有人比他更应该得到一个担任高级官员的机会。他比后来华盛顿选进内阁的人经验丰富得多，汤姆森甚至可以充当总统助手的角色。特别是他关于联邦政府应该积极鼓励科学、技术和内部提升的观点远胜于同时代的人，他对待美洲原住民的真知灼见和人性关怀一样是超前的，而所有这些观点和看法都与华盛顿一致。（把汤姆森接纳为部落成员的特拉华人称呼他为"说真理的人"。）

然而汤姆森还是沦为了18世纪70年代就开始的内斗的牺牲品。很多议员认为他是掩护费城金融家、参议员罗伯特·莫里斯的，后者则被猜测要在行政分支打造权力集团。莫里斯的政敌肮脏地指责汤姆森是阴谋家、"老妇人"、"人过中年的"庸人，或者用费希尔·埃姆斯的刻薄话语来说,"一个平静、理性的爱尔兰人,但是肤浅、傲慢又贪婪"。

一回到纽约,汤姆森就十分惊讶地发现自己甚至都没被邀请参加总统就职典礼,这真是个不小的怠慢。他这才知道自己的政途已经结束,内政部是首批提议设立的四个部门里唯一被国会否决的:其职责归入外交部,后来又重新命名为国务院。此时汤姆森已经写下了1000页的独立战争政治史,但是有感于自己所受的冷遇,他将书稿付之一炬。"我应该重写独立战争中的所有大事件,"他告诉朋友,"让世人崇拜他们想象中伟人们的智慧和英勇吧,或许他们真会变得像别人想象的那样伟大,那也是很不错的。我就不再试图唤醒后世了。"但是谁也不知道他到底想要说什么。

在参议院,关于称谓的辩论进行得更加激烈,而辩论的中心越来越多地涉及副总统。深受中风之痛的亚当斯,对自己在总统选举中遭受的不公耿耿于怀,对美国人的政治"低能"十分沮丧,对他认为影响美国人民的"贪恋自由"理念非常反感,他讨厌必须和参议员相处的时间,有时甚至强烈反对,从而招致了别人的不满。亚当斯表现得暴躁又好斗,这最终给他带来了苦果。状态正佳的时候,他觉得自己是一个孤独的角斗士,"与独裁者、贵族党以及乌合之众进行战斗以捍卫自由"。而状态低迷的时候——很多时候都是这样,英勇的战士就成了遭受"屈辱和苦难"的烈士。穆斯捷伯爵觉得亚当斯非常可笑,怀疑他是不是"在玩弄美国人,以便为总统获取更多特权"。

亚当斯和他深爱的妻子阿比盖尔在曼哈顿岛的住宅位置极好,

靠近如今的荷兰隧道入口。从他们"草木茂盛的"领地看过去,亚当斯夫妇可以看到南面一英里范围内的教堂尖顶、吃草的牛儿,以及哈得孙河。河面上总是穿梭着各种船舶,把"如同谷神星宝藏般的"(阿比盖尔如此形容)哈得孙峡谷农场生产的农产品运往各处。而阿比盖尔对于清晨和黄昏欢歌啼叫的鸟儿更是情有独钟,她曾向丈夫抱怨猎人侵入周围区域射杀鹧鸪、鸽子和丘鹬。她对佣人们的表现就没那么满意了:"女管家还不错,男仆很一般,厨子手艺中等,男管家不太上心,女佣就是个泼妇。"

就在这个哈得孙河畔的田园住所,亚当斯像一个藏在密林里的炮兵连一样,向他的各界好友发表了无尽的政论文章,对当前国家的不稳定状态表示担忧和批评。亚当斯对美国的担忧真诚而深厚,这个新生的国家似乎对于强权林立的可怕世界完全没有做好准备,忧心忡忡的他几乎病倒。"别再没完没了地跟我说什么爱国主义、家乡情怀、激情和热情了,"他几乎对一位友人怒吼,"相比于欧洲任何一个国家所受的贵族的奴役,这个国家的绅士们更普遍地遭到野心和低能的侵害。"政府的权威该建立在什么基础上?它又如何赢得一个政治上如此天真、善辩又高要求的民族给予的热爱和忠诚?他相信"用以表示区别的称谓或标记"——他想到了英国君主每年一度的封"爵"仪式——"会是一个创造这个基础的好办法"。除此以外,就只能靠武力了。"我们对人民的思想教化足够让我们这样做了吗?称谓的成本小很多,对自由的危害也轻很多。"对于这个想法他变得非常极端,有时甚至大胆预测"称谓缺失"将会导致社会解体,"在20年里让这个国家损失5万条性命和2000万的财力"。

穆斯捷伯爵6月在给外交部的报告中说亚当斯"是一个公开支

持君主政体的人"。尽管亚当斯声称和以前一样支持共和,但这位副总统对民选政府的可行性怀有深深的疑虑,而对君主政体及贵族阶级大加赞赏,称之为"巨大智慧造就的体制",(私下)预测"美国必须沿用君主政体才能避免冲突、骚乱和内战,而且就在不远的将来"。他相信宪法暗含把美国建成"一个君主共和国,或者也可以说是有限君主政体"的意思。按照定义,王权——无论美国人用什么术语——将会是一个终身性的职位,这也是华盛顿的可能继任者亚当斯将来有可能得到的地位。相比于参议院的野心和"贵族式骄傲",他更担心行政部门大权独揽,就好像参议院是英国上院的翻版,而总统是一个独立又仁慈的民权保护者,其权威既来自法律的规定,也同样来自王者气派。照此逻辑,确保总统享有国君一样的权力,实际上有助于保护"低能"的公众享受自由,避免参议院篡权的可能。如此一来,亚当斯对气派和称谓的津津乐道就变得很有道理了。

关于称谓的辩论早已走出国会,成为酒馆、咖啡屋、报纸及其他地方人们的热点话题,在普通美国人中间引起了一股讨论权势的热潮。全美上下,人们热烈讨论自由和平等问题。虽然有些人打趣地称呼华盛顿"庄严的陛下",对公职人员却越来越少地用这种气派的称谓。普通美国人正迅速地采用"先生"作为超越传统社会阶层的称谓用语,而白人仆人和工人也正抛弃含有明显阶层意味的"主人",而改用来自荷兰语的"老板"。立法者如果喜欢使用皇家称谓称呼总统,可能会被认为支持君主制。但是如果他们作为弱势的行政分支人员,不能给一把手一个强有力的称呼,那他们又会被怀疑成意图颠覆总统权威的贵族。(一位主张共和的人在媒体上提了个狡猾的建议：称呼公职人员都应该用真正描述性的称谓，如"暴脾气阁下""小心眼阁下""内讧阁下""最愚蠢阁下"，等等。）

亚当斯不知疲倦地重复说，如果美国最高行政长官没有代表庄重的头衔，欧洲人就根本不会把美国当回事。他说："为了确保总统的名誉、权威和尊严，一个具有皇家特色的，至少也要高贵的称谓必不可少"。他认为至少"殿下"或"最仁慈的殿下"才是勉强可以接受的对总统的称谓，虽然他个人更喜欢"陛下"或"主上"。他讥讽"阁下"太贬低身份，"总统"更不行，因为它只适合称呼"消防队或者板球队"负责人。如果有哪个国会议员认为其他不气派的称谓也行，就会被他认为是"满口胡言的傻瓜"。然而，亚当斯本人愿意别人称呼他"阁下"。

那么华盛顿自己怎么想？他想要什么样的称谓？一些国会议员相信他不会接受任何气派的称谓——就算强加给他也不行。但他一直保持沉默。"华盛顿仔细研究了他的同胞，但他自己怎么想却无人知晓，"穆斯捷伯爵观察到了这一点，"他对自身的耐心和控制力将会使他更好地处理与他人的关系。"华盛顿知道他有指导外交政策的权力，但他身边除了约翰·杰伊这位旧邦联议会的外交部部长、远在巴黎的托马斯·杰斐逊，以及一个西班牙公使以外，却没有外交专家可以讨论。除了战争部继续由诺克斯将军掌管以外，再也没有任何其他国内决策机构继续存在了。实际上，整个行政分支就是由少数年轻职员和秘书构成的——当然还有华盛顿。没有人可以咨询，华盛顿只能向少数朋友——主要是麦迪逊和诺克斯——寻求建议，就算明明想要建立一个强大的中央政府，他也没法给出具体的时间表。当听到关于称谓的辩论时，他显然很惊讶：有些人说华盛顿这个名字本身会成为一种称谓，加在未来总统的名字前面，就像恺撒的名字用在罗马皇帝身上一样。然而，就任总统不到一个月的他，完全没有准备好在国会表明个人意志。

亚当斯有很多批评者，但是谁也比不过麦克莱，麦克莱要凭借一己之力阻止副总统和支持者们给总统安上那些称谓。此二人在性格上十分相像，都固执、敏感、不善交际，这些特征加深了他们之间的裂痕。尽管在别处声名不大，但是在宾夕法尼亚，麦克莱是个颇受尊重的商人、检查员和西进运动倡导者，该运动1789年在萨斯奎哈纳以西仅仅一两天车程的地方启动。麦克莱秃头、瘦脸，目光中透着正直，一种同事们很难达到的极高水平的正直，他极度推崇民主，对装腔作势和奢侈腐化深恶痛绝，渴望推行宾夕法尼亚式的"朴素共和政体"。毫不意外，他把亚当斯说得头头是道的"壮观而高贵的不同"视作冒犯和笑柄。

虽然被认为是联邦主义者，但麦克莱一些平民化的直觉却让他与那些贵为精英的同事意见相左。除了嘲笑称谓，他还反对被他看作"最昂贵最巨大机器的联邦司法系统"、"必须宣誓的强制性法律"和联邦主义者日程上的一些其他事项。"我想我的做法让自己牺牲了每一个讨人喜欢的机会和在参议院获得影响力的机会。但就这样吧，我的良心告诉我这么做是对的。"麦克莱甚至无法同宾夕法尼亚的高层会议同僚们融洽相处。"我不知道为什么这样，但我就是无法融入这些人。他们与我之间好像有某种刻意保持的距离，没法很好交往……我一直都是独来独往。"麦克莱在日记中感叹道。

麦克莱可能不太受欢迎，但他有很强的说服力。与在欧洲王室的氛围里生活了好几年的副总统相比,麦克莱的观点更能反映普通美国人的情感。当亚当斯的多年盟友理查德·亨利·李宣称"全世界无论文明还是野蛮都需要称谓",麦克莱反驳说:"当今的人们认为自己没必要效仿文明国家的愚蠢行为,就如同他们没必要模仿野蛮人的残忍行为一样。"另一位虔诚的参议员声称君主制是经《圣经》批准的,麦克莱——一位坚定的长老会教徒——则说《圣经》与美国人"讨厌王权"没有关系。当参议员谈论不同形式的"阁下"和"殿下"哪个更好时,麦克莱不屑地抗议说,这样做"是把我们的总统与欧洲某个血统的王子视为同等,这是自贬身价"。

众议院议员强烈反对给总统的那些称谓。"一个国家的尊严难道体现在抬高一个人,而贬低其他人?"南卡罗来纳众议员托马斯·都铎·塔克抗议道,他是众议院最积极鼓吹各州自主权的人之一,"如果是那样,那么最暴虐的政府就是最有尊严的"。很多联邦主义者认为亚当斯做得太过了。也许是在替总统表态,麦迪逊在国会发言席上公开反对那些奇怪的、"不敬的"称谓,听上去好像在吹嘘"像神一样万能"。他告诉同僚:"我害怕这些称谓不是因为它们可能给予我某种权力,而是因为它们与我们政府的性质或人民的天赋不协调。"

众议院进行了投票,表决如何称呼最高行政首长,以便写一封正式的信函感谢他的就职演说。当他们决定直接用"美国总统"称呼华盛顿时,亚当斯大惊失色。参议院在他的影响下乱作一团,好几天也没能发出给华盛顿的感谢信。现在看起来这只是件小事,但它所暴露出来的先例和礼仪方面的问题却是真的。参议院该屈服于"下院"的意志吗?众议院会服从"上院"的意志吗?无人知晓。

双方的焦虑气氛都很浓,麦克莱甚至预测"与众议院的关系将会破裂",这可是新生政府无法承受的严重危机。

5月9日,参议院称谓委员会正式称呼美国总统为"美利坚合众国总统和权益保护者殿下"。尽管头重脚轻又结构怪异,但大部分参议员还是能够接受这个称谓。可是当亚当斯咄咄逼人地要求别人与他保持一致的时候,原本支持他的人也被得罪了。根据麦克莱的描述,"吹毛求疵的他"要求立刻采纳这个称谓,敦促参议员不要理会众议院的意见。"外国民众会怎么说?水手和军人会怎么说?美国总统华盛顿的称谓会让他们永远瞧不起他。"副总统怒气冲冲地说道。在对后来的辩论记载中,麦克莱常常嘲笑亚当斯的"傻笑"和"自负"。麦克莱对亚当斯越来越刻薄,比大多数同僚都严重,亚当斯则亲眼看着自己的声望和影响慢慢消失。南卡罗来纳参议员拉尔夫·伊泽德曾建议用"殿下"这个称谓,但是亚当斯拒绝了。他在背后称胖胖的副总统为"胖子阁下",而其他人则语带双关地叫他"危险的罪恶"。*参议员意见的持续变化是麦克莱的胜利,他终于可以心满意足地写道:"好人们站到了我这一边。"

5月14日,一个风雨大作的日子,参议院最终放弃了抵抗,颇为尴尬地宣布:"众议院在最近致总统的书信中未使用称谓,为了与众议院保持和谐,(参议院)以为目前应与众议院之做法保持一致。"从此以后,这个国家的行政首长就直接被称为"美国总统"。在参议院这次不情不愿的妥协中还暗含着一个心照不宣的声明,即两院将平等享有立法权,作为先例,这个默契——双方时常颇为懊

---

* 英语中 vice 既可以表示"副职",也可以表示"罪恶"。——译者注

恼——延续至今。麦迪逊也为这个结果松了一口气。在一封加密信件中，他告诉杰斐逊："如果他们真的给总统找到一个称谓，那将置总统于痛苦的两难之境，给我们这个新生的政府留下深深的伤口。"麦克莱在日记里给这个被他称为"偶像崇拜的事"写了一个墓志铭："愿我再也听不到关于你的提议或辩论。"

虽然华盛顿从未公开批评副总统，但他对亚当斯的信心大不如前。亚当斯将一直是华盛顿行政团队的边缘人物，无法真正成为其中一分子；他仍然是一个立法机构的主持人，但许多议员对他已经没有那么重视了。经过一个月的谴责、恐吓、吵闹和威胁，他已经疏远了朋友们，失去了人们对他政治手段的信任，把自己变成了笑柄。在国会头几周这造就先例的日子里，他为后来的副总统留下了抹不去的负资产。

与此同时，麦迪逊的巧手似乎变得无所不能。华盛顿对国会两院发表的就职演说的核心部分是他写的，众议院感谢总统发表演说的信是他写的，总统回复两院的信也是他写的。"你们饱含真情的称谓让我的心情难以言表，"华盛顿——也就是麦迪逊——写道，"我觉得我现在得到的远超我对祖国所做出的贡献，我唯恐不能在未来的日子里回报大家的热望。"有人说，无处不在的麦迪逊实际上是在跟自己对话。

第五章

复杂要务

Chapter Five

A Very Perplexing Business

恒久的财政收入意味着恒久的权力。

——费希尔·埃姆斯，1789 年 5 月关于国家财政收入这个"复杂要务"的辩论进行得举步维艰。每一天都有一些拖延和挫折。就算是麦迪逊这样一位勤勉的法规专家,也对埃德蒙德·兰道夫抱怨,"每一步都有新问题,带来新麻烦"。那些期待政府速战速决的人大失所望。"我们纠正拼写问题,或者擦掉'可能',添上'应该',如此吹毛求疵,我实在忍无可忍,"费希尔·埃姆斯抱怨道,"一架笨拙的机器被用来处理细小而又精巧的事情。"但是就算保守的罗伯特·莫里斯也明白,低效是共和政府固有的,也是必要的。这架机器在设计上就是笨拙的。比失去耐心的埃姆斯老一辈的莫里斯观察到,"公众辩论环节有太多人要发表意见,而且他们似乎很喜欢这样做"。然而,他补充道:"我看到了太多来自这种辩论和探讨的良好结果,因此我当然不会抱怨过程的低效。"

总的来说,麦迪逊对目前为止的辩论进度不能算不满意。他给杰斐逊写信说国会的审议"有礼有节,又开诚布公",还满怀信心地补充说他们"会让反对政府的那些人愿望落空"。另外,法国外交官穆斯捷伯爵却"旁观者迷",因为他高傲地把"美国最高立法机构"——其政治精英——称为一群叽叽喳喳又错误百出的业余人员,在荒原上摸索前行,但没有人清楚前进的路线。"如今的国会更像一所学校,政治正在被拿来做各种实验,而不是一个形式上完整的政治体系",他如此向巴黎汇报。存在了三个月后,"国库还是空的,债务在继续累加,最终美国人将意识到,想要制定完美的法律是多么可笑,尤其是在税收的问题上"。

东北部的商人认为,如果征收重税,经济形势就会恶化。卫道士们提醒说,高税负将会导致大范围的走私行为,就算诚实经营的商人也有可能被诱导而触犯法律。费希尔·埃姆斯宣布:"一旦(走私)体系形成,参与其中的人不会仅仅满足走私糖浆,他们会把非法贸易进行到任何领域,因此将无法弄清其范围程度,也没法采取补救措施。"这种说法有些危言耸听,但抵制税负的可能性确实很大,后果也很严重。每个州都有自己的税收制度,也有可能根本没有。一些州明确禁止州政府官员执行联邦法律,而联邦政府之外的罗得岛和北卡罗来纳则有可能成为走私者的避风港。国会激烈辩论的时候,英国船舶正涌入美国港口,卸下如山的货物。没错,贸易"腐败"的风险是存在的,麦迪逊恼火地承认,但是政府除了进行某种形式的征税外并没有其他选择,因为它现在没有任何收入。

麦迪逊的发言并没有吓到埃姆斯,当新英格兰人认为对朗姆酒和糖浆征税太高时,埃姆斯继续为他们的利益据理力争。当他标志性地抬起头扬起下巴发表意见的时候,人们洗耳恭听。埃姆斯也许是众议院最好的演说家,据说听他说话会有种"久旱逢甘霖"的感觉。尽管他常常试图超越区域利益,在智力和道德上他也能做到这一点,但是这样的愿望与他代表的新英格兰商业利益是冲突的。厌倦了辩论的拖沓节奏,他在谈到糖浆问题时有理有据。他说,如果没有糖浆贸易,捕鱼业也将崩溃。"它们的联系如此紧密,伤害了一方,另一方一样受损。"与几乎同所有新英格兰人一样,埃姆斯强力支持联邦政府采取行动——用他的话说是"干涉"——保护商业和制造业。"提案中的税收在这个地方特别让人不满——很可能根本收不上来,除非拿刀架在脖子上!"一个缅因人威胁说。

针对有些人把对糖浆征重税说成未来限制朗姆酒这个魔鬼的罪恶,埃姆斯反驳说:"我们在这里的时候不能把自己想成在教堂或学校,对某些推理性的长篇大论信以为真;我们需要探讨自己所肩负的政治利益。商业利益对当前宪法的影响比任何其他因素都大。"如果有人认为税收可以让喝酒的人由喝朗姆酒转变为喝麦芽酒,"他们对立法影响力的想象肯定是太浪漫了,远非经验所能证实"。关于这一点,他又补充了一个更贴近普通人生活的观点:对糖浆征税就如同对面包征税。"任何一个体面的家庭都不可能不吃甜的",他说,对糖浆征税可能会给共和政体带来祸端。"当孩子要求吃他们每日习以为常的一种营养品时,妈妈会说法律禁止食用糖浆,这些孩子长大后将会对剥夺了他们食物的无形之手怀恨在心。"孩子们会对抗政府,从此埋下无政府主义和革命的祸根。尽管糖浆是新英格兰最普通的甜味剂,在生活中不可或缺,但埃姆斯实际上捍卫的是航运业的利益。

埃姆斯请求国会不要再摇摆不定:"金钱就是权力,恒久的财政收入意味着恒久的权力,它能给政府以保护。"现在人们对政府的热情再也没有过去强烈了,他说。派系斗争不可避免,反对征税的声音会越来越大。必须立刻采取行动,否则机会顷刻之间就会消失。"我痛恨被不同意见左右,不愿意政府总是采取权宜之计,"他请求道,"让我们建立稳定的制度吧。"

关于税率的争论无休无止，谁也高兴不起来，这时候乔治·撒切尔打了一个比方：如果进口的朗姆酒和糖浆需要缴税，那么为什么不给同样是进口的奴隶也按每人 50 美元征税？来自马萨诸塞缅因的撒切尔不喜欢循规蹈矩，是国会里的活跃分子之一。他不参加有组织的宗教活动，因此他的敌人批评他是无神论者，"（他的）言行没有原则性，不严肃不庄重甚至带着孩子气"。撒切尔是科德角早期定居者的后代，是当地政客中的佼佼者，在哈佛学习过法律。他的冷幽默在第一届国会期间常有表现。在一次辩论中，当一位同仁提议铸造一种有老鹰浮雕的钱币时，撒切尔建议用鹅来替代，小面额的就用小鹅。提议案的人感觉受到了侮辱，给他下战书决斗，他拒绝了，提出在一个谷仓的门上钉上他的肖像，让挑战者尽情发泄。

尽管撒切尔的议案听着讽刺意味很浓，但他与当时国会里主张废除奴隶制的意见比较一致，还用这个办法成功地挑衅了南方奴隶主。每个奴隶征税 50 美元，他继续说，与新英格兰人最爱的进口商品税负比起来，并不算重。仅仅提到奴隶制就够让他的同仁们深吸一口气了——这既是一个比喻说法，也有可能是真实情况。麦迪逊虽对提议不满，但一直善于外交辞令的他站起身说他对撒切尔的"语言"不做评价，其实他这样说已经暗含批评之意了。

撒切尔的提议是个转折点，它让南方人重新考虑他们打算对新英格兰人的重要商品的征税问题。但是 5 月 13 日，弗吉尼亚的乔舒亚·帕克——一位独立战争期间的军官，一直在道德和经济层面公开反对奴隶制——提议对每一位进口到美国的奴隶征税 10 美元，以打击奴隶贸易。他宣称现在是时候擦去奴隶制留在美国身上的"污点"了，也因此成了美国历史上第一个正式提出反对奴隶制议案的国会议员。帕克在道德层面上的批驳毫无问题，他的提案也符合弗吉尼亚很多实用主义者的感情，因为在马里兰，传统的烟草种植正逐渐被劳动密集程度低的农作物种植取代，导致了市场上奴隶过剩，奴隶制也不那么受欢迎了。（5月中旬，一位朋友向詹姆斯·麦迪逊汇报说，威廉斯堡的奴隶价格太低了，"郡上拍卖的黑奴价钱只有原来的五分之一"。）

最南部各州议员对于帕克和撒切尔提案的反应是激烈而迅速的。当沿海区域的奴隶主试图减少"富余"的人力时，对于奴隶的需求——以及奴隶带来的政治权利——正在南卡罗来纳和佐治亚这些刚开放定居的区域呈现有力增长。赞成给奴隶自由可能是"当今潮流"，一贯容易激动的詹姆斯·杰克逊咆哮道，他对奴隶制的支持程度一如他对白人自由的维护。但是，他说所有人都应该明白奴隶在美国生活得好很多，有主人给支持和安慰，不像在非洲那样被野蛮对待。"如果被释放了，他们能做什么？"他很是疑惑，"靠工作谋生？经验告诉我们他们不会。"一旦获得自由，他们只会为非作歹，这一点每个人都清楚。弗吉尼亚已经有足够多的奴隶了，他说，不需要再进口了，但佐治亚和南卡罗来纳需要。他请求"先生们在给奴隶进口征税之前应该先让其他州得到充足供应"，同时也给其他人——奴隶主——提了个醒。不要"因为我们提供了生活所需的舒适和快乐而对我们征税，同时却拿走了获得它们的办法。"他又措辞谨慎地对北方议员说，如果再有人提议对奴隶征税，那么提案应该把"白人奴隶和黑人奴隶"都包括进去。据他称，白人奴隶是从欧洲监狱进口来的，以契约的形式买来在北方家庭和店铺里做下人，而这种契约是可以像南部的奴隶一样随意买卖的。

麦迪逊用尽外交才能让一场愈演愈烈的对抗慢慢平息。他说，帕克的提案就如一些人所说的，并没有违反宪法的地方，但是我们不能为局部利益牺牲国家团结。尽管麦迪逊对于"把人类看成一种财产"难以接受，但他并不打算在实际上采取削弱奴隶制的措施。他的"反奴隶制"理想，就当时而言，目标不在于废除奴隶制，而在于限制跨大西洋的奴隶贸易。"希望将来通过表达对这种贸易的反对意见，我们能够最终停止奴隶贸易，使我们免于责难，也使我们的后代免于一个充满奴隶的国家带来的低能"，他动情地对同仁们说道。就长远来看，他补充说，这也符合南卡罗纳和佐治亚的利益，因为他们每接收一艘船的奴隶，他们就变得更不安全，一旦发生侵略战争，奴隶就有可能成为敌方利用的攻击手段，就如独立战争期间，英国人提出给逃亡者自由，数千人马上响应一样。但是终结奴隶贸易并不等于废除奴隶制度。他没有提到的是，永久终止奴隶贸易将会大大增加弗吉尼亚"富余劳力"的价值。

最后，帕克撤销了提案，危机得到了化解。但这不是最后一次国会议员听到关于奴隶制的讨论。这只是序曲，奴隶制问题不久会再一次出现在第一届国会的审议中，随着1790年美国政治史上首次游说活动及脱离联邦的威胁而达到高潮。

到5月中旬的时候，国会议员的生活节奏趋于稳定，或许也很辛苦。他们的工作日从委员会会议开始，一般在上午11点召开正式的众议员和参议员会议，下午3点到4点之间结束。对议事节奏进展缓慢非常恼火的议员们常常高声发言，以免自己的声音淹没在外面大街上飘进来的嘈杂声中。联邦大楼里紧张忙碌，室外的大街上则热闹非凡，狗、猪、羊的叫声混杂着铃铛声，远近可闻；送牛奶的、扫烟囱的、磨刀的、修灯的、伐木的、制酵母的、塞床垫的，以及兜售可以铺地面的洛克威海滩沙子的叫卖吆喝声，此起彼伏。"太吵了！"一个议员抱怨道。因为没有办公室，国会议员们通常在旅馆或者酒馆边吃饭边讨论几小时才开会。他们的饭菜一般是就着鸡尾酒、波特酒、马德拉酒，或者各种由朗姆酒、糖浆、啤酒等调制的酒水，吃鹿肉、牡蛎、淡水龟、烤熊肉，以及一些味道很冲的植物。

  国会议员的自由时间多半被用来写信。康涅狄格的参议员奥利弗·埃尔斯沃思建议他年轻的女儿阿比盖尔好好学习："每天你都要独自花一些时间学习地理，阅读《旁观者》或其他书籍，还要做一些算术。当你习惯了用书面形式自如表达后，你的文学水平也就提高了。"对生活充满热情的乔治·撒切尔鼓励他妻子萨拉不要被孤独打败。"一个女人不应该整天郁郁寡欢——那样做几乎同喝威士忌、嚼烟草、吸鼻烟等一样有害。忧郁的女人养的小孩也是忧郁的——忧郁的男人总会毁了他爱人的幸福。"几乎每一位议员都需要亲自回答无数来自选民的问题，比如这封约翰·利兰写给国会大忙人麦迪逊的信是这样的："我希望知道我们国家所欠的外债情况，欠哪些国家钱，各自比例是多少，以及内债的相应情况。我还想知道，来自贸易的税收（不包括直接税）是否能满足联邦政府所需，以及支付债务利息。"然后利兰又加了一句："我很想看到所有的法律，尽管它们对我个人没什么直接用处。"

  在不工作的日子里，国会议员们喜欢来到乡村，重访曼哈顿的独立战争战场，在靠近郊外格林尼治村的茶园里放松个把小时，或参观实验农场，农业学家很乐意向他们展示农作物新品种和新型农业机械。(华盛顿对在如今的联合广场附近看到的一个设备特别有兴趣，它能测量耕种某种土壤所需要的力的大小。)一些议员当然找到了另一种放松的方式，他们在城里300多家酒馆或者克莱克特池塘旁边的青楼寻欢作乐，就在制革厂和水手之家之间的一片地方，往北一直延伸到东河码头的后边。

在热烈的聚会中，无论是经验丰富的老妪还是初涉交际圈的年轻女子，都穿着带有异域色彩的盛装——深绿色、"鼠耳朵灰""烟灰色"、深红色、紫红色、"熟褐色"，以及珍珠般五彩斑斓的搭配——品着红酒，吃着奶冻，跳着来自欧洲的最新舞蹈。总是有各种娱乐活动进行着。"美国人经常举办宴会，他们认为在办公室里工作并没有什么好，如果不经常举行一些奢华的宴请，就不能好好工作"，穆斯捷伯爵给出了这样的评价，言语中颇有些不屑。这些场合的主角是露西·诺克斯，战争部部长的妻子，这位胖女士在自己的舞台服装上模仿了军事风格。据说她在舞会上翩翩起舞的时候，就像航行中的护卫舰。麦克莱这样的清教徒对纽约人的奢靡之风很是反感，常有批评之词。

对纽约社会风气影响最大的人当属总统。他对国会的辩论保持沉默，表明他不愿意介入国会的审议活动，同时也反映出他对"总统"二字的内涵怀有深深的不确定。3月时，他给麦迪逊写信说："关于行政首长该如何当，我希望也愿意满足公众的期许。"但是"如果他在接受这个角色之前就知道怎么做就好了"。总统到底应该怎么当，只能边干边学。他该过什么样的生活？以谁为榜样？国王？州长？县长？模范绅士？别人会怎么对待他？没有任何先例可循。他明白他所做的一切，服装穿着、行为举止、说话方式等都有可能成为将来若干年总统的范本。他还热衷于本地人的淳朴生活——比如只食用当地产的奶酪、黑啤酒和一些弗农山庄的家里生产的食物。就职宣誓时，他穿的是新英格兰人用手织布做成的服装——这一切都与约翰·亚当斯的亲英做派截然不同。华盛顿的道德水平也无可指责。就如一个人所描述的，华盛顿身边多的是想谋一份"肥差"的求职者，但他拒绝了大多数人。一位邻居想给儿子找份工作，华盛顿回复说，如果他有失公允而为别人谋私利，那将带来无休无止的嫉妒，可能给国家带来"致命后果"，且不说对他个人名誉的损害。但是在任命地方官员之前，华盛顿会先征询该地区国会议员的意见。这样的先例，使得本来有可能扩大行政权力的行为变成了一个相互协作的过程。

他深知不可能成为人人都喜欢的总统。"但是找到并贯彻（一种行为标准）会让大多数人满意，"他在 5 月给麦迪逊写信说，"正确的办法应该是坚持一种程序，以便（总统）有时间履行自己的职责。这是首要目标。其次是避免被人觉得傲慢，应该尽可能全面地获得信息，不脱离群众；另外也不能与他人接触太多，导致尊重程度降低而带来不便。"这不仅仅是个理论问题，而是很紧迫的实际问题。每时每刻都有人来访。"我什么正常的工作都不能做，"他向弗吉尼亚的朋友抱怨道，"人们只考虑自己的方便，从我早上起床吃早餐——甚至更早——到我坐下吃晚餐，总有人到来。由于我不愿意耽误公务，他们这么做让我必须做出选择，要么把他们都拒之门外，要么专门安排一个时间接待他们。"如果他可以"由着自己的性子来"，他宁愿自己一个人待着。但是作为共和的原则性问题，他需要给每个人自由进出的机会，"因为这是政府首脑应该做到的"。

华盛顿经常向包括他以前的副官亚历山大·汉密尔顿在内的人寻求建议。虽然当时汉密尔顿还没有公职,但他对这件事考虑得很周详。从他给总统的回信中可以看出,日后显露无遗的精英政治初露端倪。他建议"行政部门在行为举止上应该高调一些",尽管这个年轻国家到处弥漫的"平等观念"会带来挑战。他建议进行集体接见或接待,仅就"无关紧要的话题大略地聊一聊"。总统不该回访或者接受任何邀请,但他可以在特殊日子,比如就职一周年的时候,举行"正式的招待宴会"。在接见来访者的日子里,总统也可以举行"家庭宴会",人数在6到8人,受邀人员仅限于国会议员或者有身份的个人,但是"总统永远不应该长时间待在宴会现场"。汉密尔顿进一步提议说,参议院议员可以单独面见总统讨论公共管理事务,但众议院议员则不行,很显然他认为参议院是国会里更重要的部分。"我认为如此区别对待是合适的,值得一试。"他说。

主张共和的人对总统的深居简出很是失望,当他们第一次看到崭新的元首座驾的时候,就更失望了。那是一辆半个南瓜似的金黄色马车,拉车的是六匹白马,车身饰有挥舞花束的丘比特。此情此景让一心想要把中央政府办公地点搬出纽约的麦克莱深感担忧,他感觉自己心中的英雄已经在"浮夸的纽约人"影响下慢慢堕落了。

提前为总统租好的四层楼佐治亚大厦位于城外的樱桃街上,那里一大帮服侍总统的人正忙碌着,有白人也有黑奴,个个穿着体面,头戴三角帽,戴着手套,鞋子擦得锃亮。经过门外荷枪实弹的岗亭后,访客们来到接待处,里面家具考究,陈列着精美的碗碟和瓷器,地板上铺着华丽的波斯地毯,还有一些玛莎·华盛顿从弗农山庄拿来的画作和宝贝。凡此种种都让人想起国王接见大臣的情形，可能汉密尔顿心里就是这么想的。访客们先在前厅集中，之后通往内室的门缓缓打开，华盛顿的侍从少校戴维·汉弗莱斯用圆润低沉的声音喊道："美利坚合众国总统！"进入内室，就看到华盛顿气宇轩昂，身着黑色天鹅绒外套和马裤，一手拿着三角帽，另一只手放在剑柄上。从右向左，总统面见每一位访客，稍做寒暄后就转向下一位，一副皇家风范。尽管这样的活动名声很大，但谁也不喜欢，参加过独立战争的老兵抱怨那些曾经的亲英分子竟然获得总统召见，而地位显赫的市民则感觉这种场合毫无生气又华而不实。

最痛苦的人当属玛莎·华盛顿，她从不想离开自己喜欢的弗农山庄，而纽约的生活让她感觉十分压抑。对她来说，涉及总统的那些礼仪规矩如同无法逃脱的牢笼。"有很多规矩我必须遵守——由于不能自如地生活，我宁愿很多时候都待在家里。"她向一个朋友抱怨道。除了一些必须出现的正式场合，她很少参与社交活动。"这里的生活非常无趣，我对城里发生的事情也一无所知。我从不去公共场所，事实上我想我更像一个囚犯。"

玛莎的不快乐只是华盛顿从普通人到总统所做出的一部分牺牲。尽管共和派有诸多抱怨，但他在1789年的重大成就之一是为总统这个职位营造出魅力型权力的光晕，虽然带着某种旧色彩，但仍然使得总统这个职位带上了皇家气派和美国式民主的谦卑。虽然总统接见仪式带着浓厚的欧洲宫廷色彩，人们还是能经常看到华盛顿在侍从的陪伴下骑马巡视全城，他亲自写了很多书信，每日例行安排看上去更像个士兵，而非国家首脑。他一般早上5点起床洗漱着装，检查完住处和马厩后，为一天的工作签署各种命令。然后他就要骑马出城锻炼几小时,回来后去办公室工作,接待来访者,下午2点吃午餐,然后5点回到办公室继续工作到晚上9点。然而一种神秘的光环一直围绕在他周围。"再没有比乔治·华盛顿更让人捉摸不透的人了,"1790年取代穆斯捷伯爵担任法国外交官的路易斯-纪尧姆·奥托后来写道,"他身上的神秘色彩让他的行为毫无人情味,除了有公众来访的日子,他的住处空无一人。可以说,除了缺乏友情之外,他很享受现在拥有的一切。可以肯定的是,不管是因为自愿还是不得不这样,他现在的生活方式给他带来的更多的是野心的满足,而不是生活的乐趣;但是这朵花儿并非只有芬芳没有刺。"

第六章

一个重要而微妙的议题

Chapter Six

A Great and Delicate Subject

可怜的麦迪逊在弗吉尼亚吓怕了,我觉得他自那以后就在想修宪的事情了。

——罗伯特·莫里斯,1789 年 8 月

6月8日上午10点左右，天气开始变得闷热难受，纽约夏季的湿热气候让国会议员们更加不舒服，他们都穿着厚厚的呢子外套，里面是贴身马甲，脖子上还系着亚麻颈巾。尽管众议院会议厅的大窗户有利于空气流动，但是天气非常闷热，议员们出汗很多，很多旁听修宪的人拥了进来，让大厅里变得更加让人烦躁。詹姆斯·麦迪逊终于触动了修宪"那个重要而又微妙的议题"。没多少人知道他要说什么。"他是打算仅仅转移一下对方的注意力，还是被自己所在州的反联邦主义情绪吓怕了，考虑放弃一些关键利益，我不得而知。"宾夕法尼亚众议员乔治·克莱默在等待麦迪逊发言之前这样给朋友写道。他用了一个水手遇到鲸鱼时常用的手段来说明问题：当水手受到鲸鱼威胁的时候，他们一般会往海里扔下一个木桶，希望以此转移鲸鱼的注意力。

麦迪逊有两个目标：赢得反联邦主义者的支持，以及阻止那些从根本上对宪法有害的修正案。麦迪逊手里攥着一大把提前准备好的材料，起身发言。当他坦承对宪法有一些很严重的反对意见时，国会议员们变得紧张起来。他观察到一小部分人反对宪法的基本架构，因为他们认为宪法削弱了州政府的权力。更多的人对宪法不满是因为它没能保护美国人珍视的基本自由。现在他承诺"如果可以通过对宪法做一些修正而使之更好地保护其最乐观的支持者，我们将不会做聪明人不做的事情"。这话听起来很别扭，或许正反映了麦迪逊当时的矛盾心理。适度"修正"或许可行，因为他说："如果权力总有被滥用的可能，那么中央政府的权力应该通过更保险的方式施行。"

在百老汇大道街尾的法国大使馆，穆斯捷伯爵正琢磨麦迪逊到底想干什么。来自法国宫廷又生性多疑的他，猜想麦迪逊和联邦主义者一定是在借机向总统表忠心，他"最主要但又没说出来的"动机实际上是"再度利用"宪法让总统获得更大的权力。"如果策划者目的如此，那么他们只能通过一些迂回的方法引开公众的注意力，使他们觉得一切都是为了公众的权益"，穆斯捷伯爵给在巴黎的政府如此报告，而那个政府几周后就将陷入法国大革命的骚乱。

与其说麦迪逊的演说带有某种政治阴谋，不如说它是长期政治进程中的一个必然结果。麦迪逊反对任何形式的修宪，这是人所共知的。修宪的问题似乎在制宪会议上已经解决，当时乔治·梅森和埃尔布里奇·格里请求在宪法中加入权利法案，但是被否决了。然而，对于刚刚经历了英国专制统治的许多美国人来说，他们不会轻易信任一个强大的中央政府。宪法获得批准的过程也是一波三折，几近流产。尽管只有北卡罗来纳和罗得岛没有批准宪法，但在其他批准宪法的州里，支持和反对的票数非常接近。另外，好几个州在批准宪法的同时，还提了200多条部分类似的意见。许多意见都涉及一些根本性的改变，比如确保立法分支永远处于主导地位，朝着利于州政府的方向重新平衡权力分配，设立联邦委员会，使之有权推翻高等法院做出的争议判决，对总统和国会议员的任期进行限制，限制总统的赦免权和军权,限制国会在收税、监督联邦选举、管理州政府和通过商业法律等方面的权力,以及国会在批准条约时需获得三分之二或四分之三的赞成票。

纽约议会要求修改宪法,确保政府的权力可以"在人民追求幸福的必要情况下收回"——一个实质上无政府状态的要求,同时还急迫地要求联邦官员宣誓不侵犯各州的权力和宪法,而把各州的权利置于神圣不可侵犯的地位。有一个提案要求国会两院都对公众开放,这个提案很有深意:虽然众议院面向公众开放,但是参议院的会议却是闭门进行的,这被一些市民看成贵族倾向的明显标志。还有一些提案要求规定国会选区的大小、禁止设立常备军、禁止联邦政府直接征税。尽管在即将开始的国会辩论中权利法案的说法只是泛泛而谈,但有些州议会其实根本就没提及个人自由的问题。在麦迪逊眼里,最麻烦的是几个州议会关于恢复使用《联邦条例》中限制性表述的要求:没有明确规定属于中央政府的权力自动属于各州。在麦迪逊的盟友看来,这样的条文就是给政府"戴上了脚镣"。

让麦迪逊下决心修宪的有好几件事:若不修宪,北卡罗来纳就会继续拒绝批准宪法,麦迪逊自己未能在弗吉尼亚的选举中获得参议员席位,不得不与反联邦主义者(也是后来的总统)詹姆斯·门罗展开激烈竞争,以获得众议员资格。持续几周的雨雪低温天气让他的选民饱受严寒折磨,麦迪逊不断急切地表示,自己"一直认为宪法可以有所改善",而且现在正式批准则让他能"自由地支持修宪"。宾夕法尼亚的罗伯特·莫里斯对麦迪逊的改变说得一针见血:"可怜的麦迪逊在弗吉尼亚吓怕了,我觉得他自那以后就在想修宪的事情了。"

麦迪逊的立场转变显然也是因为受到他的朋友和导师托马

斯·杰斐逊的影响,他们之间有密切的通信往来。尽管二人在很多方面颇为相似,但他们对于如何实现联邦政府权力和民众意愿之间的平衡分歧不小。麦迪逊对多数裁定原则和大众运动不太放心,而杰斐逊则认为"不时发生一点反抗是好事"。然而,就算身处大西洋对岸,远离有关批准宪法的激烈辩论,杰斐逊还是不断要求麦迪逊支持民众的诉求:"人民有权反对任何政府,无论是一般意义上的政府还是具体某个政府。"这样的法案可能在短期内给政府工作带来麻烦,但是"不对外明确宣布立场带来的不便是恒久、痛苦、无法弥补的"。(麦迪逊也得到了总统的支持,他在就职演说里已经提及修宪的原则,虽然这份演讲稿是麦迪逊操刀代写的。)

麦迪逊从未期望宪法被看作像铜制雕像、美国人的巴力神一样亘古不变。"若美国人民不曾因为盲目崇拜某些古风、习俗或名人,而放弃源于自身良知、时局判断和生命历练做出的判断,这难道不是一种荣耀吗?"他说。相反,他捍卫宪法主要是基于实用性的考虑。关键在于依赖经验而非权威,依赖对于宪法具体规定的冷静证明。他强调,宪法的真正优缺点"只有在实际生效后才能显现"。

麦迪逊在面临挑战时,显示出了极高的战略警觉性。他深知如果不能采取主动,反对宪法的人就会占据主动。所以,联邦主义者需要采取一些"调和的措施",使"那些被蛊惑的反对者避免落入别人的圈套",以降低反对者的声势。麦迪逊认为,如果他不主动提议修宪,反联邦主义者阵营三天内肯定也会提出这样的要求。与其等着反对者开口,不如把修宪作为"宪法支持者的礼物送给他们"。最后也是最重要的一点,他预计"这样做会让各地的反对意见消失,而通过消除人们的反对情绪,政府可以放手去尝试一些更大胆的措施"。

反联邦主义者很清楚接下去该怎么做。"联邦主义者的目标就是分化大家的意见。"来自弗吉尼亚的参议员威廉·格雷森向他的资助人帕特里克·亨利报告道,亨利是麦迪逊在家乡的最大敌人。格雷森到达纽约时,痛风和腹泻极为严重,早没有心情与"小杰米"麦迪逊及其联邦主义支持者周旋。"修宪之后,我猜很多乐观的人该期待继续削弱各州立法机构的独立性了。"他颇为郁闷地告诉亨利。

既然已经承诺修宪,那么麦迪逊就需要付诸行动。他大大减少了提案的数量,剔除了琐碎的和政治上站不住脚的,合并了一些,改写了一些,忽略了无法排进议程的。他不接受以任何方式削弱总统——其本身已经是政府权力分支上"较弱"的一方了——权力的"改变",他告诉同僚。他的提案主要针对国会,"因为它是最有权力的分支,最有可能滥用职权"。一些国会议员——他很郑重地跟一些联邦主义者说——认为权力法案没有必要,因为很多州已经有了类似的法案。这没有说服力,他说,原因是很多州根本没有这样的法案,另一些州的法案则是"绝对不合适的",它们实际上以保护的名义限制了公民的权利。

一旦保护公民权利的法案被写进宪法,他继续说,"它们将成为任何企图滥用职权的人无法穿透的堡垒"。他可能还记着杰斐逊所做的预测,那就是权利法案的真正价值在于未来。当还未成形的司法系统将来在联邦和州政府两个层面处理不公正行为的时候,权利法案将成为一个强大的武器。然后麦迪逊提议在宪法上加上一段前言,以呼应《独立宣言》——该文件主要由杰斐逊完成——宣布

"一切权力源自人民",政府存在是"为了人民的福祉,体现在享受生活的乐趣和生命的自由上",体现在获得和使用财产的权利上,"主要体现在追求和得到幸福与安全上"。麦迪逊又说,这一点很重要,"一旦人民发现政府不利于或不足以履行其职责,人民具有不容置疑、不可剥夺、无可辩驳的权利改革或者改变政府"。这些想法都显得非常激进,让麦迪逊的一些保守派同僚颇为担忧,也让美国社会更广阔的领域置于联邦政府的监督之下。他甚至希望修正案能嵌进——像新的切口一样"嫁接",他用了更符合种植园主的词句——宪法,成为伟大文献一个永恒的部分。

然后麦迪逊开始考虑其他修正案。他提议每个州在国会的众议员人数不超过该州人口的三万分之一,每个州至少应该有两名众议员;国会议员在下一次选举之前应该禁止涨薪水;联邦法院对财产损失的索赔应该设置最低限度;陪审团的审理工作应该在距离案件发生地较近的地方进行。直到此时,麦迪逊才最后(也很简略地)提及个人自由问题,要求在宪法里加入保护公民信仰、言论、新闻、请愿、集会、拥有武器的权利,阻止不合理搜查和拘禁的权利,司法程序中被告的权利,出于宗教原因免服兵役的权利。然后,他继续提出可能是最意义深远的提案,用他自己的话说"如果不比其他的重要,至少也一样重要":通过明确宣布"相比于联邦政府,各州政府在滥用一些权力方面带来更多危险",规定不仅联邦政府,而且州政府也无权干涉宗教信仰自由、新闻自由或陪审团的审理工作。还有一个很有争议的提案,他提议在联邦政府各个分支之间合理分配权力,并称"宪法没有明确规定,又没有明文禁止各州不得拥有的权力,由各州享有"。这解决了——也巧妙地回避了——反联邦主义者要求的一个根本性问题，即除了宪法明确规定联邦政府应享有的权力之外，其他权力归州政府所有。

如果麦迪逊以为他的这些提案能迅速得到批准，他就大错特错了。对于认为修宪毫无必要的费希尔·埃姆斯来说，麦迪逊好像只是收集了"报纸上所有的牢骚和抱怨——所有关于议会的文章——和无所事事的闲聊"。康涅狄格的罗杰·舍曼聪明但不善言辞，说话不会拐弯，是众议院著名的联邦主义者之一。他说"这时候提起修宪的问题，给人们造成的担心多于抚慰"。宪法或许并不完美，舍曼承认，但是世上又有什么是完美的呢？"我不指望看到世人创造出完美的东西。"脾气火暴的佐治亚州议员詹姆斯·杰克逊把这一系列的修宪提案说成"愚人的烟花"，"看着好玩，后果却往往很危险"。他还补充说，在一些拥有所谓权利法案的州，正发生着最严重的侵犯人权行为。杰克逊然后用一个很经典的比喻来说明问题，他把宪法比喻成建造完成但还没有出海的轮船："这艘船现在还在船坞里——我们还没有试航，不知道航行过程中会发生什么——不知道谁来掌舵。实验之后她可能完美无缺，也可能瑕疵明显。在现有情况下，谨慎的船主会考虑改变吗？他会雇上两千人打开甲板拆开骨架吗？"

麦迪逊这些表面上的政治盟友发难之后，就轮到反联邦主义者了。他们抱怨麦迪逊忽视了好几个州——包括他老家弗吉尼亚州——所要求的结构性修宪。与他们处在同一战线的有来自新罕布什尔的反政府联邦主义者塞缪尔·利弗莫尔，他指责麦迪逊只挑选自己喜欢的提案，还说，麦迪逊可能觉得他比各州及议会的人都更加聪明能干。埃尔布里奇·格里曾一直鼓动进行彻底的结构性改革，但这一次他却反对麦迪逊修宪，这着实让大家意外。格里认为有更紧迫的事，他说"拯救这个国家要靠体制，是否修宪都一样"。他同时认为所有的修宪提案都要考虑到，而不仅仅是麦迪逊粗粗挑出来的这些。作为一个政治经验丰富的人，格里感到如果此次弗吉尼亚人麦迪逊取得成功，反联邦主义者可能再也没有机会在国会形成多数派，完成他们期待的激进修宪大业了。格里不惧怕战斗，但他希望准备好了再战斗。

很多南方人担心的问题则要具体得多。国会议员威廉·劳顿·史密斯认为南卡罗来纳应该对宪法的任何"革新"都"特别小心"。史密斯成功地避开了那些质疑他是否忠诚、是否有资格当选国会议员的人，成了众议院最活跃的议员之一，奴隶制最忠实的拥趸之一。就这个文件看来，它不会对"我们州的权力"带来任何威胁，史密斯告诉一位心腹，但是如果"头脑聪敏和能言善辩的人"给它带来一些其他内容，就不能保证将来还会带来什么别的变化。一旦开了头，修宪的历程何时终止？它最终有可能关注南卡罗来纳最重要的经济政策。"我们的州在联邦中势单力薄——确实如此——没有其他州支持我们的特殊权益，尤其关于蓄奴这一点。其他所有的州都不支持我们，但是如果现行宪法保持不变，他们在20年内不可能触及我们关于黑奴的权益，或许20年以后宪法也不会在这方面做出改变。"尽管一些来自蓄奴州的众议员也偶尔表示希望结束奴隶制，但史密斯夸大了南卡罗来纳的孤立地位。对于大多数蓄奴州的国会议员来说，当麦迪逊在宪法前言里宣称人人生而自由和独立、人人拥有政府应该尊重的权利时，奴隶制的基础已经动摇了。

总之，让麦迪逊感到沮丧的是，根本没有人对修宪感兴趣。他们说麦迪逊准备的一系列修宪意见就算不是浪费时间，在时间节点上也很不成熟。更加紧迫的任务等着处理。东南部越发严重的印第安袭击不值得关注吗？"佐治亚正处在水深火热之中，"一位《每日广告报》的记者大声疾呼，"敦促国会赶紧采取行动，否则佐治亚就保不住了。"不是要设立联邦国土办公室管理阿勒格尼山脉以西的定居点问题吗？在哪里呢？宾夕法尼亚的托马斯·斯科特警告说，未来几年数以百万的人将穿越阿勒格尼山脉，任由"那个区域被没有原则的匪徒占据"，对这个国家应该没什么好处。不是要设立法庭吗？不是要设立海关征税吗？"人民焦急地等着政府开始运作，"来自特拉华的坚定联邦主义者约翰·瓦伊宁呼吁道，"税收法律通过了吗？不是每天都有税收流失的问题吗？别再一个接一个地讨论所谓重要问题了，先做出一些决定吧。"让麦迪逊颇为懊恼的是，修宪的问题只能再等等。

麦迪逊曾经期望税收法案能及时通过，以便对春季的进口商品进行征税。但时机早就错过了，因为国会延迟开幕，加上"很多地方利益和成见需要妥协"，宾夕法尼亚众议员托马斯·哈特利感叹道。哈特利是参加过独立战争的老兵和积极的联邦主义者。各种利益相互争斗，国会辩论几乎停滞。马里兰的丹尼尔·卡罗尔是一位富商和地主，全国最显赫的天主教家族后代。由于所在的地区有一家玻璃工厂，他就号召对玻璃制造业进行保护，也确实如愿了。罗杰·舍曼坚持要求对进口烟草征重税，避免康涅狄格种植的烟草在竞争中不利。本杰明·古德休代表马萨诸塞的琳恩镇，该镇有制鞋业，他要求对进口的布鞋、胶鞋以及拖鞋征重税。南卡罗来纳的伊达诺斯·伯克要求对进口的大麻征重税，而弗吉尼亚人要求对进口的煤炭征税，因为那里煤炭业正发展迅速。人们的情绪变得越发难以控制。爱尔兰出生的宾夕法尼亚众议员托马斯·菲茨西蒙斯——他和罗伯特·莫里斯交情很深，是众议院税收法案讨论的主持人之一——嘲笑"马萨诸塞人非常固执，他们表现出的斤斤计较有损声名"，而费希尔·埃姆斯则私下说宾夕法尼亚人生性"狡猾"，"他们的表情、举止和情绪处处透着小心，也可能是担心或嫌弃"。总之，就如新罕布什尔参议员佩因·温盖特所说的，征税是件"非常麻烦的事情"。

当税收法案最终在5月中旬送到参议院的时候，参议员把众议员们争论了几个星期的很多问题又重新吵了一遍。"北方的也好，南方的也罢，尤其是南方的参议员，只要某些条款与他们的切身利益有关，就立刻争得面红耳赤。"麦克莱在日记里写道。贵族出身的南卡罗来纳参议员皮尔斯·巴特勒"火冒三丈，威胁说他所在的州会退出联邦，说得斩钉截铁"，并说整个税收法案就是"针对南卡罗来纳设计的"，因为他说预定征收的税负比他想象的重。同时，身材高挑瘦长的弗吉尼亚议员理查德·亨利·李——麦克莱评价为"当然有些自大和自负"，"但也很有想法，经验丰富"——在质疑宾夕法尼亚人努力保护本地制糖业的时候，引起哄堂大笑。他说"美国人做出来的糖块就像在石灰里放了一些乱七八糟的东西，他为了让糖溶解，把糖勺都弄断了"，"说话的口气里满是害怕和可怜，连最不苟言笑的人都会被逗乐"。从来不懂幽默的麦克莱还记录了下面这句李说的话："为了支持费城那几个人的利益，我必须继续折断糖勺，300万美国人也必须继续交税。"

麦迪逊成功地游说众议院，使其通过了一系列税收法案，它们有利于同美国签署了友好协定的国家，主要是法国，也对拒绝签署贸易协定又禁止美国船只停靠加勒比港口的英格兰进行了报复。然而，对于同英国贸易往来密切的北部地区来说，这种明显有利于法国的贸易政策无异于意气用事，因为法国商船在跨大西洋贸易中占的份额小得多。为什么要得罪英格兰、西班牙和葡萄牙这样的贸易伙伴呢？它们虽然没有与美国签订贸易协定，但是如果美国不是故意惹怒它们，没准它们将来会签署贸易协定。美国这样有可能与英国"展开贸易战"，马萨诸塞的凯莱布·斯特朗提出了强烈批评。作为法国的铁杆支持者，麦克莱反驳说"贸易协定只要有效力，签署协定的国家之间当然要比没签署的国家之间更团结一些"，但几乎没有人支持他的意见。参议院的格局分布不大一样，北方商业利益在这里比在众议院有更多的代言人。最终参议院以较大优势否决了对不同国家区别对待的做法，全面征收高额保护性关税。众议院默许了参议院的这一做法，这让新英格兰人难掩兴奋。费希尔·埃姆斯欢呼雀跃，"谢天谢地，如同受到了神的指示一般，参议院终于抛弃了对不同国家征收不同关税的可笑想法"。

修改后的法案回到众议院，"面目全非"，与前一稿大相径庭。尽管一些众议员被参议院的讨论说服了，但多数人拒绝让步，其结果是又一轮两院之间的利益角逐。所有人都清楚，无论最终结果如何，这个过程都会为将来创造先例，甚至会让某一院在国会中获得更重要的地位。一些众议员厌倦了税收法案的议题，打算与参议院妥协；另一些人则准备战斗到底。为了避免这种对抗局面严重影响政府运作，一些冷静的议员建议创立美国历史上第一个联合委员会——此类联合委员会如今已经司空见惯——以消除两院的分歧。

与此同时，众议院于6月16日暂停讨论税收问题，投票决定设立外交部事宜。这是同战争部、财政部及司法部一起成立的首批4个内阁部门之一，也是联邦政府行政分支的基石。无论是在联邦大楼的前厅，还是在酒馆和客栈，抑或是在街头巷尾，似乎每个人都在议论谁会获得国会即将设立的新职位。利文斯顿仍然对财政部的职位满心期待，而其他人则推举宾夕法尼亚的蒂莫西·皮克林，或者纽约的反联邦主义者塞缪尔·奥斯古德。然而，据麦迪逊记载，"汉密尔顿是讨论最多的人选"。尽管大家普遍认为亲英派的约翰·杰伊只要愿意很有可能获得外交部部长的职位，但据说他更愿意被提名为最高法院的首席大法官。如果真的那样，总统或许会提名亲法派的托马斯·杰斐逊担任外交部部长，其人当时仍在巴黎担任外交官。作为最有经验的可用之才之一，杰斐逊肯定会被委以重任。但他自己怎么想呢？华盛顿和麦迪逊无从知道，就如麦迪逊在给杰斐逊的信中写的——"对你的想法不甚了解"。

一个老问题仍然没有解决：总统有没有权力免除他任命的人？"从来没有一个问题像这件事情一样让人念念不忘。"一位马里兰国会议员写道。对麦迪逊而言，这个问题很关键。他担心如果行政部门头脑完全由参议院决定，就会形成对抗总统的小集团，瘫痪行政部门，让公共事务难以开展。

带头发难的是一个脸形瘦削的人——佐治亚议员詹姆斯·杰克逊，他说出了大家心中最担心的问题，这个国家难以接受总统随意任命和免除行政官员。他用十分夸张的语言描述了这样的权力，称它将"把新宪法带给人民的无限希望彻底击碎"。时年 31 岁的杰克逊出生在英格兰，15 岁时来到美国，被萨凡纳一个著名家庭收留。据说，1776 年，杰克逊成为"（佐治亚）第一个拿起武器反抗（英国人）的男孩"。到 24 岁时，他已经在佐治亚有了自己的民兵队，在南部战场打了好几场硬战。他还参加了至少两场决斗，在其中一场击毙对手，被誉为政治斗士和刚烈的共和派。尽管他把华盛顿视作"世上最伟大的人"，但他却积极反对赋予总统过度的权力，担心这样的先例会带来糟糕的后果，如果将来出现"一个品行不端的人当总统"的话。杰克逊被普遍认为是第一届国会上最富激情的演讲者（也常常不拘小节），他演说的声音太大，以致楼上的参议员至少有一次不得不关上窗户以免受到干扰。

他以标志性的洪亮嗓音引经据典，大声疾呼，上溯到古希腊、迦太基和"犹太人的神权政治"，宣称美国人有理由"担心权力过分集中到总统一人的手中"。谁都不会认为伟大的华盛顿会成为民主的威胁，"但是总有一天，对权力的贪婪会慢慢渗透到整个政治体系里去，腐蚀宪法，破坏其精髓，颠覆其精神"。总统是军队最高统帅，设想一下将来某一天他也有权控制财政部部长的情形，到时候整个国家的钱袋子就捏在他手上了，"而你只是不断往保险箱里存钱，为他的帝国积累财富"，如此便赋予了他"瓦解美国民主"的权力。

就演讲风格而言，詹姆斯·麦迪逊几乎与杰克逊完全相反：没有激情、说教太多，声音还小。他重申总统必须拥有强大的权力，行政首长如果依赖参议院批准他的人事任免权，将一事无成。独裁政权不可能在美国出现：既然选举总统是由几百万人投票决定的，难以想象一个"品行不端的人"怎么会被选为总统。然而，如果参议院拥有否决总统人事任免的权力，官员们将很快意识到他们依赖的不是任命自己的人，而是立法机构从而在实质上成为参议院的代理人。一旦国会决定设立某个职位，总统任命人选，"立法机构的权力就到此结束了"，麦迪逊坚持表示。他已经重复了这个原则无数次，而他一直被认为是宪法最主要的解释者，就算反对他的人也如此认为。他说的话比慷慨激昂的佐治亚民兵指挥官杰克逊更有分量。

然后众议院进行了一次决定性的投票，以 30 比 20 通过了麦迪逊主张的总统权力法案。铁杆联邦主义者欣喜若狂。"我的心里一直牵挂着这场辩论，"埃姆斯说，"确实很煎熬，这场辩论关系到政府的核心问题。"然而，反联邦主义者的计划落了空。参议院又拖了一个月才通过这个法案，但麦迪逊长长地出了一口气，他为巩固总统权力又赢得了一场胜利。

第七章

丑陋的政治

Chapter Seven

Vile Politicks

我们的继任者会容易一些。

——詹姆斯·麦迪逊，1789 年 6 月总统没有参与任何国会辩论，国会议员也一直没有停止猜想华盛顿到底是怎么想的。他的真实意图是什么？他到底是有自己的主意，还是只是别人手里的棋子？"自那以后，他变得十分谨慎，或者可以说很不积极，"麦克莱以他人难以企及的犀利词句评论道，"或者可以说，就像遇到了校长的小学生，或者护士臂弯里的婴孩。"麦克莱是在说麦迪逊，怀疑他对行政首长施加了斯文加利式的催眠术。"可怜的华盛顿，如果不是中了他的圈套，金子怎会变得暗淡无光？"他叹息道。

麦克莱低估了总统独立思考的能力。考虑到原则问题，华盛顿表现得非常谨慎，是不希望干扰到立法进程。但这不是他远离政治和社交场合的唯一原因。很多人担心总统已经时日无多，在这样一个很多美国人年纪轻轻就命丧黄泉的年代，华盛顿57岁时仍然健康状况上佳，堪称奇迹。驰骋战场多年，他毫发未损。但是，宣誓就职后数周的过度劳累确实差点把他累垮。6月中旬，他突然病倒了。有人传言是炭疽病，继而流言四起，说他已经病得太重无法继续工作，随时有可能辞职。实际上华盛顿是长了很大的痈疮。"他的臀部有个小疖子，由于骑马的缘故，慢慢发炎肿胀到有我两个拳头大小。"南卡罗来纳的威廉·劳顿·史密斯写道。总统停止接待访客，他们被带离总统官邸。纽约市长詹姆斯·杜安下令用铁链封堵道路，阻止车辆进入樱桃街，以免车辆打扰总统休息，还让人在人行道上铺上稻草，以减轻走路的脚步声。

医生能做的无非是给疖子去脓，当时根本没有抗生素，连最简单的手术都有生命危险。（游医是很多的，一位名叫伊莱沙·铂金斯的医生挺出名，他主张使用一种金属片治病，这种类似马蹄钉的金属片叫铂金斯金属片，只要用来摩擦患处，就能治疗从疟疾到肺结核的各种疾病。）华盛顿的私人医生、著名的塞缪尔·巴德医生则采用了一种较为痛苦的治疗方法。他告诉助手，"切开，深一点——深一点——再深一点，别怕，你会发现他多么能忍！"华盛顿一直保持平静，坦然接受他有可能无法康复的事实。"不要用不切实际的幻想安慰我，"他告诉巴德，"我不怕死，也能接受最坏的结果。"如果他真的出现什么意外，那么越来越不受欢迎的约翰·亚当斯将自动成为总统，这让很多国会议员心生焦虑。华盛顿的离世将造成一场宪政危机，所幸宪政危机直到52年后才发生，当时威廉·亨利·哈里森死于1841年的总统任期里。

众议院于6月26日再次讨论税收法案。由于联合委员会未能达成正式妥协，辩论的氛围变得颇为无趣。大家慢慢地达成一种共识，之前众议院表决通过的高额关税太高了，降低关税很可能带来更多税收，因为那样市民不大可能以走私的方式逃税。"我们自己国家的市民能从那些生意里获取巨大的利益，比外人更有可能想办法逃税。"弗吉尼亚众议员乔舒亚·帕克直白地提醒同僚。他是大种植园主和奴隶主，但反对国际奴隶贸易。

宾夕法尼亚的托马斯·菲茨西蒙斯警告说，如果众议院继续抵制参议院的草案,整个法案有可能彻底流产:"你们需要对这个后果负责,对你们的选民负责,对全世界负责。"众议院要么彻底失去通过法案的机会,要么做出妥协。就是一个二选一的问题。埃尔布里奇·格里从来都坚决反对任何有损联邦利益的人,作为务实的经济学家,他曾在战争年代多年供职于财政委员会。他知道政府没钱就玩不转,指出税收法案迟迟不能通过已经造成了数以万计的损失。1789 年政府的支出要达到 600 万美元,而 1790 年则要达到 900 万美元。"我不知道钱从哪里来,但必须有钱来。"他咆哮着说。除非国会立刻采取行动,他说:"否则我们只能放弃任何对公共信用的希望,或者让后人来解决这个难题。"

最终,众议院于 1789 年 7 月 4 日做出让步。国会参、众两院没有在谁主谁次的问题上进行纠缠。(尽管参议院被称作"上院",并不是指其在机构层面上处于优势地位:它只是楼上的院。)引发激烈争论的糖浆税率降到了让人满意的 2.5 美分,蒸馏酒的税率也是可以接受的水平,美国船舶的吨位税减到了仅仅每吨 6 美分,而外国船舶,无论国籍,一律为每吨 50 美分。就连南卡罗来纳人也做出了妥协。"整体看来,(法案)达到了我们的预期,没有损害南方利益。"威廉·劳顿·史密斯写道。他承认自己"成了人群里的异类","如果不是我们大声疾呼,新英格兰人有可能把税率定得高很多"。

麦迪逊并不高兴,他曾坚决要求对英国船只征收更高的关税,但未能如愿。英国对美国的影响越来越大,而美国人对法国的感激之情却日渐凋零。麦迪逊甚至气急败坏地把责任推到了纽约市的身上,那时候它就已经是政治沙袋了。他说纽约市充斥着"亲英分子"的商业利益,"英式做法随处可见"。但他是个务实的人,不会一直喋喋不休。他选择进行长远打算，国会辩论过程中北方和南方各州的冲突并没有他担心的那样严重，而来自同一个州或地区的议员却并不总是站在同一条战线上，这些他都看在眼里。他在给杰斐逊的信里，乐观情绪跃然纸上："我们的继任者会容易一些。慢慢地事情会变得顺利起来。"

税收法案无法解决国家面临的所有财政问题：这些法案不大可能把挡在政府面前的债务大山移走哪怕很少一部分，也很难让国内和国外的债权人停止担心。但至少政府有收入了：公务员的工资可以发了，账单可以交了。意义更深远的是，国会展示了调和不同地区利益的能力，两院之间的冲突也可以得到缓解。因为所在州的利益受损而怒发冲冠的议员，就算不太情愿，也终究在共同利益面前选择了让步。确实，在整个辩论的过程中，议员参与程度很高——这表明了他们尽职尽责的态度——总体来说，大家在围绕法案进行谈判的时候，都表现得很克制，会场上完全没有"耍弄阴谋、搞小集团、操控意见或阴险狡猾"的氛围，费希尔·埃姆斯观察的结果让他很满意。

（这个月的晚些时候，另外两个相关的法律也获得通过。《海岸航行法》将规定联邦政府如何登记和清理在美国沿海水域往返的船只，《稽征法》将建立一个包括一百多名海关税收人员和其他港口税收人员在内的系统，确保税收得到征缴。"这在美国是个新鲜事物，我们需要在更大的规模上做出尝试，这件事情非常困难。"众议员理查德·布兰德·李在给弗吉尼亚的堂兄写信时说道。他说的这个情形，正是一个强大的联邦机构的初创阶段。）

税收法案通过以后，国会提前下班，好让议员们参加隆重的独立日庆祝活动。乐队在卖力表演，旗帜在风中飞扬，烟花在空中燃放。早期的美国人喜爱这种神圣的庆祝活动，城市的官员和各种行业协会都向众议院议长、副总统亚当斯，以及——让公众和国会都大大地松了一口气——总统本人呈上了正式的祝贺。这是总统自从被"脓肿"击倒以后的首次公开露面，他使出全身力气穿上了那套蓝黄色的将军制服，当一队士兵在乐队和大炮的陪同下经过总统官邸门口时，他肃穆而立。离他重新恢复以前的工作还需要好几周，但危机过去了，华盛顿还健在。

后来，在总统缺席的情况下，国会议员、副总统、退伍老兵、当地杰出人士，以及"一个杰出女性群体"聚集在距联邦大厦几步之遥的圣保罗礼拜堂，参加了一个庆祝仪式。庆祝仪式以一首纪念已故独立战争将军纳萨尼尔·葛林的悼词结束，悼词由冉冉升起的政治新星亚历山大·汉密尔顿朗诵，他声音洪亮，大家都知道此人将在新政府中占有一席之地。汉密尔顿娶了退役将军菲利普·斯凯勒的女儿（斯凯勒将被提名为纽约州参议员），自己是纽约首家银行创始人，富有、英俊、有魅力，正迎来职业生涯的巅峰。似乎一切都顺风顺水，然而他却在这个礼拜堂马失前蹄。在颂扬葛林将军麾下军队训练有素时，他却把地方民兵说成"勉强算是军队"。更糟的是，作为纽约奴隶解放会的创始人，汉密尔顿在战争中曾统帅过黑人军队，对他们英勇善战的战场表现印象深刻。然而他却说美国的战斗变得更艰难，因为他们面对的敌人不仅是英军，更有"被各种泯灭人性的法律捆绑起来对付自己主人的众多奴隶"。换句话说，不仅仅逃跑的奴隶反过来对抗自己的主人，而且他们这么做在道义上是行得通的。（独立战争期间，大约有10万名奴隶叛变而为英军效力，仅南卡罗来纳就有2.5万名奴隶投敌，人数占到当地非洲裔美国人的三分之一。)听众里的南部国会议员对此公开发表的言论大为诧异和不满。由于汉密尔顿此时还不是政府官员,他们没有机会提出抗议,但他们不会忘记这一切。

参议员们重新开会讨论设立外交部的时候,华盛顿的康复情况让他们念念不忘。奥利弗·埃尔斯沃思抓住这个机会表达了对华盛顿能否康复的担忧,希望以此赢得对法案的支持。剥夺总统的用人权力就如同道义上的刺杀行为,他说话时语气悲伤,眼圈泛红:"触碰他的一根头发都是不尊敬的行为,我们却要把总统的头像挂在高处,一鼓作气架空他。"参议院定于7月16日开始投票。

参议员和众议员一小簇一小簇地聚在楼梯上,进行着最后时刻的沟通——埃姆斯和莫里斯凑在一起,查尔斯·卡罗尔和斯特朗凑在一起,然后彼得森又和卡罗尔凑在一起。亚当斯似乎无处不在,在一群被麦克莱不悦地形容为"宫廷党"的人中间穿梭。亚当斯刚刚敲锤示意大家安静,与埃尔斯沃思很有默契的新泽西人威廉·彼得森就站起身来。"说了几句暖场的话后,就像印第安人唱战歌一样。"麦克莱评价说,彼得森指出宪法里没有任何字眼授权参议院免除行政官员。(彼得森和埃尔斯沃思同为普林斯顿毕业的学生,两人还同为一个名为"善意"的兄弟会的成员,彼得森后来当了艾伦·伯尔的法学导师。)接着发言的是另一位铁杆联邦主义者,特拉华的乔治·里德。麦克莱把他形容为一个"让人疲倦"但有说服力的演讲者,"在抖腿抖了一小时"之后,乔治·里德也声明支持总统拥有人事任免权。里德发言之后,更多的参议员正式撤销了早先的意见,支持总统任免官员。"人们纷纷撤销之前的反对意见",麦克莱讥讽这些人的同时,一直坚持限制行政权力。他尤其对亚当斯不满,后者在他发言的时候"一会儿擤鼻子,一会儿呆坐着,一会儿跟人说说笑笑",好像故意想要惹恼他。

尽管人们进行了很多游说活动,但正式投票的时候,结果是五五开:10 票支持保留总统的权力,10 票反对。亚当斯甚至在宣布计票结果之前就"欢呼雀跃地高喊这不是最后结果",然后投下了自己支持总统权力的一票,他坚信将来一天总统宝座也会是他的囊中之物。这是美国历史上第一次由副总统投票决定结果。之后,弗吉尼亚反联邦主义者威廉·格雷森进行了发言,他抱怨说:"团结是新政府的目标,刚刚发生的副总统投票决定结果的事情,会破坏参议院的团结,因为参议员都是各州立法机构的代表。"

但木已成舟。外交部——后来更名为国务院——成立了。现在总统明确具备根据自己的意愿解雇手下的权力。主张建立强力政府的"宫廷派"又创造了一个先例,他们为总统的决定性和自主性角色奠定了基础,这一特点会随着时间的推移渐渐彰显出来。

就在各方为总统权力进行激烈斗争的过程中,参议院也正在完成创造联邦司法系统。根据《邦联条例》,全国性政府只在三个方面行使司法管辖权:发生在公海的犯罪行为、州与州之间的边界争端,以及各州争夺西部领土权益的问题。有益格鲁血统的美国人一向不信任法庭。在殖民地时期,法庭只是皇家管理者的政治代理人,英国压迫统治这台机器上的一个零件,就如托马斯·杰斐逊所说的,"凭着那些反复无常、刚愎自用又处心积虑之人的一时冲动"而做出判决。美国人对律师更加讨厌,后者中很多人都是托利党人,在独立战争期间逃离了美国。留下的那些在公众心目中的形象也不怎么样，马萨诸塞布雷茵特里的居民——就是约翰·亚当斯的家乡——曾一致投票要求"推翻……那个由当权者控制的律师颁布的法令"。

独立以后，各州立法机构填补了这个空白，以各种成文法替代之前的习惯法——这是一个有很多偶然性的过程，怀有私利的立法者和不可靠的州法院常常干出一些"恶劣"的勾当。与此同时，陪审团的责任一般不会落到富人头上，只有"穷人，很多连英语都说不好的人"去担任陪审员，普通美国人对法庭的召唤表示失望。一位市民在拒绝担任陪审员时怒吼道："做陪审员的时候，我们看到许多无助的人仅仅由于贫穷交不起罚款，就被赶出家门，在寒冷的冬天和恶劣天气里寄宿树林。"

第一届国会建立的司法体系将对美国人的生活产生巨大影响，几乎比任何一部法规都影响深远。宪法授权国会设立最高法院，而"类似国会这样的低一级法院一般是颁布法令的"。新的司法机器需要设立，且越快越好。但是它要怎样运作呢？应该有多少名最高法院大法官呢？各州的法院应该排除出这个体系之外，还是合并进来？联邦法院有权检视州法律吗？州法院有权复议联邦法院的决定吗？法官可以同时在州法院和联邦法院任职吗？假如法官受到所在州的弹劾，他还应该继续担任联邦法官吗？联邦政府和州政府之间有可能引发冲突的地方非常多。反联邦主义者担心新的法院体系将给各州的权力带来致命一击，这种担心不无道理。就如同康涅狄格州长助理大奥利弗·沃尔科特在6月所说的："我想这个国家的一些州长并不太愿意接受一个顶头上司。"

这个法案是由非常勤奋的参议员奥利弗·埃尔斯沃思主笔的，他是新英格兰联邦主义者的中坚力量，认为缺乏强制权力的政府不是真正的政府。"整个联邦内部必须团结一致，否则妒忌和邪恶就会发生，"他说，"为了团结，必须有一个贯穿始终的司法系统。"埃尔斯沃思是最有经验的国会议员之一，44岁的他是很受尊重的诉讼人和法官，在大陆会议任过职，也是制宪会议的代表之一，曾在制宪会议上为小州的利益大声疾呼。埃尔斯沃思在第一届国会期间至少担任过80个委员会的委员，比任何人都多，主持审议了麦迪逊刚刚在众议院提交的修正案。尽管大多数人把他看作"一个推理特别清晰的人"，但并不是所有人都喜欢他。麦克莱在日记中讥笑他是一个"投机取巧又拉帮结派的人"，意指他善于零售政治学，对于解决实际问题很有必要（不像麦克莱那般到处受到孤立和打击）。

经过很多"复杂而繁复的工作"，法案于4月准备就绪。它规定设立一个最高法院，包括1名首席大法官和5名助理法官，这些人每年在政府所在地会面2次；全国分成13个司法区，每个区域设有"低一级"的联邦法院、联邦检察官和联邦警察局长。作为一项主要创新，决定设立地区巡回法庭，包括1名地区法官和2名来自最高法院的巡回法官，他们也是每年会面2次，受理地区法庭的上诉请求，就像威廉·彼得森所说的那样，"把法律送到（民众的）家里，把法庭搬到民众家门口"。地区法院主要审理海事案件、情节较轻的案件和税收方面的案件，而巡回法庭将作为全国性的审判法庭，审理重大联邦案件、涉及本州以外或外国居民的案件，以及来自地区法庭的上诉。当涉案金额超过500美元，诉讼当事人又来自不同的州时，来自他州的诉讼当事人有权要求把案件转移到（理论上）更中立的联邦法院，而不在可能有失公允的州法院审理。最后，法案决定设立总检察长一职，"处理最高法院的所有案件"。

海事案件是埃尔斯沃思非常关注的问题，因为几乎所有的政府收入——在1789年至1800年间比例达到87%——都来自进口税，法律能否得到落实非常关键。如果法律得不到有效实施，走私活动将通行无阻，税收则不翼而飞。而且，由于美国当时没有海军，国家在战时依赖为私人所有但受雇于官方的偷袭者，他们可以把抢来的货物卖了牟利。（独立战争期间，美国私有武装船袭击了大约2000艘英国船只，所抢的货值估计达到1800万美元之巨。）联邦法院将通过确认抢劫货物的情况，规范私有武装船的行为，确保他们不会以受雇于政府做挡箭牌从事海盗的勾当。

法案引起了激烈争论。弗吉尼亚的埃德蒙德·兰道夫，一位几个月后将成为首任总检察长的人，给麦迪逊的信中抗议，表示6名最高法院法官太少了，"无法应对11个州的司法系统，它们几乎处于战争的边缘"。一种少数派的声音说根本不需要联邦法官，而铁杆联邦分子对此大为惊讶，怎么能把涉及联邦的案件交给"相互没有管辖权又充满敌意的"州法院审理？另一些人警告说，让联邦地区法官参与巡回法庭的审议会是个巨大的错误，因为他在自己本州审理案件的时候肯定已经有了立场，不大可能做出改变。还有人提出，这个每年花费高达五六万美元的司法系统，是如今这个没有收入且债务缠身的政府无法负担的，会"在民众中造成妒忌情绪，带来不安"。很能说明问题的一个例子是，受到伤害的新罕布什尔人抱怨，该州被归并到缅因所在的司法区域，而缅因当时还是马萨诸塞州的一部分，言下之意是新罕布什尔州"比联邦中的其他州地位低下"。

最讨厌这个法案的当属麦克莱，他觉得埃尔斯沃思是在用"长篇大论的鼓动"和让人压抑的辩论胁迫参议院。"这个丑陋的法案就是他的孩子，他就像父母亲一样维护它"，这个宾夕法尼亚人非常恼怒。他认为这个法案差不多就是一小簇"穷凶极恶"的律师为自己谋私利的把戏。麦克莱一直处境艰难，他感到自己不受欢迎，被别人孤立；他的膝盖由于类风湿病肿得很厉害，几乎不能走路。"我在这里面对着丑陋的政治，到处都是吵吵嚷嚷和针锋相对。"他在日记里吐露心声。他一直厌恶给总统某种华丽的称谓，他很讨厌亚当斯搞"小集团"，现在他开始对整个联邦大业感到绝望。"我的想法很多时候都与美国宪法的精神不一致，"他直言不讳，"我确实担心这部宪法在保障毫无戒心的民众自由方面，将会成为有史以来最丑陋的。"麦克莱特别反对赋予联邦法官"问询的权力"，使之可以通过要求他人作证"从任何人身上获得证据"，这在实质上无异于中世纪的可怕做法，"通过严刑逼供让生不如死的罪犯"认罪，他控诉。但是麦克莱试图修改这部分内容的努力不起任何作用。"无论是左派，还是右派，他们都反对我，没有一个人支持我"，他黯然神伤。

与此同时，埃尔斯沃思向质疑者保证，尽管新的法院会在某个州"制定不符合宪法精神的法律"时介入进来，但它不会"干涉"一个州的内部事务。作为一个能言善辩的人，埃尔斯沃思就如同"见不得脏东西的猫一样"，一刻不停地辩论、诱导、鼓励，甚至在必要的时候，运用他在法庭上常用的技巧说服那些摇摆不定的人。争论的核心是，法案规定当各州制定的法律与国家签订的条约、联邦法律或宪法发生冲突时，联邦法院有权废除各州制定的法律。

虽然一些南部州议员主要担心联邦法官将来一天会裁决奴隶制非法，但更多的人忧虑的则是别的。他们担心联邦法院推翻州法院做出的判决：拒绝偿还外国债权人的债务——尤其是英国人的债务。债务问题是个特别麻烦的问题。美国在偿还债务方面做得特别糟糕，政府和个人都是这样。独立战争期间，成千上万的英国债主曾给美国巨额的贷款。随着《巴黎条约》的签署，战争结束了，但它规定战争双方的债权人"在全额收回（所借出的债务）方面，不会遇到任何法律上的障碍"。然而，许多举债人，尤其是南方州，在当地立法机构的默许下，仍旧拒绝偿还债务。

美国不稳定的财政形势已经导致了严重的外交问题，进一步削弱了该国本已糟糕的海外信誉。如果国会允许债权人提起诉讼，甚至有些小的债权人只是追偿几百美元，那么被告人——以及投票人——有可能会被迫走进遥远的联邦法院，回应英国债权人的诉求。因此，埃尔斯沃思面临一个道义和政治的两难境地，是按协定偿还债务，还是像大多数人一样拒绝所有债权人的诉求。他想到的处理办法不太符合原则，但还算体面。法案规定额度小于 500 美元的诉求不能在联邦法院提起，这个数字很有讲究，因为没有多少超过 500 美元的债务诉求。（如果按现在的标准来看，这里提到的债务额度都很小，但是如果想到那个年代大多数美国人的年收入不过几百美元，这个数目就不是无足轻重的了。）出于务实的考量，大部分小额英国债权人将不得不放弃追偿债务。妙哉！

要想让司法系统进入运作，法案就需要得到公众的认可。因此，它需要得到国会两院大多数议员的赞成。不管是参议院还是众议院，如果投票结果不相上下，法案反对者的气势将得到助长。比如南卡罗来纳的参议员皮尔斯·巴特勒就咆哮说这个法案是"挥霍权力的表现",其不可避免的后果是"毁灭、切断州司法系统的生命线,消灭它们的法律体系,最终把独立的州政府吞没"。就像麦克莱一样——虽然麦克莱曾嘲笑巴特勒又傲慢又啰唆,但现在发现自己跟他在同一个战壕里,巴特勒的鼓噪也是无人理睬。经过18天的激烈辩论,埃尔斯沃思的法案于7月17日获得通过,几乎未进行任何修改。这也得益于国会准备批准一项新的修正案,一项保护市民享有陪审团判决的权利。只有6名参议员对司法草案投了反对票:2名弗吉尼亚的反联邦主义者,4名联邦主义者,包括麦克莱。他失望地在日记里写道:"这当然是个丑陋的司法系统,在经费的问题上拼命算计,意在逐步把所有法律问题都置于联邦法院的管理之下。"

9月,法案在众议院获得通过。法案得到了詹姆斯·麦迪逊的勉强支持,他认为该法案太过复杂,耗费太多。"唯一值得赞许的是,这是第一份司法议案,其实就是一个实验而已。"他向北卡罗来纳州长塞缪尔·约翰斯顿抱怨,话语间几乎能听出叹息声。事实上,这个法案比麦迪逊想象的影响力深远得多,它奠定了联邦司法系统的基础,到了21世纪的今天,已经有成千上万的法官、律师和其他人员在这个系统里工作,包括12个巡回法庭、94个司法区域、1个最高法院,最高法院有权废除来自联邦和州议会制定的法律,其地位可与立法和行政分支比肩。

埃尔斯沃思关于联邦政府不会干涉各州内部事务的承诺是不可靠的。这个法案的全面影响,要等到多年甚至几代人之后才能体现出来。但是结合宪法第一修正案所赋予的权力,它将如一个强有力的引擎一般把公平正义驱动到每一个社区,并在根本上改变美国社会。依据埃尔斯沃思的法案创建的联邦司法系统，将让联邦法律体系成为一个重要部分，限制各州的权力，最终有助于摧毁南部独特的司法体系及其种族主义内涵，这一点现在只能隐约感受到，也是奴隶制维护者极度害怕的。

　　季节变换，纽约进入了炙热的仲夏，国会议员们只要有机会就往国会大楼以北不远的田野里跑，不用走多久，城市道路就慢慢消失在市场花园、果园和牧场里，那里荆棘丛生，有时连牛都走丢。不怕水的人还可以租上一艘小船，划过哈得孙河，去爬新泽西高耸的帕利塞兹山，或者穿过港口来到布鲁克林的村子，漫步在长岛平整的荷兰农场上，那里奴隶们正种植庄稼，然后送到纽约的市场上去出售。（坐船的费用是 2 便士，如果带着牛一起坐船，则要多交 1 先令 6 便士。）时间充裕的出游者还可以用每小时 25 美分的价格租一匹马——麦克莱认为这价格贵得离谱——沿着曼哈顿岛中部的多石地带，向北方 10 英里外的方向驰骋，去参观位于默里山、布卢明代尔、麦高恩通道以及华盛顿堡的独立战争战场。

　　喜欢独处的人可以去纽约社会图书馆，那里的 818 卷图书把书架塞得满满的。纽约社会图书馆也是费城以外美国最大的图书馆。"我的手里从来不会没有书和笔——不在国会工作的时候，我一天要花 10 到 12 小时读书写东西。"马萨诸塞众议员乔治·撒切尔给妻子的信中写道。尽管亚历山大·汉密尔顿借走了书名听起来有些暧昧的《帕菲奥纳伯爵与埃莉诺拉的风流韵事》，还有人喜欢如《叙利亚美人》和《柏拉图式的守护者》这样的小说，但历史、旅行和传记类书籍是国会议员们最喜欢读的。被借阅最多的书是库克船长的《航海记》、吉本新近出版的《罗马帝国衰亡史》和约翰逊的《英国诗人传》。"古典历史,"就如同 21 世纪的历史学家弗兰克·莫纳汉和马尔文·洛温塔尔所说的,"是头面人物的必备品,是爱国者发言时的弹药库。"附近的书店也不少,在离联邦大楼几分钟路程的地方,罗伯特·霍奇宣布出版他眼中的第一部美国小说《怜悯的力量,还是自然的胜利》,而托马斯·艾伦正在为全新的《不列颠百科全书》第一卷高声叫卖。

每个人都喜欢读报纸,很多报纸大幅报道每天在国会进行的辩论。联邦主义者青睐《每日广告报》,一份由约翰·杰伊的门生出版的报纸;而清教徒可能会读《邮包》杂志,那上面会刊登有关宗教和宗派的辩论文章。上流社会的议员最爱读约翰·芬诺的《合众国报》,它的"专栏读起来就如同一个三流日耳曼公国的宫廷文章一样虚伪"。还有《赫钦斯年鉴》,一本简洁但内容丰富的读物,内容不涉及政治,却提供大量非常有用的信息,比如酒精的危害、月食的原因、彗星的知识、向日葵的种植、最近牙买加流行的腹痛、给失恋者的建议,等等。

议员们可以欣赏音乐协会主办的室内音乐会,观看板球比赛,参观"自然珍奇"的展览,那里有树懒、鳄鱼、驯化了的老虎,还有各种蛇类,他们还能观看水街上的蜡像作品,乔治·华盛顿、英格兰国王和女王、纽约圣公会主教,以及许许多多的圣经故事,都呈现得栩栩如生,让人惊叹。一位名叫约瑟夫·戴克尔的表演者每晚都会让观众期待他那"会说话的木偶",一个用带子悬在希腊神庙中央的神秘身影。当你问它问题的时候,它会"优雅地"小声回答。8 月初,当国会议员为宪法修正案争得不可开交的时候,戴克尔又给了人们一个惊喜,他从百老汇尽头的旧城堡乘坐热气球起飞了,飞越城市上空,最终降落在9英里外的哈莱姆河中。

自从4月红墙照面的约翰街剧院开张以来,国会议员们就可以享受迷人的亨利夫人带来的喜剧之乐了。亨利夫人是"一个女人中的精灵",身着裙撑极为夸张的服装,坐车时必须有人在旁边帮忙托着才行。此人及其两个姐妹和同为演员的亨利先生一起生活,"如此婚姻状态多少有些不寻常"。夜晚的时候,她和同伴一起上演各种喜剧,既有谢里丹的《丑闻学校》和莎士比亚的《温莎的风流娘们》,又有不太出名的作品,比如《粗心的丈夫》《谁被骗了?》《派迪外传》。据说有一部名为《达比回来了》的喜剧,连乔治·华盛顿都看得开怀大笑,这可是不多见的。

剧院演出季的最高潮出现在7月。当国会议员们就鳕鱼、朗姆酒、关税和各州的权利等激烈辩论时,国会大楼也以某种特别的方式成了剧场里的主角,出现在约翰街剧院以哑剧形式呈现的《鲁滨孙漂流记》里。在演出的结局部分,演员们穿着印第安人的服饰,当一个代表"了不起的哥伦布"的角色出现在他们中间时,他们以莎剧腔调发出预言,"他会清除笼罩在他们心头的阴云,向他们展示未来如何变化",以画出的联邦大楼为意象寓意美国的美好未来。"哥伦布"随着此起彼伏的音乐宣告:

> 在这里,西方世界最高贵的灵魂,
> 受着同一个信念、同一种自由精神的鼓舞,
> 坚定不移、高瞻远瞩地为了共同未来而一致努力,
> 公而忘私……

第八章

性质不明的提案

Chapter Eight

Propositions of a Doubtful Nature

美利坚合众国的宪法已经干涉得太多了。

——托马斯·都铎·塔克，1789 年 8 月鉴于宪法头十个修正案的重要性一般，国会围绕"那个重要而微妙的话题"而展开的辩论特别短暂、草率，关注的也主要是眼前的需要，而不是崇高的理想。当国会终于在闷热的 8 月坐下来，用一周时间对修宪展开讨论时，有几个议员提到了人权问题。但更多的人暗示他们认为整个辩论无足轻重。新罕布什尔众议员塞缪尔·利弗莫尔把麦迪逊的修正案说成"不过是被蚊子咬了一口而已"，他猜想公众"一丁点兴趣都没有"。傲慢的南卡罗来纳参议员皮尔斯·巴特勒指责它们是"一些不痛不痒的修正案，比如宗教自由、新闻自由，以及一两件已经得到保障的事情"。

而对于詹姆斯·麦迪逊来说，这是他为争取人们支持修正案而长期努力的高潮。早在冬天的时候，他就着手获得华盛顿的支持。华盛顿和他一样，起初也反对修改宪法。在获得华盛顿的首肯后，麦迪逊在总统就职演说里加入了一些字眼，提醒国会其"有责任"考虑修宪问题。其次，在众议院给华盛顿的正式回函里——那也出自麦迪逊之手——他加入了一个承诺，表示愿意"给予全面的关注"来解决宪法修正案问题。如同研究宪法的历史学家保罗·芬克曼观察到的，通过让华盛顿出面要求国会采取行动，麦迪逊聪明地让总统正式支持修宪，而不至于让自己显得很专权。利用撰写演讲稿的机会，让华盛顿授权国会完成具体细节，麦迪逊几乎没有什么政治风险，因为他已经扮演国会的领导角色。

麦迪逊只拿出一周的时间用于讨论修正案。辩论进行得很匆忙，有时候甚至敷衍了事。关注的焦点大部分现在已经被人忘记——比如国会选区大小。没有鼓舞人心的演讲，也没有关于人权自由的哲理思考。其实，真正的辩论并不是关注修正案的内容，而是修正案到底该不该进行。反联邦主义者对民权给了一些不切实际的承诺，他们的实际目的是对宪法进行结构性改革：禁止联邦政府征税、对选举出来的官员任期加以限制、维护各州的权力、明确政府有哪些授权，以及制定税收政策时要求绝对多数同意。

麦迪逊打算快速完成修宪，因为他知道机不可失。他很清楚，如果把那么多宪法修正案都拿来讨论，那么其他的工作只能停止，立法机构将陷入混乱。他说得很清楚，希望推动辩论快速前进。对于批评他过于草率地推动修宪的人，他反驳说，拿来讨论的宪法修正案都是选民最关心的。就像利弗莫尔和巴特勒指出的，这些修正案也是争议最少的。"我会赞成这些修正案，"麦迪逊说，"但是我反对那些可能改变政府基本原则的提案，也会反对性质不明确的提案，因为我认为不大可能得到国会两院的三分之二赞成票和州立法机构四分之三的赞成票，以批准类似提案。"他又以典型的实用主义风格补充说，他将帮助"实现可以实现的"。

说服国会通过宪法修正案现在需要灵活处理、外交手段和果敢作风，而这些品质都是麦迪逊的强项。尽管如此，结果仍然不是非常明朗。有些联邦主义者根本不愿意接受任何修宪行为，有些反联邦主义者认为麦迪逊的修正案力度不够，有些人抱怨说有更重要的工作值得做，所以阻力不小。更为复杂的是，议员们使用的语言表述也比较混乱；有时候他们说制定"修正案"，有时候则说是做出"调整"或者"改变"。极少数情况下，他们把手边的提案说成"权利法案"。麦迪逊担心如果一直耽搁下去，已经不耐烦的国会议员根本无法完成修宪。他必须让辩论进行得简短一些，毫不犹豫地"排除性质不明确或不重要的提案"，而且甚至愿意违背自己的意愿做出让步。他还意识到自己必须给众议院的反联邦主义者以尊重；如果羞辱了他们，那他可能永远没机会赢得他们的支持。

7月21日，麦迪逊再次试图提交自己的修正案进行讨论，再次被拒绝。修正案被一个亲联邦主义的临时委员会驳回了，该委员会由联邦11州每州派一名议员组成——麦迪逊也是委员——委员会主席是麦迪逊的特拉华盟友、很受人欢迎的约翰·瓦伊宁。委员会最强力的人物是性格暴躁的康涅狄格保守党人罗杰·舍曼。1789年整个春天，代表联邦主义思潮的是舍曼，而非麦迪逊。几个月以来，他一直坚称，修正案不仅毫无必要，而且很危险，说这些修正案会"阻止政府的运作，让一切陷入混乱"。他竭力反对颇受欢迎的任期限制提案，说这样会限制投票人选出自己要选的人，也会让当选的官员无法实施自己对选民的承诺。"和频繁更换政府管理人员比较起来，没有什么事更能让政局不稳。"他在1788年的公开信里写道。他还认为现在"窜改"宪法为时太早，如果它有缺点，当然可以通过正常的立法手段进行处理。"经验将证明它的优劣。"

约翰·亚当斯是舍曼的朋友。在他眼里，舍曼是"一个老年清教徒，像天使一样诚实"，而舍曼的政敌则认为他"像魔鬼一样狡猾"，头脑反应特别快，想要在辩论中打败他就跟试图"抓住鳝鱼尾巴一样困难"。他是特别虔诚的教徒,反对国会在周日举行会议。刚开始他只是一个没受过多少正规教育的制鞋匠,后来成了受人尊敬的法学家、纽黑文市长、成功的地产商、哈佛大学的主要捐助人。1789年的时候,他是美国最有经验的政治家之一,曾经在大陆会议的财政委员会供职,也在一个负责起草《独立宣言》的委员会工作过。在制宪会议期间,他是《康涅狄格妥协案》的主要作者,该法案在同意众议院议员根据各州人口数多少选举产生的同时,也规定各州无论大小,都产生相同数额的参议院议员。68岁的他脸庞瘦削,眼窝深陷,目光有神,嘴巴紧闭,这样的神态表明他是一个坚毅的加尔文教徒,虽然已经不再是精力充沛的年华。他的演说总是受到很多嘲笑,挑剔的人说他的发言很古怪,夹杂着很多"粗话"和"奇怪的新英格兰黑话",一位南方议员如是说。(当舍曼为宪法修正案努力战斗的时候,他个人正经历着不愿与外人分享的伤痛:他的家庭正在崩塌。他的大儿子约翰酗酒成性,债台高筑,不断地向他伸手要钱。二儿子威廉离婚后破产,被控在独立战争期间诈骗军队财产,于1789年突然死亡。他的三儿子伊萨克,尽管因为战时表现受到表彰,却在生意场上遭遇失败,靠在佐治亚前线地区当勘测员勉强维持生计。)

及至仲夏,舍曼的新英格兰思维方式发生了改变,他觉得也许麦迪逊的提案没有危害。很有可能这是因为麦迪逊使出了撒手锏:华盛顿给他写了一封不够私密的私人信件——无疑是麦迪逊怂恿的结果——信中总统告诉他可以展示给犹豫不定的人看。"在我看来,这些宪法修正案没有什么不寻常的,"华盛顿写道,"一些条款很重要也很必要,另一些条款尽管不是很必要,也有助于平息一些人的担忧,这些人都是值得尊敬又用心良苦的人。总体看来,修正案如果获得通过,不会带来任何有害的结果,我希望它们能在国会参、众两院获得通过。"虽然不是说服力很强的支持,但它足够让关键的联邦主义者改变态度,由抗拒和反对变为带有怨言的顺从。谁也不愿意质疑华盛顿如此明确的愿望,且这样的愿望也无法进行公开质疑。

当瓦伊宁主导的委员会反馈了建议以后,麦迪逊的"调整"议案被重新排序、删减,组合成更连贯的19条提案。这里面既有很简单的内容,比如把宪法第七条重新编号为第八条,也有影响深远的部分。麦迪逊列出的基本人权——言论自由、出版自由、集会自由、向政府请愿申冤、接受快速审理、与原告当面对质——得到了保留,同样获得保留的还有反对搜查和拘禁、双重审理、自证其罪、额外保释金,以及在私人住宅驻军等方面的规定。麦迪逊最受争议的提案——加强法院对民权的保护,使之免受各州法律的侵害——也得到了保留。

在之后的辩论中,令人惊讶的是没有多少人考虑当今美国人视作民权基石的自由权利。提案涉及的言论自由、新闻自由、集会自由、请愿自由、宗教自由、禁止在私人住宅驻军、禁止非法搜查和拘禁,禁止自证其罪,确保法律程序公正,确保获得快速审理和辩护援助,禁止残酷和非常的惩罚——都将在匆忙而又缺乏实质性的辩论之后获得通过。(也许在委员会里有一些深度谈论,但没有任何记载。)联邦主义者认为大部分的修正案不言自明,没必要再长篇大论地解释一番,而反联邦主义者很明确他们要积极争取的部分是各州的权益,而不是个人的自由。

第八章 性质不明的提案

也有几处让人意外的地方。麦迪逊竭力呼吁的绝对宗教信仰自由被压缩了，以迎合比较保守的宗教信仰者。他的原话说得振振有词："任何人都不应该由于宗教信念或信仰问题而被剥夺人权，也不应该建立任何国教，完全和平等的宗教信仰权利不应该以任何方式或任何理由受到侵犯。"委员会把它压缩成"不会依法设立国教，宗教信仰的平等权利不该受到侵犯"。讨论之后，词句再次被调整为一种更清晰的表达："国会不会就设立国教或禁止自由信教问题进行立法，宗教信仰的权利不该受到侵犯。"

保护宗教信仰自由的语言表达还是激起了一个有针对性的讨论，尽管比较短暂。罗杰·舍曼认为根本没必要做出这样的规定，因为国会就算想要设立国教，它也没这个权力。而众议院最著名的天主教徒丹尼尔·卡罗尔则回应说，最终版的表达比其他的都好，更加有助于让人们对新政府产生好感。他认为有很多人跟他一样认为现行宪法在保护少数教派方面做得不够。"宗教信仰权利"，卡罗尔总结说，"特别敏感"，哪怕"政府稍微做一点点调整"，都有可能引发巨大的问题。

康涅狄格的本杰明·亨廷顿反对，他表示修正案威胁到了"宗教事业"。在新英格兰这个全国在宗教方面最保守的地区，牧师的生活依赖教区居民的贡献，这一点是当地法律规定的。如果一个人没能缴纳什一税怎么办？他以后就不一定非缴不可了？如果这条修正案必须被采纳的话，亨廷顿警告说，其词句表达还要重写，至少不应该"让那些申明不信教的人得到实惠"。

为了安抚亨廷顿，麦迪逊建议在"宗教"之前加上"全国性"几个字。

听到这个,埃尔布里奇·格里拍案而起。"全国性"这几个字暗示"巩固"联邦政府的权力,削弱各州的权力,他抗议。

麦迪逊又撤回了动议,向格里解释自己绝不是想借"全国性"暗指"全国性政府"。事到如今,人们似乎还能听到麦迪逊无奈的叹息声。

修正案的意思表达应该明确无误,麦迪逊说:国会不能规定必须信仰某种宗教,也不能以任何方式强迫任何人信仰上帝,而不信仰他自己的宗教。这样的词句是否必要不是关键所在。好几个州的议会要求加上这样的词句,因为他们担心宪法中"必要和适当"的条款允许国会设立一个国教,只要它愿意这么做。修正案将让那些人停止担心。换言之,这一切都是出于政治而非神学考虑。

让麦迪逊大为失望的是,他的序言明确支持人民拥有"不容置疑的、不可剥夺的、不能摈弃的"权利"来改革或改变政府,一旦其违背了或不足以实现其目的"——也就是可以推翻它,但这段话被删除了,取而代之的是不温不火的语句:政府是"为了人民的福利而存在的"。更让麦迪逊恼火的是,舍曼的意思是他希望修正案放在宪法的末尾出现,那样在他看来,比把它们揉进宪法正文的危害要小一些,这可不是弗吉尼亚人麦迪逊想看到的。

舍曼认为,一旦对宪法的原始文本做出任何改变,实际上就意味着废除了被各州批准过的那部宪法,也产生了一部新的宪法,尚未获得批准。他气冲冲地宣称:"把这些额外的条款揉进宪法里,无异于试图把铜、铁和黏土混合在一起。"舍曼的观点得到了佐治亚州议员詹姆斯·杰克逊的支持。"如果我们废除这部宪法,或许明年我们要再制定一部宪法——那样人民可能永远也搞不清我们到底有没有一部永恒的宪法。"杰克逊咆哮道，还不屑地说，国会没必要通过给宪法打上各种补丁，使之如同"约瑟的彩衣一样五颜六色"，这是诋毁宪法的行为。

让一些人惊讶的是，埃尔布里奇·格里支持了麦迪逊，说把修正案放在宪法末尾会削弱它们的意义，引起公众的困惑。"我猜我们第一修正案的标题将会是对美国宪法的补充，"他幽默地挖苦道，"下一个修正案就是对补充的补充，直到我们在五年内产生五个补充，使宪法变成让人迷惑不解的东西。"如果原始文本要被看成"神圣的"东西，不可触碰，不可更改，他问，那么修正案的意义到底在哪里？

为了让舍曼改变主意，麦迪逊做出了最后的努力。他说如果修正案只是被当作"补充"来对待，那么随着时间的推移，民众将弄不明白这些修正案和宪法里的哪一部分条款有关，这些补充条款也会变成厚厚一大卷，普通人根本不知道去哪里找到它们。他预测，这个文件将变得极其"复杂和晦涩"。但就算有了格里的支持，麦迪逊恐怕还是得盘算一下。舍曼有足够多的联邦主义者支持票阻止麦迪逊如愿。

有几位议员关注了另一方面的问题，就是禁止残忍和非常规惩罚的问题。"因为很残忍，你就要停止使用绞刑？"利弗莫尔问道。"恶棍就配挨鞭子，或者挖眼睛；因为残忍，我们将来就不能实施这些惩罚了？"

马萨诸塞的西奥多·塞奇威克反对把集会自由写进宪法，嘲笑说把这些"鸡毛蒜皮"的事情塞进宪法，有点"小题大做"。他说国会不妨宣布"只要高兴，人们可以选择戴或不戴帽子；只要高兴,他可以选择起床或不起床;只要他认为适合,他可以选择什么时间睡觉"。对此,来自弗吉尼亚的约翰·佩奇,一位富有又主张共和的种植园主反驳说,按照英国法律,教友会信徒被要求"在君主面前"脱帽致敬,就跟他们被依法禁止集会一样正常;如果人们被剥夺了集会自由,他们就有可能被剥夺任何其他权利。

瓦伊宁主导的委员会同意修改麦迪逊关于民兵武装的修正案,其原本主张个人拥有携带武器的绝对权利。修改后,该修正案只适用于有组织的、官方批准的机构:"组织良好的民兵武装,以人民为主体,为了维护自由国家的安全,人民拥有和携带枪支的权利不容侵犯。"其用意是明确在一个对永久军事设施不太信任的国家,国家化的各州民兵组织在抵御外来入侵方面负有主要责任。(对美国人来说,每当提到常设军队,他们就会想起招摇过市的英国军人欺负民众、进入他们家中骚扰,以及更久远的17世纪中叶英格兰遭受的奥利弗·克伦威尔军队的虐待。)很多人对修正案的表达做了更宽泛的解读,有点像今天的美国人那样。一个马萨诸塞人说,国会有责任确保人民"有权利为了普通和特殊的情况拥有武器,比如保护自身不受野兽攻击,以及用武器捕猎",同时也要"抵御共同敌人的入侵……因为无法维持一支常备军队来保卫我们漫长的海岸线"。反联邦主义者特别强调,宪法已经集中了太多的军权在中央政府手中,而这个修正案的背后就是他们不愿意看到的建立国家军队的盘算。格里则旗帜鲜明地提出,民兵武装能有效阻止联邦政府变成杀人机器。"一旦政府想要侵害人们的权利和自由,他们总是试图破坏民兵武装,以便在此基础上建立常备军。"他警告说。

第八章 性质不明的提案

争论的焦点之一却与民权一点关系都没有，而是有关国会选区的。1789年，第一次人口普查之前，国会选区的人口规模，既有像乔治·撒切尔所在的缅因选区那样39000人的，也有詹姆斯·杰克逊所在的佐治亚选区那样16000人的，相差很大。在南方，这个问题更加复杂，因为那里的黑奴只能按五分之三的原则折算成投票人口，而国会议员唇枪舌剑讨论的各种权利，却与他们没有任何关系。在一些南方选区，一旦把黑奴、女人和孩子，以及没有财产的白人排除在外，实际投票人口就只有3000。委员会提议把每个选区的人口设定在30000。虽然这看上去只是个技术问题，但它却有可能导致代表平民的共和主义者与代表精英的联邦主义者之间产生竞争，而很多联邦主义者都担心增加国会议员名额将引起国会瘫痪，不利于稳定局面。比如，费希尔·埃姆斯就说"小"选区（30000人）会产生特别"规模巨大"的议员，从而无法进行严肃的审议工作。"当你增加议员的人数后，机构的效率会相应地下降，"他说，"毫无疑问，能力不足的人有机会进入国会。"而且，规模增长会"产生小团体，延误对公共事务的处理"，引起对政府的敌意。为了使国家免于陷入这些危险，他提议把选区人口规模提高到40000，这是在1789年标准上的一个巨大飞跃。针对这个提案，詹姆斯·杰克逊抱怨，按照埃姆斯的逻辑，两三个人的立法机构肯定比60或100人组成的机构好，虽然美国人民可能不喜欢那样。

人数占优的反联邦主义者连珠炮般表达了他们自己的修正案要求，希望至少告诉自己的选民他们进行了认真的斗争。来自南卡罗来纳的伊达诺斯·伯克是个急脾气，他挥舞着手中的结构性修正案副件，嘲笑弗吉尼亚人的修正案"只比奶油葡萄酒好一点点，很多气泡，充满了空气，能取悦的只有味觉"，还要求清楚无误地阐明平民拥有对军事的控制权，禁止在和平时期设置常备军。"众议院里的反联邦主义者在修正案问题上大做文章，只是因为这些修正案没有包含可以推翻政府的内容。"同样来自南卡罗来纳的联邦主义者威廉·劳顿·史密斯生气地说。他担心修正案最终会导致联邦政府介入奴隶问题。他警告爱德华·拉特利奇："如果任由一部分头脑聪敏又巧舌如簧的人，直接或间接地重新分配政府的权力，导致其与我们最初的设想相差甚远，到底什么时候这些修正案能够付诸实施，就说不好了。"

反联邦主义者的反击是由百慕大出生的托马斯·都铎·塔克领导的，他也是来自南卡罗来纳的奴隶主和种植园主，性格多变，是众议院争取州政府权力最积极的人之一。塔克冷峻的面孔上长着一个鹰钩鼻子，他对宪法很不信任。他提交的修正案将剥夺联邦政府为联邦选举设定标准的权力，将以有限的海事法庭取代低一级的联邦法院，将取消总统作为军队最高统帅的权力，还将对联邦政府官员的任期设限：总统最多连任两届，众议员最多做6年，每年进行参议员选举，任何参议员不得连续任职5年。塔克还提议撤销麦迪逊提案中关于扩大联邦政府保护民众基本自由权，使之免受州政府侵犯的内容。塔克说，这意味着对州政府神圣权力的践踏。"美利坚合众国的宪法已经干涉得太多了，"他大声疾呼，"让州政府自主决定内部事务吧。"

塔克还有一项颇受反联邦主义者欢迎的提案，该提案剥夺了联邦政府直接向市民征税的权力。格里支持这个提案，谴责联邦政府的"贪婪"，并预测，如果州政府放弃财政独立，将引发内战，导致"州政府的消亡"。想象一下,"当两组税务人员出现在民众家门口的时候,他们会有多么气愤吧",这就是"煽动民众反抗"和"官民矛盾加剧"的一剂药方。塔克补充,要发明一个在各州之间都能运行的税收制度需要太多时间,建议像原先《邦联条例》一样以"征用"的形式(几乎没有效果)要求各州捐款。

为了捍卫联邦政府在必要时候征税的权力,詹姆斯·杰克逊反驳(这是为数不多的参议员们关闭窗户的时刻),一些几年前按照《邦联条例》"征用"的钱到现在也没有缴纳,对于这些不愿意缴钱的州,能怎么办?"这个征用计划,"他警告说,"会导致嫉妒、叛乱和内战,使联邦瓦解,使我们自己受到外国的鄙视和侵略。"此外,对杰克逊来说更重要的是,这还可能让他们遭到佐治亚前线印第安人的进攻。没有征税的权力,一个国家怎么保护自身免受外国侵略?不可能!"内部暴乱和进攻将使国家四分五裂,那时我们以巨大的物质代价和英雄的热血换来的一切,将付诸东流。"

格里还十分支持反联邦主义者的另一个提案,要求禁止联邦政府设定联邦选举标准。他认为应该由州政府自行决定。"为什么先生们希望保留这项权力?"他提出了质疑。他们是不是藏着什么不可告人的动机"想建立一个不受约束的政府"?下一步会怎么样——出台一项法律禁止不记名投票,从而迫使人们公开"给某人或某人的朋友投票,因为这是他的责任"?或者命令在遥远的地方进行投票,那里只有候选人和他的朋友有机会参加投票?"先生们会告诉我多虑了,"他说,"但是,他们如果说政府有权那样做,他们就无权说政府不会使用这个权力,因为可以想象,他们会在某个时刻执行宪法规定的所有权力;而当那个时刻来临时,人们拥有的权利只有消失了。"

辩论最激烈的一个议案是托马斯·都铎·塔克提出的,他试图修改宪法,让市民有权"指导"——其实是命令——国会议员如何投票。这项由好几个州议会提出的议案反映出一种担心,就是议员们会受到国会同僚或首都文化的影响,忘记了把他选出来的选民。反联邦主义者对塔克的这个提案反应非常热烈。"我们的选民不仅有权利指导我们投票,而且有权利约束这个立法机构。"格里高声说道。他认为政府在本质上是强制性的,只有人民的意愿可以有效扼制政府滥用职权。

这些并不是关于抽象意义上的权利的辩论。谢司起义的阴影就像食人魔一样笼罩在新英格兰人的心头,让担心的人有理由相信,过度的民主会不可避免地带来混乱。当众议员西奥多·塞奇威克抗议在宪法里加入集会自由权时,他肯定想到了仅仅三年前发生的事情。当时,为了要求减轻债务而"集合"起来的谢司党人,占领了他在西马萨诸塞工作的法院,威胁他的邻居,虐待他的助手,还侵入了他在斯托克布里奇的家。尽管43岁的塞奇威克从前是一名爱国者,独立战争期间在多个军方和政治职位上都干得很出色,但在一个有着浓厚反联邦主义色彩的州里面,他只是一个相对保守的联邦主义者。他对任何修正案都不积极,尽管马萨诸塞批准会议明确要求他对修正案投赞成票。

塞奇威克和其他联邦主义者认为,虽然在一个小镇举行的会议上,投票人有权告诉他们选出来的官员怎么做,但美利坚合众国要比一个小村落复杂得多。如果国会议员只能遵守选民的"指令"行事他们就将失去作用。达成妥协将变得不可能,政府将会垮台。

"一个人能做的只能是拿出他得到的指令,放在桌子上,让这些指令替他发言。"罗杰·舍曼以讽刺的口吻说道。议员的责任是为广大人民服务,而不是为吵得最凶的那一部分人服务。如果议员得到的"指令"与他的想法一致,那指令就没有意义;"如果指令与他自己的想法相反,从任何法律角度来说,他都必须无视那些指令"。

大部分时候,麦迪逊都袖手旁观,但是现在他的发言直击要害。这个看上去可靠的指令权只是一个"可疑"的想法。(麦迪逊一直沉默不语,他突然说出这话,其实是在表达反对意见。)到底谁是"人民"?什么样一群自封的市民有权否决代表全体人民的国会制定的法律?"每一个区域的人都代表人民吗?当这个区域的人所占比例不到全体人民的千分之一时,他们能代表人们说话吗?而且他们的意见可能与全体人民的意见相左呢!零散集合的人群有权利破坏宪法,或者控制整个国家的行动吗?这是要建立100个国家来代替一个统一的国家。"麦迪逊的发言结束后,反联邦主义者提案的荒谬程度昭然若揭,甚至格里都申明"指令"不能用来否决联邦法律或践踏议员履职时的誓言。

第九章

书面保障

Chapter Nine

Paper Guarantees

天气太热了，人们的头脑也容易发热。

——马里兰的威廉·史密斯，1789 年 8 月

8月18日，托马斯·都铎·塔克发起了对宪法最具重大意义的一次攻击。他提出对第18条修正案（后来的第10条）进行一个词的改动。原文是这样的："宪法没有授权但也没有禁止各州拥有的权力，州政府有权保留。"他提议在"没有"和"授权"之间插入一个看上去无关痛痒的词"明确"。塔克和其他反联邦主义者希望把中央政府的权力限制在宪法明确规定的方面，使得联邦政府与州政府之间的关系尽可能接近《邦联条例》时期的状态，那时候权力分配明显向州政府一方倾斜。通过故意略去"明确"一词，麦迪逊巧妙地让权力分配朝着有利于中央政府的方向发生倾斜。这一词之差体现了联邦主义和反联邦主义之间、主张州政府扩权的强硬派和主张中央集权的谨慎派之间、对宪法进行逐字解读和创造性解读之间的根本差异。

塔克的提案交付表决后未能通过。三天后，格里又做了一次尝试。尽管事关重大，但对格里提案的辩论，如同塔克的一样，大概只能以分钟而不是小时进行计算。格里要求对表决结果计票，结果是32比17，同样未能通过。几乎同时，罗杰·舍曼把这个条款的最后部分做了一点点改动，变成"宪法没有授权但也没有禁止各州拥有的权力，州政府或人民有权保留"。那些权力到底是什么，对它们进行保护的实际后果和政治后果会是什么，都没有进行界定，这是有风险的。未经辩论，舍曼的提案就获得了通过，根本性地（虽然当时还不清晰）影响着未来好几代人对于中央政府和州政府之间关系的认识，为灵活解读宪法提供了可能，使得未来的人们在处理1789年还完全无法想象的问题时，多了创造性的办法。

此时，所有人都变得精疲力竭，又气急败坏。"（一天内出现的）发火和粗鲁行为，比国会开幕以来任何时候都多。"一位南方议员说道。麦迪逊似乎也束手无策，抱怨"工作极端困难和辛苦"。热浪难以忍受，据说有6到8人因为中暑或者喝太多冷水而死在了街上。"我怕纽约不寻常的炎热天气让你无法承受，"忧心忡忡的帕梅拉·塞奇威克给丈夫写信时说道，"我曾经天真地认为你（这时候）肯定已经回到家中了……但是恐怕直到9月末我才能见到你。这让人难过，我只能靠吃药缓解痛苦。"无论是去战场旅行，去新泽西的山上远足，去曼哈顿的山谷行走，还是去格林威治的茶园散心，这些办法似乎都没什么用。如同马里兰众议员威廉·史密斯所言："天气太热了，人们的头脑也容易发热。"大家的情绪非常容易失控，动不动就需要停止讨论以维持会场秩序，甚至有传言说有的议员之间到了用决斗解决问题的地步。宾夕法尼亚的米伦伯格说："既然众议院已经到了这个地步，我认为越早闭幕越好。"但事实并未如他所愿，国会又继续拖拖拉拉地开了一个月。

让大家都很高兴的是，华盛顿总统终于彻底康复，又回到了那个让人捉摸不透、偶尔发点脾气的状态。总统官邸外面，为了减少噪声曾经拉起链子阻止车辆进入,现在都撤掉了。访客又可以见到总统了,正式接见和接待又开始了。虽然大家都希望有机会参加总统的宴会,但其实宴席并不好玩。(极其敬仰华盛顿的法国外交官穆斯捷伯爵发现他"非常难以接近"。)尤其尴尬的是,总统和坐在对面的妻子玛莎经常一言不发。有一次,威廉·麦克莱发现在总统的宴会上和他共同出席宴会的有其他几个参议员,约翰·杰伊,亚当斯家族成员,包括他的老对手——副总统。吃的食物是麦克莱吃过最好的,开胃汤之后是鱼,然后是各种烤肉煮肉,然后是苹果派、布丁、冰激凌、果冻、西瓜、香瓜、桃子和坚果。桌布撤走之后,华盛顿倒满一杯酒,正式地祝在座各位身体健康,之后每人都如法炮制了一次。"如此烦琐地说'先生祝您健康''女士祝您健康''谢谢先生''谢谢女士',我原先从未听过。"麦克莱写道。然而,除了这些礼节性的敬酒,"只有安静"。最后,华盛顿夫人和女宾客们离开了宴会,"但仍然是一片寂静",直到总统最后讲了个不太有意思的笑话,说的是一个新英格兰传教士在过布朗克斯河的时候,把帽子和假发弄丢的事。当华盛顿以笑容表示这是个笑话的时候,所有人才礼节性地笑起来。之后,总统小心翼翼地讲了几句"有关共同话题方面的",约翰·杰伊讲了个有关德文郡公爵夫人的荤段子,亚当斯的女婿在引述维吉尔的时候出了差错,这让麦克莱很不悦,而总统——也许根本不知道维吉尔是谁——拿手里的叉子敲着桌沿,很不耐烦的样子。这个沉闷的插曲进行了好一段时间以后,华盛顿起身上楼去看望其他宾客,而麦克莱赶紧找机会走人,回到了自己租住的房子。

8月5日发生的事情很好地反映出总统元气恢复得不错。这一天，他大步走进参议院，要求其解释为什么拒绝了他对萨凡纳联邦海军军官的任命。自从6月关于行政官员任命的讨论结束后，华盛顿就认为自己可以任命任何他想任命的官员，只要是根据财政税收法案设立的就行，而参议院——根据宪法，负有提出意见和同意的责任——将会礼节性地支持他的选择。而且他在做出任命决定之前，大多数情况下都会询问当地国会议员的意见。他提名担任萨凡纳海军官员的是才干出众、出身名门的佐治亚执行委员会主席本杰明·菲什伯恩，他曾追随在独立战争期间担任将军的安东尼·韦恩。令华盛顿吃惊的是，没有任何解释，菲什伯恩的任命就被否决了。他任命其他官员时从未出现过这样的情况。

为了弄个明白，华盛顿出发来到了参议院，当他不请自来地出现在会议厅门口时，正在开会的议员们十分惊讶。总统到访参议院的事情从来没有发生过，也没有相应的接待礼仪。慌乱之下，约翰·亚当斯赶紧让出了自己的位置，请总统就座。华盛顿颇费口舌地询问为什么参议院否决了自己任命的官员。"几分钟的尴尬和寂静之后"，佐治亚参议员詹姆斯·冈恩站起身来说是他反对任命菲什伯恩的，参议院的同僚们支持了他的想法。

这背后有一段曲折的故事。几年前，菲什伯恩或者说他的领路人韦恩将军得罪过冈恩，冈恩在战争期间也曾在韦恩手下效力。其年36岁的冈恩作为议员是出了名的懒散，在佐治亚执行委员会和邦联议会任职时就不够尽职。而另一方面，他却热衷于跟人决斗。1785年他就因为"事关荣耀"而向担任过将军的纳撒内尔·格林发起过挑战。（格林完全没有理会他。）菲什伯恩和现在是国会议员的詹姆斯·杰克逊都曾被冈恩要求向格林转达挑战书。虽然格林拒绝了挑战，但这件事却让菲什伯恩和冈恩之间发生了决斗。决斗被及时阻止了，没有造成任何伤害，但是冈恩一直对菲什伯恩心怀不满。当菲什伯恩的名字出现在参议院待确认任命官员名单上时，据说冈恩"除了泄私愤，别的什么都不做"。（韦恩后来把对菲什伯恩任命的否决解释成对其"欺骗性的、恶毒的、招人厌的"攻击，这样说或许有道理。）

大部分国会议员或许不知道事情的来龙去脉。冈恩当着华盛顿的面说道："希望大家理解，参议院没必要就其动机和程序做出解释，或者对美国总统进行汇报。"但是既然华盛顿问起来，冈恩就不妨说出来。这番话几乎是对总统的侮辱。总统如何回应不得而知，但一个参议员记录说，一向被认为善于控制情绪的华盛顿，"发了不小的脾气"。大步走出会议厅时，他告诉秘书托拜厄斯·利尔，他很后悔选择来参议院。

这本身是件小事。但是，在这个每时每刻都在革新的国会，再小的事情也会成为将来的先例。冈恩通过这件事让原本属于总统的特权，变成了一种荣誉。这颗小石子将在参议院审议这个池塘里不断制造涟漪，直至多年以后它几乎成为参议院习俗里无法打破的传统——任何参议员都有能力阻止对他所在州的官员任命或联邦政府在该州的官员任命。

华盛顿再次挑战运气——或者挑战参议院对其特权的嫉妒——8月22日，他在战争部部长诺克斯的陪同下走进会议厅，希望参议院支持签订一项协定，这份协定是为南方印第安部落，特别是克里克人准备的，他们居住在西佐治亚州和后来亚拉巴马州的大片区域。宪法要求总统在与外国（那时候印第安部落被视为外国）签订协定时寻求"意见和同意"。但是没有现成的制度告诉总统如何得到参议院的意见,或者告诉参议院如何提供意见。华盛顿给参议员们提了一系列问题:佐治亚与克里克人的协定是否公平?如果不公平,联邦专员是否应该要求对方割让一块土地以获得货物和钱财作为赔偿?如果克里克人没有回应,美利坚合众国是否要下达最后通牒?很明显,总统对于参议院的"意见和同意"主要只是形式上的。

副总统亚当斯尝试读一封北卡罗来纳边境定居者写来的求救信,但是联邦大楼外来往的马车声太嘈杂,除了离亚当斯最近的几个人,其他人几乎什么也听不见。比如说,麦克莱"只隐约听到这是关于印第安人的问题,但几乎听不到一句完整的话"。有人派书记员去关窗户以减少噪声,但闷热的会议厅更加让人难受。亚当斯把信又读了一遍,结束后,他颇为傲慢地询问:"大家有何建议?是否同意?"

又是一片寂静。毋庸置疑,华盛顿和亚当斯都希望参议院直接同意,而不必再进行辩论。沉默继续。

最后,麦克莱勉强站起身。"在我看来,如果我不站起来说话,没有人会站起来。我们需要在内部讨论后才能给出意见和同意。"他在日记中写道。这个议题参议院从没有讨论过,他说。议员们几乎不知道要他们批准什么。协定的内容很长也很复杂,他们需要时间讨论消化。然而,麦克莱感到,"当美国总统坐在那里,战争部部长陪在身边,让人根本不敢说话;我觉得没什么机会好好调查这个议题"。

华盛顿的意思很明显,他不喜欢那套繁复的程序。他朝有些冒失的宾夕法尼亚人瞪了一眼,"满脸的不悦"。华盛顿尽力克制自己的情绪,同意让人朗读建议的谈判内容,还有南方定居者的另外几封信。然后，经过短暂讨论，以及副总统与几位参议员之间的剑拔弩张，参议院投票同意延迟这个议题几天时间，而麦克莱则建议把提案交由一个委员会进一步讨论。

麦克莱一落座，华盛顿"立刻变得焦躁不安起来"，据这个宾夕法尼亚人说。"我来这里真是自讨没趣。"华盛顿大声说道。但他对于延迟的决定无能为力。他开始明白，参议院并不是听他指挥的。脸色非常难看的华盛顿"闷闷不乐地"走出了参议院，但还是没有得到他要的批准。

之前参议院很不严肃地否决了华盛顿对萨凡纳一个海军税务官的任命，这次的事情进一步让他感到尊严受到了伤害，不仅是个人尊严，还有作为总统的尊严。离开喧嚣的联邦大楼后，很多记录都显示华盛顿说"他死也不会去那里了"。

经过适当审议之后，参议院批准了华盛顿的计划。这也为第一届国会带来了一次最丰富多彩的活动：一年后，身上饰有羽毛、带有异域特色的印第安代表团抵达纽约签署了最后的文件。意义更加深远的一件事是，另一个先例被创造出来。在政府行政分支和立法分支之间出现了客观存在但目前还不明显的紧张局面，这个局面时常成为关注的焦点。在伍德罗·威尔逊之前，再也没有一位总统跨过参议院的门槛，来为某个协定进行解释或辩护，抑或请求参议院批准。尽管麦克莱仍然敬仰华盛顿的个人品格，但他开始感到"世界第一伟人"，至少在以总统身份出现时，"想要践踏参议院的尊严"。麦克莱不无遗憾地发现，华盛顿显然不希望参议院有自己的主张，最好把他的意思当作圣旨，"用他的个人权威和存在代替我们的审议"，参议员需要做的就是把他的意愿变成法律。"这样做美国人可不答应。"

华盛顿的联邦大楼之行无果而终,两天后,17条宪法修正案得到众议院的批准——修正案进行了逐条表决,大部分都以三四票到一票的差距获得通过。修正案由众议院书记员送到楼上的参议院会议厅,而参议员们对此反应一点也不热情。据麦克莱记载,好几位著名联邦主义参议员对修正案投以不屑。其中一位就是罗伯特·莫里斯,相比之下,他更关心怎么能把国家的永久首都定在宾夕法尼亚,而不是如何修改宪法。他抱怨说,"在被他们称为修宪这件荒唐事上","浪费宝贵时光"不值得,他承认没有认真考虑宪法修正案,也没兴趣和同僚好好讨论。他说"总之我不赞成这么做"。

很遗憾,后面的辩论是如何进行的几乎无从知道,因为参议院讨论不对外公开,而一直写日记的麦克莱由于痛风卧病在床,缺席了除第一天以外的所有辩论。那一天,奥利弗·埃尔斯沃思因为太专注于解释法律细节而把自己都绕进去了,引得其他议员哄堂大笑。"大家听他解释,但是他太过纠缠于那些极其细小的问题,弄得大家反而都听不懂了",麦克莱记录得很有趣。因为参议院只有两名反联邦主义者,来自弗吉尼亚的理查德·亨利·李和威廉·格雷森,这里主要是联邦主义者的阵地。"我们的境地如移走阿特拉斯山一般艰难。"李很沮丧地给帕特里克·亨利汇报说。一位联邦主义者曾建议删除言论和新闻自由,因为这些权利容易让人变得"无法无天",虽然那人没有成功,李还是感到特别气愤。参议院进一步把修正案压缩成了12条,其中第3到第12条最终成了美国人熟知的《权利法案》。几周前曾让众议院花了很多时间讨论的第一修正案确定国会选区的人口规模为30000，第二修正案规定了国会议员收入增长办法，申明只有等到下一次选举之后该规定才会生效，以避免国会议员迅速依赖公共支出致富。这条修正案后来没有获得通过，直到1992年才成了第27修正案。

参议院还在文本表述上做了各种调整。也许纯属多余，它稍微扩大了政教分离条款的范围，以"信条或崇拜"替代了"宗教"一词，但删除了因为宗教原因可免于服兵役的规定。参议院还删除了联邦审判应在案件发生地就近进行的规定，以及只有涉案金额达到一个最低值才能在联邦法院上诉的要求。通过删除带有弹性的说法"以人民为主体"，参议院关于民兵武装的规定强调了立法机构最初的目的。虽然参议员认为民兵武装是抵御外来侵略的第一道防线，但他们想表明这并不意味着民兵武装就是"人民"群众组成的武装部队，而是要州政府批准后才合法。

参议院删除了麦迪逊关于分权的修正案，该修正案严格禁止任何分支越权处理其他分支权力范围内的问题。这个修正案可能破坏宪法这台机器，因为宪法规定副总统主持参议院等于赋予了他近乎立法者的角色，而给予国会弹劾的权力其实就是赋予其司法权。更加值得一提的是，参议院删除了麦迪逊关于禁止各州滥用民权的条款。过了将近80年，直到重建时期的第14条修正案才要求各州尊重人民的基本权利，直到20世纪，联邦政府才有效地利用该修正案支持了现代民权运动的要求。

众议院同意了参议院做出的大部分调整。一个会议委员会在少数有分歧的地方也达成了妥协，但是提出了两处修改，使修正案重新退回众议院之前通过的强势版本。委员会修正了后来成为第一修正案的条款，措辞变得更加有力："国会不得制定确定国教或者禁止信教自由的法律。"在后来成为第六修正案的条款中，委员会维持了之前的要求：联邦法院审判将"由犯罪行为发生地区的公正陪审团"进行。

"在让他们自己精疲力竭，也让同僚耐性耗尽后"，反联邦主义者终于放弃了原本期望的强势版本修正案。他们偶尔能说服几个摇摆不定的联邦主义者，但在每一次重要投票中都输得很惨。这些危险性最小的修正案——经过罗杰·舍曼的精雕细琢之后——将会成为宪法的一部分。修正案没有任何涉及瓦解政府或改变其基本架构的内容。不久麦迪逊就可以信心满满地告诉华盛顿，"最后的反对者也消失了，他们不满的很可能是政府现在的运作，而不是政府本身"。公众对于再一次修正主义的制宪会议给予了越来越多的支持，正如麦迪逊预期的那样。埃尔布里奇·格里的声望变得越发微弱。"他当然不能理解这伟大的国家体系……注定了迷失在荒郊野外"，意思是说，其政治生命已经结束，曾经非常崇拜格里，而如今对其非常失望的阿比盖尔·亚当斯如此评价。

麦迪逊无比疲倦。他的立法技巧受到了最大考验，国会对其修正案版本的调整和修改让他大失所望。他似乎一度感到无力面对共和制政府的挑战。"把思考和行事风格各异的人团结起来，其难度只有经历过才知道。"他直白地说道。他曾告诉新罕布什尔参议员佩因·温盖特，自己对于修改后的修正案有多么失望："宁可参议院没有通过才好。"对于一个很少坦露心迹的人来说，这样的话语算说得很重了。但他的策略是很成功的，经过辩论之后，他的政治地位更加牢固。但他的成就却不是通过打败罗杰·舍曼来实现的，后者最初反对修宪，最终却让修正案朝着期待的方向进行了下去。舍曼得偿所愿：修正案将永远以宪法附件的形式出现，尽管在重要性上比舍曼想象的大得多。（虽然无法证实，但很可能麦迪逊放弃其宪法前言是为了换取舍曼的支持。）

修正案通过以后，人们感受更多的是身心疲惫，而不是喜悦，在他们眼里，这不过是履行政治责任而已。和让宪法增加保护民权内容带来的愉悦相比，大家对成功阻止反联邦主义者的攻击更加如释重负。西奥多·塞奇威克对于整个辩论过程十分厌恶，在给妻子帕梅拉的信中，他说国会辩论"与国家尊严所要求的品质很不一致"。其他联邦主义者担心"人们对于更多修正案的期待可能会让人心不稳"，社会混乱的种子已经播下。与此同时，反联邦主义者把他们遭遇的失败看成迈向专制的一大步。对麦迪逊大为不满的宾夕法尼亚政论作家塞缪尔·布莱恩说麦迪逊"让马基雅维利的政治哲学变得无足轻重"。理查德·亨利·李告诉帕特里克·李，这个结果是"残缺不全、缺乏生气的"，"在遣词造句上，极力挑选那些无力或含混不清的词语"。让已经获得批准的宪法再进行修改是第一个错误策略，按照李的说法，此举"比让自己先走一趟鬼门关好不了多少"，心里还想着"就算医生会让我们痛苦不堪，之后我们就能起死回生了"。当时还在巴黎的托马斯·杰斐逊对结果持乐观态度，但也不至于欢欣鼓舞，他告诉麦迪逊："我能接受这样的结果，但我本来期待得更多。"

法院和未来的人们将对这些修正案的简约语言进行解释，赋予其力量。几乎不会有议员能想到他们通过的宪法修正案本身将成为美国民主的基调。议员们是务实的政客，早已被折腾得很不耐烦又疲惫不堪。许多人认为整个辩论最多不过是正事之外的一段插曲；如何解决税收问题，如何保护鳕鱼和糖浆，如何建立法院，如何限定（或扩大）总统的权力，如何确定国家永久首都，这些才是正事。在司法部门开始运用这些条款之前，修正案中描述的权利无非只是一种书面保障：1789年的时候，这些权利大部分只是愿景而无法实施。筹建中的法院系统担负着更多解释宪法的重任，并最终厘清哪些权力属于"人民"，或者仍然属于州政府或联邦政府。修正案中列举的权力非常有限，留给后人很多争议、混乱和重新解释的空间。支持州政府的、支持民权的、支持联邦政府的、支持激进自由主义的，以及各行各业的民众，都将利用宪法和修正案的创造性模糊表述，主张自己的权利。

修正案需要得到四分之三的州批准才生效。尽管9个州在10个月之内就批准了所有的修正案，但是两年多以后才有第11个州批准了10条修正案，使之成为法律。修正案的最终排序也是完全随意的，与当初议员们认为的重要程度没有任何关系。事实上，今天看到的第一修正案之所以成为第一条修正案，完全是因为它前面的两条修正案——关于如何分配国会议员名额的条款——没准备好，没有足够多的州批准。（因为有更多的州加入联邦，需要得到批准的州数目也发生了变化——1789年11月北卡罗来纳州加入联邦，1790年5月罗得岛州加入联邦，1791年3月佛蒙特州加入联邦，1792年6月肯塔基州加入联邦。）当时几乎没有人把这些修正案统称为"权利法案"。麦迪逊实际上把它们称为"修正案计划"。有三个州——马萨诸塞、康涅狄格和佐治亚——直到修正案辩论发生150年后的1939年才正式批准了10条修正案。权利法案能得到如今的神圣光环也是 20 世纪以后的事情，相比于开国元勋们的先见之明，这主要是得益于民众的觉醒和现代司法挑战各州立法机构歧视性和压迫性做法的决心。直到 1880 年，最高法院还宣布联邦宪法"与大多数现代宪法不同，没有任何正式的权利法案"。

参议院在为宪法修正案激辩的时候，众议院重新开始讨论搁置很久的司法议案。反对该提案的人对此进行了猛烈抨击，领头的是新罕布什尔的塞缪尔·利弗莫尔。这位 57 岁的律师长着蒜头鼻，头发花白稀疏，正遭受痛风之苦，似乎跟其他联邦主义者不太合拍。早先他曾指责司法提案是"怪兽"，现在他说提案将制造一个"可憎的""新奇的"体系，吞没州法院，让整个国家背负由法官工资和法院成本带来的繁重"负担"。"国家甚至根本不需要联邦法院"，他坚持说。没有它们，各州也可以很好地执行宪法。该法案带来的不仅是"一套全新的（联邦）法律体系"，而且会在各州产生另一套法院系统，"让人反感"。

理解了利弗莫尔的警告后，他的盟友、长期生病的马里兰议员迈克尔·詹尼佛·斯通——他抱怨"（纽约市的）空气、水和气味都让我的病体饱受煎熬"——出于州政府利益的考虑，说出了整个辩论期间最精彩的比喻之一，来表明任何国家都无法应付在同一个时间同一个地点出现两套法院系统带来的混乱。他警告说，这就像"沿着各自轨道运行的"行星，由于既定位置的变化而彼此发生碰撞。各州本身是"完整的共和国"，他表示，各州拥有的主权不应该受到侵犯。难道所有的犯罪行为不都是针对州而发生的吗？假如有人在纽约组织了一支叛军，这个叛乱不是针对纽约州的吗？这跟联邦政府一点关系都没有啊。联邦政府意欲通过这样的法案获取本不该属于它的权力。他宣布："我认为联邦政府应该越低调越好，不该让人们感觉到任何局势变坏的苗头。"

西奥多·塞奇威克抗议说，如果利弗莫尔的说法能站得住脚，它将剥夺政府最基本的职责之一——维持公平正义。"如果这得不到保障，宪法就不过是政府的影子。"麦迪逊补充说，人人都清楚，没法放心让州法院执行联邦法律。如果州政府对联邦政府有敌意，不愿意承担国家层面的责任怎么办？受到伤害的市民如何得到申冤的机会？麦迪逊总结说，大多数州法官都是州立法机构任命并领取薪水的，如果利弗莫尔的提议可行，它"将让我们重回之前（执行《邦联条例》时）的尴尬局面"。

让人意外的是，或许对利弗莫尔最有力的反击不是来自联邦主义者——谁都知道他们有能力获得足够的票数制定法案，而是来自众议院反联邦主义者的代表人物。埃尔布里奇·格里由于总是提反对意见，在同僚中不太受欢迎，而其不流畅的发言更不讨人喜欢，"发言不连续，夹杂着很多哼哼哈哈，总是重复使用'的'与'和'"。很显然，格里最终决定让大家明白，尽管他不断质疑联邦政府的权力，但他终究是忠于宪法的，为了国家的未来而工作。他认为，宪法毕竟只是一个"政治实验"。实验能否成功，或者带来什么其他结果，这个无法预测的系统是"一个谜，只有时间能揭晓答案"。格里是现实主义者。他知道他和自己的小同盟已经输掉了司法提案之争，就如同之前输掉修正案之争和行政权之争一样。他坚持战斗，为一些细节认真计较，频遭他人的冷嘲热讽。现在他告诉国会里为数不多的朋友，以及范围更广的反联邦主义者阵线，他们已经输了，应该向前看。宪法已经获得批准，无论他怎么想，大多数美国人明显是支持的，期望将其付诸实施。"我们必须认为他们明白，他们热切期盼的政府系统运行意味着什么，"他继续以不连贯的方式说着，语气让人感到他虽心有不甘但还是接受结果，"我们将执行宪法，所以我们会建立这些法院，结果如何只能拭目以待。"

第十章

无与伦比的中心

Chapter Ten

A Centre Without Parallel

白天黑奴做你的奴仆,晚上蚊子做你的哨兵;每到夏秋季,你的同伴就会患上胆汁热。

——本杰明·拉什,1789 年 3 月

很少甚至根本没有哪个问题，能像定都这样在国会引起热议。在邦联时代，政府的选址从费城换到普林斯顿，再换到安纳波利斯，再换到特伦顿，最后换到了纽约市。少数人满意，但有更多的人不高兴，他们抱怨说不方便、花费大、住宿条件差，以及客栈老板贪赃枉法。宪法要求为政府确定一个首都，但是极少有人能就选址达成共识。到1789年夏末的时候，这已经变成了一个定时炸弹，处理不好"将会埋下仇恨的种子，任何政府都束手无策"，这是《宾夕法尼亚公报》在3月就发出的警告。

除了寻找一个地方让新政府的各个分支能运作这一实际需求外，未来的首都在很多人眼里将是一个象征，把这个多元又分裂的国家从情感甚至精神上维系在一起。当前，能起到这个作用的是魄力非凡的乔治·华盛顿。但华盛顿不能永生于世，他最近得病引发的后果已经凸显了他作为凡人的一面。"当我们有华盛顿的时候，他用德行维系并守护联邦，一切都很安全，"特拉华众议员约翰·瓦伊宁反思说，"但他离开我们的时候，谁能继承他的高尚品德、具备他的伟大影响？靠他的品德成就了团结局面，谁又能再次充当众人心中的核心？"

自1783年以来，人们已经提议了30多个选址，从纽约的哈得孙河谷到弗吉尼亚,什么地方都有。新泽西的特伦顿,弗吉尼亚的亚历山德里亚和诺福克,马里兰的乔治敦、巴尔的摩、汉考克和威廉斯波特,特拉华的威尔明顿和纽瓦克,宾夕法尼亚的一些城市如卡莱尔、兰开斯特、约克、雷丁,以及呼声最高的宾夕法尼亚郊区,这些城市都各具优点:有的是著名港口,有的位于河流或邮路附近,有的空气新鲜,有的风景怡人,有的藏书丰富,有的食物廉价,有的渔业发达,有的柴火充足。还有人提议定都在如今被称为南布朗克斯的地方,或是地处偏僻、横跨阿巴拉契亚山脉的俄亥俄州玛丽埃塔,或者国会应该在这两个选址之间来回穿梭,这个提案让一位市民非常愤怒,他冲着议员们怒吼"谁提议从一个地方换到另一个地方的?那样跟流浪艺人有什么区别?"甚至南方富人的避暑胜地、罗得岛的纽波特也被人提到,不过可能是开玩笑的,因为那时罗得岛还不是美利坚合众国的一部分呢!投机商人已经开始出售萨斯奎哈纳河畔哥伦比亚镇上的建筑用地,因为这里可能被选为首都所在地。纽约市竭尽所能地让国会议员待得舒服,但宾夕法尼亚人则坚决反对定都纽约。他们和南方人一起开始把联邦大楼叫作"陷阱",说宏伟壮观的大楼有可能让立场不稳的国会议员选择一直留在纽约。

政府定都的问题代表了那个年代至少部分美国人的思考,尽管他们还无法想象未来领土和人口增长的趋势。"在未来的两三百年",众议员乔治·撒切尔认为,人口分布很可能主要集中在中大西洋地区。国会如何能选出一个对未来几百年都有利的首都呢?到时候这个国家到底是一个政府领导下的统一国家,还是分裂成很多邦联,都不得而知。未来"好比漆黑一片的夜里萤火虫发出的微光",他表示。然而,最好还是怀着国家统一的希望考虑问题,而不是相反的方向。

很多人都同意——至少原则上同意——联邦政府所在地应该选在比较中心的位置，"以便国家的心脏能把血液输送到各个部位，而不必大费周章"，就如费希尔·埃姆斯所描绘的那样，最好是在一个——用蒂莫西·皮克林的话说——气候"怡人"的地方，"南方体质的人觉得舒服，北方体质的人也不难受"，物产丰富，靠近金融中心，又不会"遭到敌人来自陆路或水路的突然进攻"。但那到底意味着什么？靠近人口中心？地理上的中心？财富的中心？把政府置于某个中心区域，不会榨取周边的乡村区域，从而导致其更加贫穷吗？由于整个国家一直处于西进的进程中，1789年时的中心与25年后的中心相距甚远。领土扩张主义者认为，首都应该定在某个接近阿巴拉契亚山脉的地方，而东部的人则认为应该选一个临海的地方，最好是港口。如此一来，范围就缩小为乔治敦、巴尔的摩、纽约或某个靠近费城的地方，因为宾夕法尼亚批准会议已经禁止该州授权国会对费城拥有永久司法管辖权。商人们提出大城市有利于商业发展，其他人则说"某个小村庄"的宁静氛围有助于议员们在闲暇时间思考国家大事。同时，费城人坚持认为费城是临时首都的最佳选择，因为该城市没多少反对宪法的反联邦主义者，借用富兰克林的形象，本杰明·拉什说："就像带电的云朵，我们的正电荷会同他们的负电荷结合，产生一种联邦内的平衡，遍布整片大陆。"与此同时，弗吉尼亚人在推销波托马克河谷，那里后来有了久负盛名的沼泽地带，但当时除了生活在那里和其南部的议员，多数人并无好感。

自18世纪80年代早期以来，弗吉尼亚人就一直梦想在波托马克有一个可以匹敌费城和纽约的商贸城市。看好其未来的人包括华盛顿、杰斐逊和麦迪逊，他们将波托马克河看成大西洋和西进区域间最实用与有利的贸易走廊，西部地区包括了五大湖和密西西比河上游地区。1784 年，在得到杰斐逊的口头支持后，麦迪逊说服弗吉尼亚立法机构每年征收 25000 美元的税收，用于清理河流和挖掘河道，方便贸易通行。国会辩论的过程中，这个工程仍在进行。直到 1789 年初，还没有人正式提议把这片位于阿那卡斯蒂亚河与马里兰州乔治敦小型港口之间、630 英亩的平原作为未来的国家首都。这个选址将获得南部蓄奴州的支持，使得南方人在得到联邦政府工作机会方面占有优势，大量吸引移民和贸易来到该地区。秋天的时候，当地一个建造房屋的公司已经把波托河马克中部的恢宏大气同泰晤士河、塞纳河及莱茵河相提并论了，扬言河谷的工业威力未来将影响全世界，从西伯利亚的居民到英格兰的贵族都将从中受益。而且，整个地区易守难攻，让约翰·奥康纳被深深吸引，说它能保护首都免受"全世界炮火的攻击"，而阿那卡斯蒂亚河则可以停靠一万艘挪亚方舟大小的船。作为未来的首都，其优势无可匹敌——"是由陆地和海洋构成的地球上独一无二的中心"。至少一些南方人认为定都在波托马克河谷将最终把宾夕法尼亚的目光引向南方，这个选址对于该地区将"价值连城"，"使它变成一个让投机商有利可图的区域"。

对选址的竞争进入白热化阶段。几个月来，宾夕法尼亚议员代表团想尽各种办法，要把首都定在该州。9 月初的时候，又一个政治上具有可行性的新选址冒了出来：哥伦比亚，离费城西大约 70 英里（约 112.7 千米），距巴尔的摩北大约 50 英里（约 80.5 千米），位于萨斯奎哈纳河附近的一个山坡上，西面稀稀落落地分布着一些人家。有人嘲笑当地人，竟然幻想只有几户人家的小村子会成为宇宙的中心。宾夕法尼亚代表团紧锣密鼓地做工作，深知国会留在纽约越久，越难让它远离这花花世界的诱惑。纽约不仅有"一颗英国心"，而且可以说是欧洲腐朽文化的臭水沟，本杰明·拉什夸张地发出警告，他极其热衷于把首都定在靠近家乡费城的地方。"想想那些安逸的茶话会、音乐会等对一个伟大共和国统治者的影响吧。"

以往在国会讨论的问题，没有一个像定都这件事一样引起如此激烈的幕后交易和拉票活动。8月27日，宾夕法尼亚的托马斯·斯科特带来一个新的选项，纷争再起波澜。这个来自宾州乡下的汉子魁梧而粗犷，他在众议院发言时说："政府的永久所在地应该定在离财富中心、人口中心以及地理中心较近的地方，满足大西洋航行的便捷性，也适当考虑西部地区的情况。"这个标准虽然适用于好多选址，斯科特所指的却是萨斯奎哈纳。

无论是在会议大厅和楼梯间，还是在酒馆和旅店，抑或是在曼哈顿乡间散步的时候、沿着巴特里漫游的时候，各种各样的交易和组合都在上演。"只要有可能成为国会所在地，该地就持续不断地有人前去买房置业。"一个新英格兰感叹道。费希尔·埃姆斯本以为国会审议会像古希腊那样高尚，在他谴责"丑陋、无聊的"拉票交易愈演愈烈时，却也投身到选址之争中去了。期望首都定在海边的新英格兰人和纽约人，愿意支持萨斯奎哈纳，前提是宾夕法尼亚人投票支持纽约继续保留临时首都的地位。没多少北方人愿意把首都定在弗吉尼亚，那已经是最大、人口最多的州了；南方人则不喜欢宾夕法尼亚，因为那里有很多反对奴隶制的教友会教徒，黑人也是自由人；对很多人来说，继续把首都放在纽约市不算很坏的结果，这里蓄奴现象正处于上升势头。一直支持波托马克的麦迪逊也强力介入了讨论，私下和宾夕法尼亚人有所接触，导致后者告诉纽约人被迫暂停谈判。传闻说新泽西议员的做法很高明，盘算着倘若萨斯奎哈纳不成功，就把首都定到特伦顿。（一位宾夕法尼亚议员愤怒地说，新泽西人"作壁上观的同时，对所有特拉华以外的选项都横加指责"。）"议员的如意算盘是什么，几乎捉摸不透。"费希尔·埃姆斯感叹道。

宾夕法尼亚人早就同意组成统一战线，但是似乎他们胜算越来越大的时候，分裂的可能也越来越大。该州10个议员中，有好几个坚持定都萨斯奎哈纳，而罗伯特·莫里斯领导下的其他人则非常想把首都定在费城郊区的日耳曼敦或者特拉华的莫里斯维尔。9月6日，宾夕法尼亚人认为他们与南方人达成了一笔划算的交易，把临时首都定在费城，而永久首都定在波托马克。（如同纽约人想的那样，很多宾夕法尼亚人希望国会一旦搬到该州，就不会再离开了。）然后，新英格兰人和纽约人联合起来"破坏这个阴谋"，用埃姆斯的话说，把所有的票都投给萨斯奎哈纳。接下来，宾夕法尼亚人也勉强同意定都萨斯奎哈纳，但在纽约办公到新首都准备就绪再搬。现在弗吉尼亚人要求推迟投票，麦迪逊"又气又悔"，新英格兰人竟然和纽约人私下与宾夕法尼亚人达成了交易，虽然几天前弗吉尼亚人和宾夕法尼亚人也是这么干的。

时不时的辩论让人犯糊涂，议员们似乎并不明白"政府所在地"到底意味着什么。是国会两院办公的地方？还是所有公务机关办公的地方？还是总统居住的地方？还是最高法院所在的地方？这些办公场所都是一回事吗？尽管如此，辩论对于公众来说特别有吸引力，他们把大厅和高处的访客走廊——当时被叫作"自由守护神"——挤得水泄不通，嘴里吃着坚果，脚下踩着果壳，噪声让下面辩论的议员很是不满。

9月4日，麦迪逊开始为波托马克宣传。他一如既往地以理服人，首先指出很多州已经明智地把首府从"偏离中心的位置"迁到了更中心的位置：弗吉尼亚把首府从威廉斯堡迁到了里士满，南卡罗来纳把首府从查尔斯顿迁到了哥伦比亚，佐治亚把首府从萨凡纳迁到了奥古斯塔。纽约和马萨诸塞似乎也要做类似的工作。西部的问题应该认真考虑，当"一个庞大的人群"持续不断地进入这片未开垦的区域，"联邦的这个区域最有可能遭遇危险"。它是被吸收成为美利坚合众国的一部分，还是"被分裂出去，变成外来的、心怀妒忌的、充满敌意的民族"，关键在于它与首都之间的交通是否通畅。"如果不能拥有和平和友谊，我们将得到对手和敌人；如果不能成为一个伟大的民族，各方面都很优秀，不必像其他国家那样建设军事力量，我们将一样需要投入耗费巨大、手段危险的国防中去。"幸运的是，我们现在有一个机会。波托马克，他信心满满地宣布，"是大西洋与西部地区之间最便捷的通道"，它与西部之间的交通比萨斯奎哈纳更好。如果定都萨斯奎哈纳，现在的人口中心很可能在宾夕法尼亚。"但是我们选定政府所在地时，只考虑现在吗？"放眼未来，他认为未来几年，国家的人口中心必然南移，变得离萨斯奎哈纳越来越远，甚至有可能"跨越波托马克"。麦迪逊故意含混其词，没说清楚到底想把首都定在波托马克河的什么位置，但有一次他曾建议定都在上游250英里（约402.3千米）的地方。那是在汉考克境内，一个有着典型新英格兰名称的地方，也是马里兰最狭窄的地方，比宾夕法尼亚的哥伦比亚往西前进了很多。

年仅 28 岁的亚历山德里亚议员理查德·布兰德·李是最年轻的国会议员之一,也是麦迪逊的盟友。他进一步解释,只有在波托马克河畔,才能确保"维持联邦稳定和国内和平"。这里暗含一个不难发现的威胁:如果南方人的愿望总是受阻,就可能带来严重后果。北方联邦主义者在国会的每个主要问题上都取得了胜利——如果他们现在再一次成功地把首都留在了北方,那就让南方人确认他们反对宪法是非常正确的。"联邦的一方得胜欢呼,而另一方则沮丧受辱",李接着又补充,如果他们再一次感到被忽视,"这对于南方各州的人们,意味着惊人的后果"。可以想象到的后果,他说,一定是脱离联邦。这个问题如何解决,将决定"政府到底是根基稳固,还是处于风雨飘摇之中"。

反对奴隶制的马萨诸塞议员西奥多·塞奇威克指出了一个荒唐的问题:在确定南方的人口中心时,怎么能把不断膨胀的南方奴隶人口算进来?"把奴隶这种没有人权又被剥夺了所有权利的人,算进人口数来确定政府的中心,大家都没有疑问?"如果奴隶能被算作人,新英格兰的黑牛恐怕也该算进来了。塞奇威克揭穿了南方人虚伪的一面,但他可不只是耍嘴皮子功夫。在奴隶制的问题上,他和任何美国人一样坚决反对。1780 年,他在法院为一位名叫蒙博托的黑人女子进行辩护,成就了结束马萨诸塞州奴隶制的一个先例,也为北方各州逐步解放奴隶清除了法律障碍。蒙博托从纽约州逃到了塞奇威克的家乡斯托克布里奇,后来成了塞奇威克的管家,并成功地阻止他家受到谢司起义的冲击。(蒙博托在斯托克布里奇很知名,坚持要求得到白人一样的待遇;她有一个同样自信的重孙子,名叫 W.E.B. 杜波依斯。)

塞奇威克嘲笑了定都波托马克的提议，称新英格兰人都知道其气候"对北方人的体质很不利"，"很多东部冒险家已经在那里丢了性命"。同样反对奴隶制的本杰明·拉什更直白地表达了北方人对定都南方的反对意见。他在给约翰·亚当斯的信中写道：如果不能把首都放在费城，那意味着政府将被拖到波托马克的河岸上，"那里白天黑奴做你的奴仆，晚上蚊子做你的哨兵；每到夏秋季，你的同伴就会患上胆汁热，春天会得胸膜炎"。

猛兽终于还是脱缰了。未被人注意和提及的一个话题，最有可能威胁联邦稳定的因素出现了：奴隶。几个月前，麦迪逊就很惊讶地发现，北方和南方之间的利益冲突并没有他想的那么大。好日子过去了，南、北方之间的分裂终于公开化了。美国人开始担心发生冲突，甚至联邦解体。托马斯·德怀特给塞奇威克写信说，到目前为止，国会很好地"掩盖了""南、北方在利益上的巨大差异"。现在矛盾出现了，结果不可能会好。"这会不会导致拉帮结派，进而影响到其他立法程序？"德怀特忧心忡忡。

令西部宾夕法尼亚人感到高兴的是，众议院以32比19的投票结果，决定把政府所在地定在萨斯奎哈纳河岸边"某个方便的地方"。任命了一个三人委员会负责选择最好的位置、购买土地，在四年内完成联邦政府办公场所的建设工作。同时，国会继续在纽约办公。宾夕法尼亚的对手为这一结果感到吃惊。弗吉尼亚的理查德·布兰德·李提议"修改"决议，用"波托马克河北岸"代替萨斯奎哈纳。动议没有成功。约翰·瓦伊宁又提议用特拉华的威尔明顿代替萨斯奎哈纳，也没成功。新泽西的伊莱亚斯·布迪诺特再次寻求以模糊一些的表述——"波托马克，萨斯奎哈纳或特拉华"代替萨斯奎哈纳，同样没有成功。现在，定都波托马克似乎已无可能。

当然，定都萨斯奎哈纳的议案还需要参议院的批准。事情的走向开始对宾夕法尼亚人不利了，来自该州的两名参议员意见出现了分歧。带头支持萨斯奎哈纳的是一直遭受痛风的暴脾气威廉·麦克莱。他讨厌纽约的生活，太世故，太精英化，物价太高，太容易生病。"如果国会继续在纽约办公，我不会感到满意，我的健康从来没有像在纽约的时候这么差过，"他抱怨道，"我的一个膝盖肿得比正常膝盖大三分之一。"他勘察过萨斯奎哈纳河岸，担任过负责清理河床的宾州专员，对这条河流了如指掌。他一直认为，萨斯奎哈纳是通往西部的最佳路线，通过分布密集的河流——朱尼亚塔河、白杨流河、康乃莫河、吉斯吉米尼塔斯河以及阿利盖尼河——可以到达匹兹堡，一座位于阿利盖尼河俄亥俄河和五大湖区的未来中心城市。（支持波托马克的人，包括乔治·华盛顿在内，为了不在地理方位上吃亏，费尽周折把自己的辐射区域延伸到俄亥俄河。）

与此同时，交际广泛的罗伯特·莫里斯悄无声息地（也不算特别悄无声息）四下游说，希望把首都定在离费城较近的地方。莫里斯不仅兴趣广泛，而且很有抱负，其一生也因此颇有成就。尽管共和派认为他为人狡猾，他或许也有点，但他的朋友约翰·亚当斯称赞他"特别善解人意，性格开朗，为人诚恳"，这话也很对。莫里斯出生在利物浦，早早就成了孤儿。他父亲死于一次诡异的意外——在为一艘商船举行庆典的时候，礼炮的弹药把他炸死了。小莫里斯被费城的一个商人收养，还在他的公司里工作。莫里斯如鱼得水，很快就在很多方面展现了投资天赋：卡罗来纳的靛青染料、新英格兰的朗姆酒、边境的土地，甚至黑奴，他都进行了投资。1762年，他从非洲购买了最大一船的黑奴来到费城：来自黄金海岸的"优等品"，当时的《宾夕法尼亚公报》如此报道，全部都"性格温顺，吃苦耐劳"。作为爱国者，莫里斯实至名归：独立战争期间，他在大陆会议里担任多种职务，后来做了财务监管人。国会没钱支付各种费用的时候，他用自己的信贷额度支持政府。但是作为一名精英政治家，他主张参议员终身制，对"下等社会"的政治期望不感兴趣。

除了乔治·华盛顿以外，莫里斯几乎比任何人都希望以定都来造就一个大都市，使得建国者的崇高理想与早期美国人的财富梦想结合起来。他现在打算改变原先的计划，不再支持萨斯奎哈纳。"他和宾夕法尼亚代表团，至少是代表团的一部分人，之间出现了巨大的分歧。"麦克莱写道。国会刚开始的阶段，麦克莱曾试图与莫里斯保持友好关系，对费城大财阀冷落他的行为，也忍气吞声。现在他心中积累的怨恨爆发了。"如此明目张胆地把国会从该州搬走，通过费城运输的可不仅仅是几袋面粉，而是整个市场；也不只是河边居民能够享受通航带来的便利，"麦克莱生着闷气，"我想那些丑陋的勾当很可能会大行其道。"

莫里斯的撒手锏是，宾夕法尼亚州政府愿意出资100000美元，在费城郊区的日耳曼敦新建联邦政府大楼，但他还是无法下定决心。"我对于'永久驻地'的问题十分苦恼，"他向纽约的朋友古弗尼尔·莫里斯倾诉了烦恼，"我们一直在波托马克河、萨斯奎哈纳河、克内高奇各河等河流上纠缠不休。"（最后一条读起来很拗口的溪流，名字有很多种写法，它从马里兰的威廉斯堡汇入波托马克河。）但他并没有害怕。"我是这个问题的主要推动者，也会继续如此，直到结果水落石出为止。"

莫里斯深知宾夕法尼亚人不会反对把首都设在该州，他同样有把握的是北方人对萨斯奎哈纳的态度并不坚决，所以他现在竭尽所能地游说新英格兰参议员停止支持特拉华，理由是萨斯奎哈纳不利于贸易发展。根据麦克莱的记载，莫里斯"像个孩子一般，前前后后地跑着为日耳曼敦拉票，单独跟一个又一个参议员沟通做工作"，承诺如果宾夕法尼亚州政府筹不齐那些钱，他就自己解决钱的问题——这个承诺没人怀疑。他向纽约人许诺，如果他们投票支持日耳曼敦，他会有办法让临时首都继续留在纽约；就算新首都很快就建好，临时首都至少留在纽约到1793年。9月24日，他发起了对萨斯奎哈纳的致命一击，提议把它从议案上删除，该位置暂时空缺。当然，他希望填补这个空缺的是日耳曼敦。

麦克莱的日记是了解当日情况的唯一信息源，使我们对当时的投票串联、议会辩论有所了解。结果虽然让人震惊，却不容置疑。麦克莱自己首先提议把莫里斯的议案排除在讨论之外，没能成功。然后，弗吉尼亚人提议以波托马克填补提案上的空缺。另一个提案要求把首都定在马里兰的萨斯奎哈纳。莫里斯再次重申，如果把首都定在日耳曼敦，他愿意出资100000美元。当最终的票数支持了莫里斯的原始提案，他似乎已经赢了：萨斯奎哈纳出局了。感觉到事情发展的态势对自己很有利，莫里斯立刻提议用日耳曼敦填补空缺。策略不如莫里斯的麦克莱，知道自己已经完败。沮丧至极的他对莫里斯的议案投了反对票，让参议院的投票结果出现了平局：9比9。萨斯奎哈纳，以及宾夕法尼亚的命运，尽管不那么明显，现在掌握在约翰·亚当斯的手里。副总统有决定性的一票。

在会议厅里，麦克莱最不喜欢的人大概就是亚当斯。在性格上，他们颇为相像，此二人都不善演讲，都言辞犀利，都脾气暴躁。但他们却立场相左。亚当斯认为宾夕法尼亚人是不愿合作的破坏者，而麦克莱则认为副总统跟"刚穿上裤子的猴子"一般不受尊重。据麦克莱记载，亚当斯先"夸赞"了波托马克来恭维弗吉尼亚人，然后对麦克莱竭力支持的萨斯奎哈纳说了些贬损的话，再然后，亚当斯说他个人更希望国会能轮流在纽约和费城办公。最后才是重点：宾夕法尼亚，或者说莫里斯承诺的100000美元成了关键。他投票支持日耳曼敦。"我们的希望就这样破灭了。"麦克莱心碎地写道。

莫里斯是国会两院都有影响力的政客之一，但是，当众议院几天后讨论参议院审议过的首都议案时，莫里斯败给了詹姆斯·麦迪逊。虽然一些弗吉尼亚人已经认命，接受了定都北方的结果，但麦迪逊是议会运作的行家里手。他觉得如果他能够阻止议案在众议院通过，或许还有可能把前景看好的首都定在波托马克。如果弗吉尼亚人谨慎运作，还是有可能把首都带回到他们梦想的南方去。他想了非常巧妙的一招，似乎完全无关紧要，没几个人能明白他的真实意图。

宾夕法尼亚已经慷慨地捐出了位于日耳曼敦的土地，用于建造新首都，麦迪逊说。但是他提出一个问题，新首都在建造的过程中，那块区域该适用什么法律呢？从逻辑上说，应该适用宾夕法尼亚法律，至少适用到联邦政府决定该适用什么法律的时候。这是常识。谁也不该反对修改议案，解决这个问题，对不对？确实没有人反对。麦迪逊的政治手腕完成了漂亮的一击。

宾夕法尼亚人措手不及。修改后的议案要求整个发回参议院，后者立刻进行了投票，以一票的优势决定延迟到下届国会再讨论。

莫里斯"非常确信"日耳曼敦会成为新首都,而支持萨斯奎哈纳的议员则认为,一旦国会再次召开,他们将得到足够多的票数。但整个讨论过程需要重新开始,结果完全无法预计。麦迪逊又一次取得成功,这一次不是靠家国情怀,而是通过政治手腕。费希尔·埃姆斯写道:"大家吵得不可开交的事情就这样偃旗息鼓了。"

第一次会议终于闭幕。经过六个月的唇枪舌剑和钩心斗角,人人都疲惫不堪,都想早点回家,赶在寒秋把道路变得泥泞之前,赶在大海再度怒吼之前。私下里,人们听到了太多对两院议员的挑剔和抱怨。"想要找到德摩斯梯尼的影子,或者西塞罗的演说,那是徒劳。"约翰亚·当斯感叹道。被现实刺痛的威廉·麦克莱在日记里吐露心声,他来纽约之前曾"期望每个人都表现得像上帝一样",而实际上他发现了"粗俗的礼仪、惊人的愚蠢和几乎每一个公共事件背后赤裸裸的自私"。费希尔·埃姆斯曾在春天嘲笑同僚"无精打采","为鸡毛蒜皮的小事争执不休",现在仍旧没有改变看法。

更为严重的是,危险的政治分裂加深了。5月的时候,乐观者还对北、南之间的冲突没有那么明显感到欣慰。到9月的时候,他们没法那么轻松面对了。经历了一次又一次失败的反联邦主义者,以及一些南方的联邦主义者,痛苦地感觉被边缘化了。威廉·格雷森对帕特里克·亨利报告说,围绕首都问题的激烈辩论,"让南方的先生们感受至深;他们有太多理由相信,关于萨斯奎哈纳的讨价还价行为,也会在其他国家大事上发生,结果将对毫无还手之力的少数派形成挤压"。这里的少数派显然是指以农业为主的南方蓄奴州。与格雷森有同感的是南卡罗来纳参议员皮尔斯·巴特勒,他向北卡罗来纳法学家詹姆斯·艾尔德尔抱怨说："从来不会有人像我一样失望。我来这里时，满怀希望地认为最伟大的自由会得到践行，会在每一个问题上实现。但是在这里我看到的是，人们为了局部利益、各州利益以及一系列狭隘的、不利全局的措施，你争我夺。这些做法将来一定会动摇联邦的基础，我希望你能来到国会。"巴特勒请求道："为了南方利益而实现权力的平衡。"参议员威廉·格雷森和理查德·亨利·李，在给弗吉尼亚代表团的一封正式信函中发出警告，他们认为不可一世的联邦权力可能就是美国自由的丧钟："我们没法不为民权担心。历史上从未有过一个先例告诉我们，人民生活在自由社会是什么样的，而这个社会又有一个统一的政府，占据着如美利坚合众国这般广袤的领土。"

可以肯定的是，有很多任务没有完成。持续一个月之久的定都问题以失败告终。更糟糕的是债务问题，由于战争而累积起来的州政府和联邦政府的债务依然庞大，而联邦政府已无法再举债，必须想办法还清债务。但是，本届国会在立法上的成就是巨大的，之后的国会很少能接近这个水平。国家机器已经开始运作了。

宪法的12条修正案获得通过，对追求自由的人是莫大的安慰，尽管反联邦主义者觉得这些修正案不利于他们削弱宪法的权力。虽然反联邦主义者继续指责修正案"残缺不全"，毫无价值，但他们给联邦主义者的压力，既成就了詹姆斯·麦迪逊的个人胜利，他把零碎的提案组合组合，并最终在无心恋战的国会获得了通过，又最终成就了未来全体美国人的胜利，他们后来对于人权的解读将是第一届国会议员完全无法想象的。

联邦政府设立了一个征税的渠道，对商品和进入美国港口的船舶征收关税,形成了税务机构的雏形:以"税收员"、派驻海关的"海军军官"(他们实际上是平民)和"勘测员"来实现系统的运转,为政府提供主要收入来源,这样一直持续到20世纪对个人所得税进行立法。(税收工作是个美差,不久这些工作人员就开始出现争地盘的苗头。一位名叫詹姆斯·洛弗尔的波士顿"海军军官"抱怨说,港口也被"阴谋"笼罩了,一位当地税收员领导一伙人发明了"一种雌雄同体"的部门——既是海军军官,也是管理人员——导致可怜的洛弗尔沦落到了"仆从"的境地。)

联邦司法区域已经划分,巡回法庭得以设立。宪法设立了最高法院,参议院几乎没有任何异议,乔治·华盛顿任命广受尊敬的约翰·杰伊为最高法院的首位首席大法官。杰伊是开国元勋那一代人里最有经验的政治家之一,是推动纽约州批准宪法的关键人物,曾威胁如果该州北部的反联邦主义者不能达成一致,就让纽约市退出该州。在杰伊的领导下,最高法院可以很好地保护联邦政府应对反联邦主义者的挑战。

参议院还通过了第一批联邦犯罪行为目录,包括叛国、伪造、破坏联邦财产以及侵犯隐私。批评者说这些法案空有"唬人的外表",在现实中不可能奏效,但他们不久就知道自己错了,因为新的联邦司法体系开始运作了。尽管《犯罪惩罚法》还需要在众议院进行投票表决,但它在1月第二届国会开幕之初就得到了批准。(该法案至少有一条规定让现代美国人感觉很不适:它规定在对谋杀犯执行死刑后,对其尸体进行解剖;任何试图阻止此项处罚的人,都将受到高额罚金处罚和牢狱之灾。)

国会还设立了几个行政部门,批准了总统任命的一些高级官员。这些官员普遍比较年轻。首席大法官杰伊44岁。胖胖的亨利·诺克斯39岁，继续担任战争部部长，也是唯一一位在邦联政府任职过的官员。总检察长埃德蒙德·兰道夫36岁，他实际上扮演了顾问的角色，没有办公室，也没有工作人员，薪金是其他行政官员的一半——1500美元。托马斯·杰斐逊46岁，在第一人选杰伊表达了去最高法院任职的意愿后，杰斐逊被华盛顿提名担任国务卿。（好几周过去了，杰斐逊都不知道自己被任命的消息，纽约的人们也不知道他到底身在巴黎，还是已经动身回美国了。）亚历山大·汉密尔顿是华盛顿最大胆的任命。当时年仅34岁的汉密尔顿相貌英俊，身材瘦削，眼睛蓝中带紫，头发金色微红，用当时的话说，"有着坚毅、坦率、挺拔的外表"。有人夸他"才干出众，大有可为"。华盛顿曾跟老朋友罗伯特·莫里斯讨论过财政部的人事任命问题，也许是让他担任财政部部长一职。但莫里斯推荐了汉密尔顿。"他无所不通，先生，"据说莫里斯这样对总统举荐汉密尔顿，"凭他的能力，不可能出什么差错。"对于财政部的工作，汉密尔顿比其他人都更在行。他给战时的朋友拉法耶特侯爵写信说："接受这份工作，我面临很多风险，但我想这也是一个很好的机会。"

本届国会的成就还包括，尽管有很多个人的、局部的以及意识形态上的差异和冲突，但它一直正常运转着。但凡国会议员对于共同利益的理解出现分歧，而又忘记自控和使命，政治冲突很可能演变为让国会瘫痪的危机。总之，国家机器开始运转了。

本届国会对乔治·华盛顿同样是成功的。对于一个6个月前宣誓就职时手都发抖的人来说，踏上一条"从未有人走过的路"，跋涉在前途未卜的政治荒原上，连他自己都说不清这到底是出于英雄气概还是草莽行事，现在华盛顿终于感觉轻松了一些。政治上受到打击的人可能会造谣毁谤他，但他知道已经取得了伟大胜利。"来自五湖四海的人，生活习性差异巨大，却在诸多重大问题上达成了很多共识，堪称奇迹，"他给英国祝福者凯瑟琳·麦考利·格莱姆写信时说道，"就目前新政府的情况来说（已经完全组建成功，开始运作了）我们有充分的理由对所取得的成功表示满意。"华盛顿不善文采，但他骄傲和放松的心情跃然纸上。华盛顿让每个人见识了他身为总统的气质，证明人们对他的信任没有错。他的个人行为——远离众人但可以接近，气宇轩昂又心怀谦卑——无可指责，而重病到恢复的过程又进一步彰显了他超人的毅力。他成了人人期待的总统楷模。国会议员之间的通信也几乎找不到对他的批评之词，嘲讽则更少。

　　副总统的境遇就是另外一回事了。如同法国外交官穆斯捷伯爵所评价的，亚当斯先生"完全无法实现自己期望塑造的形象，他所有的努力最终都让他变成了一个可笑的人"。如果说华盛顿赋予了新发明的总统职位某种共和政体的恢宏大气，亚当斯则让自己的职位变得恼人又可有可无。有些时候——特别是他被迫需要投出打破平局的一票时——他的自怜之情油然而生。"每件不讨好的事总是留给我，我只能充当替罪羊，背负所有的罪恶，从没可能参与那些讨巧的事，分享其带来的荣耀。"他颇为不满地说道。但他对自己的评价也是十分正确的。国会里还有谁，他问，"像我这样忍受着来自缰绳、斧子、匕首、炮弹和子弹的攻击"，每日不知疲倦地为人民服务？

第十一章

插曲一

Chapter Eleven

Interlude I

我们必须还钱,它如影随形。

——威廉·劳顿·史密斯

不久，身在纽约的国会议员们纷纷离开。身体不算健壮的麦迪逊，经过了在国会几个月的辛劳之后，心力交瘁。行程推迟了10天之后，他仍未见到杰斐逊，于是选择离开纽约，往南奔向其位于弗吉尼亚的产业——蒙彼利埃，但是累倒在了费城，被迫在此逗留两周以调养身体。费希尔·埃姆斯于10月6日抵达波士顿，"身体虚得几乎连拿笔的力气都没有了"，连续多日的"颠簸、饥饿和睡眠不足"让他开始发烧。埃尔布里奇·格里回到波士顿时状况更差，由于感染，一只眼睛几乎失明，康涅狄格崎岖不平的道路让他骨头都快散架了，行李箱和私人文件也被偷了。南卡罗来纳的威廉·劳顿·史密斯乘坐小舟过哈得孙河，一阵狂风差点把船掀翻，幸亏最终安然无恙，只有一位乘客新买的帽子被吹飞了。（那人很生气，说帽子花了至少30先令，而且帽子是皮毛做的。史密斯开玩笑说了一句双关语："这毛皮做的帽子现在只能在某处接灰尘了，因为你再也没机会看到它了。"）

乔治·华盛顿没有回到弗农山庄，而是决定周游北部各州。这一计划，就算年轻人也望而生畏，更别提一个刚刚从"脓肿"中病愈的人。他对自己的姐姐贝蒂·华盛顿·刘易斯解释说，希望在"长期病痛"之后恢复健康。另外，他想去城外看看，远离人群，远离向他索要功名的人，远离政治带来的压力。一路上，他打算"了解国家的地理知识，种植的庄稼和农业情况，各地居民对于新政府的态度和评价"。因此，这是一种行政部门的视察行为，让联邦政府最强有力的象征——他自己——有机会走进内陆地区，有助于帮助传达给市民一种信号：新政府真正开始运转了。

出发之前，华盛顿倡议把11月26日定为感恩节，因为"所有民族都应该遵从神的旨意，依照他的意愿，对他的赐福满怀感激，虔诚地恳请得到他的庇护和垂爱"。这是美国历史上第一次出现这样的宣告。尽管华盛顿从未讨论自己的个人信仰，但他的这番话还是让人感到某种不太清晰却很深刻的信念。总统和同阶层的大多数南方人一样，成长在一个英国国教（现称新教圣公会）家庭。他是否相信基督的神性和复活还无法确定，他肯定不认为美国政府是建立在基督教基础上的，但他坚信有一个"伟大而光荣的存在"，对于美国人争取独立赐予了"指引和仁慈"。

10月15日早晨，华盛顿乘坐马车沿着曼哈顿岛一路向北，天色阴沉，时而下雨。与他一同出发的有6个仆人和奴隶、秘书托拜厄斯·利尔、副官威廉·杰克逊少校。在断断续续的雨天里，他们穿过后来的布朗克斯（当时还只是韦斯特切斯特县的一处乡村）。曾经做过农场主的华盛顿发现，尽管道路崎岖多石，但"土地很肥沃，草木茂盛，种了大片印第安玉米和南瓜"。他还在日记中写道，他一路上看到四群肉牛被赶去屠宰，一群羊，一大群鹅，以及一些"肥硕但长腿的"猪。

穿过康涅狄格州的边界线，路况开始变差，山路崎岖，总统的马车在石头丛生的山坡上剧烈颠簸着前行。来到平坦地带后，华盛顿很高兴地看到农民们正忙着采摘苹果榨汁。他停下来与他们攀谈，得知麦子产量达到了每英亩（约为0.4公顷）25蒲式耳，很是满意。17日，在斯特拉特福德的时候，他愉快地发现当地新开的纺织厂已经生产出400卷布。在米尔福德，他看到"倾斜的大坝上巨大的瀑布飞泻而下"；在纽黑文，他看到了亚麻纺织厂和生产瓶子的工厂；在沃灵福德，他看到了桑树园，蚕吐出"特别好"的蚕丝，用于当地纺织工业；在韦瑟斯菲尔德，他参观了为他制作就职仪式服装的羊毛厂。在康涅狄格河上的米德尔敦，他发现此处水深10英尺，比在哈特福德深4英尺；在马萨诸塞的斯普林菲尔德，他看到弹药库运营情况"非常好"。

但是，几乎每到一处，迎接他的都是当地名流、长篇大论的演讲、歌功颂德的诗篇，以及民兵武装表演。比如，在马萨诸塞的莱切斯特，一队穿着入时的炮兵在他到达和离开该城的时候，各鸣炮13响。10月24日，他终于到达了波士顿城外的剑桥，一个州政府的代表团正式迎接了他，代表团成员包括年长的爱国者、副总督塞缪尔·亚当斯，以及一些州行政会议成员。队伍浩浩荡荡进入波士顿，更多的达官贵人、拉着各行各业横幅的市民代表团、"一大批"普通群众加入欢迎队伍，欢呼着向总统致敬。明显让他不悦的是，接下去一群知名歌唱家表演了专门为他创造的曲子——"哥伦比亚宠儿之歌：伟大的华盛顿，英雄已然驾临"，就是那种他最厌恶的阿谀奉承之作。"他脸部的每一根神经都很不自然。"一位目击者记录道。

在人群之中，华盛顿不会没发现州长约翰·汉考克没来，这位坚定的反联邦主义者以痛风为由拒绝露面。不管痛风是不是真的，华盛顿都认为这是对总统的怠慢，表现了汉考克对联邦政府的态度摇摆不定。华盛顿拒绝访问州长府邸的邀请——他认为那样做会使联邦政府的权威屈居于州政府之下，干脆直接拒绝与其会面，直到汉考克在正式召见时出现为止。州长立刻做出让步，第二天就出现在华盛顿的住所，边品茶边为自己的"身体不适"道歉。

东海岸爆发的流感袭击了波士顿，华盛顿未能幸免，也让这种病自此以后被戏称为"总统的咳嗽"。尽管生着病，一只眼睛发炎，天气也很湿冷，华盛顿还是精神抖擞地走访了当地的工厂。在一家纺织厂，他观摩了孩子们如何以 10 小时一班的方式纺织亚麻布。"她们是穷苦人家的女儿，也是值得称赞的孩子。"他写道。后来，他来到位于剑桥的哈佛学院，看到一台精妙的太阳系仪，能演示行星如何运转；他还来到了大学图书馆，全美国最大的图书馆之一。

华盛顿刻意放弃了访问罗得岛的机会，该州立法机构拒绝召开会议批准宪法。一些人甚至幻想着几个大州将会对抗联邦政府，而罗得岛可以接受他们的领导。在几个月的时间里，国会有影响力的议员一直呼吁罗得岛加入联邦，始终无果。"你们的人民有什么可以对抗外部进攻？"费希尔·埃姆斯在跟一位罗得岛人士通信时问道，"海上舰队随时可能对你们发起攻击，而你们与其他州的分界线又让你们失去了邻州的支援。其他州是敌是友，难以分辨。假如他们是怀有侵略之心的敌人，什么可以保护你们罗得岛？"当地的某些联邦主义者在轮番打击之下变得心灰意冷，如同有个人说的，这个州已经成了"美国的流放地；其他州那些煽动造反的、对社会不满的，以及身无分文破产的，纷纷来到罗得岛，如奥吉亚斯王的牛厩一般污秽不堪，至少够让一个现代赫拉克勒斯清理 30 年了"。

华盛顿不愿意出现在脱离联邦的罗得岛人面前，接下去他从波士顿去了塞勒姆。据一位目击者说，在那里他又听到了赞扬的"小曲"，"似乎再也无法忍受"，躲进了屋子里。然后，他前往制鞋业发达的林恩镇，置身于安静的工人和轰鸣的机器中间，总统或许舒服了很多。接着总统去了马布尔黑德，这或许是他心存感激的一个地方，因为1776年他在长岛战役中大败后，这里的人们收留了他的残部。然后他又继续去了新罕布什尔，最终抵达了缅因的基特里（此时仍然是马萨诸塞的一部分），与当地人深入讨论了木材、渔业和钾碱业。

冬天就要来了，大雪使他没能前往佛蒙特（当时还不是一个州），华盛顿最终选择掉头南下。虽然雨雪天气越来越多，马萨诸塞的道路也总是曲曲折折，他的行进速度仍然达到了平均每天30英里。华盛顿颇为恼火地在日记中记下了道路有多曲折："这个州每一处的道路都是蜿蜒曲折的，为了找捷径，向人打听到的路线也都派不上用场。"途中，华盛顿曾经希望去拜访住在康涅狄格的老战友伊斯雷尔·帕特南将军，但是没有可靠的向导，"没法在不打乱原有计划"的情况下找到他家，只好带着遗憾继续赶路。第二天还有更恼人的事情。这是一个周日，他被告知在安息日旅行"有违法律，不符合该州人民的习俗"，他只好浪费一天时间两次去教堂参加当地牧师举行的布道，"仪式非常乏味"。他最终于11月13日返回纽约，离出发过去了一个月。当他回到樱桃街的官邸，看到玛莎·华盛顿正在大宴宾朋时，或许有点失望。

这次出行一定是很辛苦的，但华盛顿之后却说再也没有比这更好的生活了。丰收的小麦，每个港口随处可见的"贸易增长"，新英格兰工厂生产的各种新产品，都让他感到"惊奇"。乡村似乎已经从战争的创伤中恢复过来，而他很确定的是，人民"对自己当家做主的政府很满意"。新英格兰不仅是安全的，也是朝气蓬勃的。他很有把握地说，"那些预言美国独立不会带来任何益处、必将寻求外部保护的政治家"已经错了。

其他人都在东奔西走的时候，亚历山大·汉密尔顿却在辛勤地工作着。他面对的任务不仅是组建一个最大的政府部门，而且是稳定这个国家混乱的财政形势。如他的传记作者罗恩·彻诺所形容的那样，汉密尔顿"满腔热血"地开始工作。财政部在纽约雇用了39名职员，还有几十名税收人员和检查人员工作在从波特兰到萨凡纳的各个港口。这个规模让其他政府部门难以相提并论，国务院有5名职员，战争部只有4人。汉密尔顿必须发明一套记账系统和审计系统，必须设计一个远洋监视系统——今天美国海岸警卫队的前身——以阻止走私行为，必须建造灯塔和浮标保证商船通行安全，必须发行可信度高的纸币促进贸易发展。但是面对税收增长乏力的情况，他的首要任务是筹集资金让政府运转下去：履新第二天，他就从纽约银行获得了一笔 50000 美元的贷款。

更为重要的是，工作两周后，众议院就要求汉密尔顿准备一份报告以重建政府信用。他需要在国会重新开幕之前的 1 月完成该报告。"美国历史上再没有比这样的时刻更能让汉密尔顿大显身手了，"彻诺写道，"汉密尔顿是少有的革命者：他是卓越的管理者，利用美国政治体制充分展现了自己的才干。"当然，作为创造性的经济学者，他也是同辈无法超越的。与麦迪逊、杰斐逊以及其他出身贵族的建国者截然不同，汉密尔顿是西印度移民，不会受到诸如继承下来的土地和某个州的利益束缚，如同历史学家托马斯·K.麦克劳所言，他更有全国性视野，"更能理解货币的本质属性，以及其流通如何造福全体人民"。他对国家财政危机所采取的措施既有力，又富有创造性：尽管汉密尔顿敬重亚当·斯密的经济学理论，但他相信面对美国1789年这样经济虚弱的情况，需要来自政府的"大力扶持"，尤其是在财政政策方面。

汉密尔顿是真正忧国忧民的知识分子，他对国防、工业发展、税收，当然最重要的是财政政策，都进行了深入思考。同辈人中鲜有了解经济学这个新领域的。众议员杰里迈亚·沃兹沃思在秋天的一封公开信中写道："现在的人们对财政艺术的了解和战争时期一样少。"汉密尔顿深知，如果他想成功地重塑美国财政前景——他有这个意愿——他必须从根本上改变美国人的态度。美国人认为借钱意味着投机，在道德上是不好的，长期欠债是令人反感的。作为当时的道德典范，崇尚俭朴生活的本杰明·拉什说，政府信用，也就是借债，"对于国家而言，就如同私人借贷机构之于个人。道理是一样的：借债——挥霍——罪恶——破产"。

事实上美国已经破产了。汉密尔顿知道，除非国家重建信用，否则就是死路一条。没人知道这个国家到底有多少债务，大家都弄不清债主有哪些，也搞不清各州战时所欠的债务是否该算作国债。至少欠法国和德国银行家的1200万美元已经过期，利息每天都在累加；数以百万计的纸币没有硬通货支撑，其实一文不值；政府还发给士兵和战时供应商巨额数量、已经贬值了的支付凭证和其他证券，这些人又拿去跟投机商换成了少量的货币，因为他们相信政府绝不可能再赎回这些票证了。"国家利用完了士兵,他们像皮包骨头的老马一样被遗弃了,没有人告诉他们哪里有草料,"一位新英格兰老兵约瑟夫·马丁悲伤地写道,"没有任何人关心老兵,除了那些像幽灵一样在全国游荡的投机商人,他们试图进一步榨取最后的价值。"1783 年,几十个刺刀出鞘的宾夕法尼亚和马里兰士兵,为了讨薪,出现在了宾夕法尼亚行政会议面前,吓得邦联议会逃离了费城,从此让人们对武装起来的愤怒群众心存忌惮。当老兵及投机商要求支付欠款的时候,政客们都会予以重视。

战争时期发生过大规模战役的几个州,现在都面临着财政严重吃紧问题。比如,马萨诸塞欠债 500 万美元,每年要支付的利息为 30 万美元;而南卡罗来纳欠债 350 万美元,每年要支付的利息是 24 万美元。这在当时是非常巨大的数目。那些接近还清债务的州则不愿意承担其他州的债务。从政治上说,任何解决债务问题的办法都与越来越敏感的各州权利问题直接相关:哪一级政府偿付债务,它就很有可能因此拥有更大的税收权力和对人民的管辖权。反对者因此认为,联邦政府接管各州债务是违反宪法的,是对各州主权的威胁,或许就是各州走向消亡的前奏。这个问题就像一个马蜂窝一样多年没人敢碰。除此之外,汉密尔顿对国家安全很是忧虑。根据自己在战场上积累的经验,他深知如果美国不能保卫自己,它将无法存在下去。国防意味着建立可靠的海军和更大规模的陆军,而不是如今这般零零散散地把军队部署在西线。这同样需要钱,这是年幼的共和国无力解决的问题。几乎所有国会议员都同意,国家除了先支付越积越多的利息以外,没有其他办法。"我们必须还钱,它如影随形。"众议员威廉·劳顿·史密斯写道。更多的延迟将对"全体人民的福祉造成恶果，"众议员西奥多·塞奇威克警告说，"我不太了解，但我认为这样拖下去会耗光让一切赖以存在的元气，最终毁了政府。"

秋日渐短，汉密尔顿坐在一张简陋的松木桌子旁埋头工作，慢慢构思出一个极其大胆的计划，以改变美国的财政局面。"在考虑增加国库收入的计划时，难度不在于没有目标，而在于每一个目标都可能引起异议"，他在给麦迪逊的信里满是忧虑。他现在仍然觉得麦迪逊是盟友，但不用多久，他就会发现这是自己的误解。"问题主要是哪些税种遭到的反对会最少"，如同联邦主义者、康涅狄格众议员杰里迈亚·沃兹沃思后来在一篇广为阅读的文章中所说的，让已经深受税负之苦的美国人再次承担新的税收压力，"邪恶又失策"。这一点汉密尔顿很清楚。实际上，没必要那样做。他了解到，英国政府的债务负担比其他国家都重，但它却巧妙地把压力转化成了优势，借机促使借债人投入更多的钱，以保护他们已经投资的部分不受损害，也因此巩固了政府和国家的稳定。他还了解到，法国大革命的爆发、荷兰共和国的衰落、其他欧洲国家繁重的债务负担都增加了美国的吸引力，可以让欧洲大陆的投资者保证资金安全。

在被历史学家约翰·E.费林称为"金融沼泽"的局势中，汉密尔顿主要是通过自学成才的。汉密尔顿的早年生活饱受偏见。从小被未婚妈妈在圣克鲁伊岛带大，他在当地贸易公司学会了记账的基本原理，懂得了货币价值的不稳定性，以及信用的作用。那时候，小小年纪的他已经理想远大了。12岁那年，他给朋友写信说："我看不上小职员那卑躬屈膝的生活状态……愿意冒着生命的风险改变我的人生，但本性不会变。"一位有钱人赞助他去位于纽约的国王学院（后来的哥伦比亚大学）读书。受到革命氛围的鼓舞，他加入了爱国战斗，作为一名英勇的炮兵，参加了特莱顿和普林斯顿的战斗，后来当了四年华盛顿的副官。托马斯·麦克劳认为他的这四年"光彩夺目"。1781年，他率领一支部分士兵是非洲裔美国人的部队，攻占了英军位于约克镇的防御工事，这一经历让他坚定了奴隶解放的立场，而这一立场，除教友会教徒外，比其他人早很多。他是非常支持革命的，但对民主带来的乱哄哄景象不感兴趣。他曾希望总统和参议员实行终身制，以牵制"吵吵嚷嚷又摇摆不定的"民众。他在制宪会议上说，民众"很少能做出正确的判断和决定"。

独立战争期间，他饱读亚当·斯密、雅克·内克尔以及其他欧洲金融思想家的著作，慢慢懂得如何利用金钱建设一个现代民族国家。甚至在他修改给国会的报告时，还让妻姐安杰莉卡·斯凯勒·丘奇从伦敦"用第一班船"给他寄"任何她能买到的金融类书籍"。除了意识到美国必须还清债务的重要性，他还发现创造性的资本主义可以好好地利用，既当作促进经济发展的工具，又当作把各州团结成更强大联邦的武器。他把商人看成新政府最需要的关键支持——他的盟友本杰明·林肯将其称为"对政府最关心、最热情的护理员"，加强新政府与商人的联系极其重要。银行作为主要的信用工具，如汉密尔顿所说，"已经证明是为推进贸易发展而发明的最佳引擎"。他还意识到，债务可以被转化成政治权力。

1784年，汉密尔顿29岁的时候，他帮助创立了纽约银行，这也是美国第二家商业银行。到18世纪80年代末，由于在《联邦党人文集》上投稿了很多文章，他已经成了这个国家最著名的金融专家之一。在与贵族菲利普·斯凯勒的女儿结婚以后，汉密尔顿获得了通往纽约最有权势家庭俱乐部的通行证。到他被任命为财政部部长的时候,他已经是纽约最知名的经纪人之一了。总统选举期间,他秘密地(其实根本没必要)说服好几个东北部的选举人不要投票给约翰·亚当斯,以确保后者的得票数不会超过或等同于乔治·华盛顿的得票。1789年早期,汉密尔顿曾尝试逼迫身为反联邦主义者的纽约州长乔治·克林顿下台,认为他可能试图推翻新的中央政府。几个月后,他为朋友鲁弗斯·金游说,使这个马萨诸塞的移民最终成功地获得了纽约参议员的席位。这一做法击败了贵族利文斯通家族支持的候选人,几乎一夜之间让该家族由友变敌。(纽约州的另一位参议员是汉密尔顿的岳父菲利普·斯凯勒。)汉密尔顿在政坛上似乎很不近人情,但他对于腐败贿赂却完全不为所动,在担任财政部部长期间拒绝接受任何薪水以外的收入——这在一个自由又缺乏约束的年代是了不起的。当然他也树敌无数。一封写给总统的匿名信发出了警告,这个担任过华盛顿副官的人"善于阴谋诡计","他会(像犹大一样)为了满足自己的野心而背叛主子,为达目的不择手段"。

这些控诉暂且不论,汉密尔顿确实是一个天然的决策者,对权力有着本能的向往。担任财政部部长的头几个月里,好像还不够忙似的,他又抓住机会在外交政策方面做了一些尝试。这件事情如果公之于众,很有可能让行政部门非常难堪。作为公开的亲英派,汉密尔顿希望拉近美国和英国之间的距离。这个做法得到了很多著名联邦主义者的支持,包括亚当斯、杰伊、费希尔·埃姆斯和菲利普·斯凯勒,却遭到另一些人的强烈反对,如麦迪逊和杰斐逊,他们对法国在独立战争期间的援助心怀感激。1789年秋,汉密尔顿开始秘密会见乔治·贝克威思。这位前英国军官几乎是公开的国王代言人，他被派到美国打探这里的政治情绪。尽管两国间的官方关系冷如冰霜，又有复杂的边境问题尚待处理，但贸易关系却非常密切。第一次会晤之后，贝克威思向他的上级汇报，汉密尔顿告诉他："我一直认为美国与你们的关系，要比与其他国家的关系更重要。我们用英语思考，有类似的偏好。"他们还具体讨论了签订贸易协定的可能性、密西西比河航行的问题、美国对加拿大的意图，甚至建立海军同盟的可能性。这些秘密会谈也是导致美国派遣古弗尼尔·莫里斯作为特使前往英格兰失败的原因之一。然而，这一切表明国会里亲英派和亲法派之间的隔阂越来越深，这将影响之后以及下个世纪的美国外交政策。

虽然已经被任命为国务卿，但杰斐逊自己却并不知情，这种情况一直持续到他 11 月 23 日抵达弗吉尼亚的诺福克为止。杰斐逊的海上旅行进行得特别快，按他的话说，"从登船到登陆"只用了 26 天。除了最初的几天，他和同行的人——他的两个女儿佩特西、波莉，以及他们当奴隶使唤的亲戚詹姆斯·海明斯、萨利·海明斯——都出现了晕船的问题外，他们幸运地享受到了晴好的秋日天气。在弗吉尼亚角，他们遇上了大雾和强风，但船长是个"胆大心细的海员"，继续航行，把船安全驶进了港口。虽然进港的时候，差点撞上一艘出港的帆船，但只是有惊无险。唯一的麻烦出现在杰斐逊一行人上岸一小时后，当时发生了火灾，连船舱都起火了，所幸杰斐逊的行李安然无恙。一上岸，他就给约翰·杰伊写信——杰斐逊知道他还在负责外交事务，他告诉杰伊，他计划处理完在蒙蒂塞洛的急事就返回法国。他确实有许多事情要处理：不在美国的 6

年里，他的农场收益变差了，作为他一生最重要工程之一的宅邸，也因疏于维护而出现了问题。

当杰斐逊从报纸以及当地官员的嘴里得知他被任命为国务卿时，十分惊讶。在诺福克的时候，总统的任命书送到了他手上，他知道很难拒绝。但他决定尽可能地拖着，暂不赴任。就如同很想念蒙蒂塞洛一样——他很享受再次"栖身阿尔伯马尔的森林里"，他更想回到巴黎，那里有让人神往的知识分子，有书籍，有名画，有美酒，更别说在朗雅克宾馆的奢华生活了，那是由他（或者说他的奴隶和仆人）管理家务的地方。当然还有席卷城乡的法国大革命，推翻了旧秩序，杰斐逊认为这似乎预示着他为之奋斗的人权事业将会彻底胜利。当他行走在弗吉尼亚的返乡路上，沿途看望一些老朋友，他以"肯定的口吻"与人们分享了很多自己亲眼看见的大事件。

他最终在圣诞节前两天到达蒙蒂塞洛。（那时候蒙蒂塞洛只是一个两层楼的建筑，与现在的样子相去甚远：杰斐逊最终会把上面的一层推掉，代之以现在看到的标志性穹顶。）后来有传闻说，杰斐逊家中兴高采烈的奴隶把马解套，他们自己徒手把马车拉上山顶，喜极而泣的奴隶们亲吻了他，把他抬进了那所大宅子。不管这件事有没有发生过——到 19 世纪中期为止，这方面的记录都很少，而这个场景自然成了支持奴隶制的宣传手段——杰斐逊的奴隶们一定很乐意看到他回来，而不必继续接受代理人和工头的管理。很多奴隶的租约被卖给了别人，他们很担心主人长期不在又无法还清债务，可能意味着卖掉奴隶，导致一些家庭的破裂。"他们因为自身有了希望而欢呼，不一定是因为对于主人深深的爱。"杰斐逊的传记作家安妮塔·戈登·里德写道。

确实有很多事情要处理：要整理账目，要确定烟草的种植计划，要安排马车去里士满把行李箱和食物拉回来——一箱帽子和鞋子，4包糖，23磅的奶酪，茶，巧克力，咖啡，3瓶芥末，6条鳕鱼，以及一些其他东西。他或许会想办法塞进网球用具。据他所知，朋友埃德蒙德·兰道夫刚刚给他送了两副球拍，还有两捆"精美又准确的"地图，这些当然会吸引这位博学之人的注意力。

一直到12月15日，杰斐逊才怀着巨大的矛盾心态对总统的任命做出了回应。"当我思考这个职位的工作范围时，我的理解是它涉及国内管理的主要部分，还包括一些涉外事务，而我不得不承认自己难以胜任。"他以外交辞令写道。换言之，这个职位似乎牵涉太多工作，或者说至少有太多他不感兴趣的内容。（国会把其他部门不方便管辖的事务都塞给了国务院——专利部门、铸币厂、人口普查部门、版权部门、领土部门、国土部门、档案部门——以上大部分将来都是内政部的管辖范围。）"还没开始，我就有种悲观的预期，公众时常会由于受到隐瞒和误导而对政府工作提出批评和责难，"他补充道，"我不禁感到这个工作无法带来很好的结果。"他当然更愿意回到法国去："综合考虑我对这个问题的担心、希望或个人倾向，我承认我并无意愿改变原来的生活。"但是他愿意接受任何来自总统的安排，他叹息着表示。如果他必须担任国务卿，他唯一的安慰，如他在给乔治·华盛顿信中所说，将是"在您的眼皮底下工作，您的威名将是我仅有的庇护"。也就是说，他希望总统给予他很多政治援助。无论如何，他都无法在3月之前离开弗吉尼亚，那时候国会又重新开幕两个月了。在这段时间里，政府将在没有他的情况下运作。就算他的朋友詹姆斯·麦迪逊在圣诞节后骑马从蒙彼利埃来看望他，也没能让他妥协。

"我很遗憾，他对分配给他的内政工作没有太多热情。"麦迪逊向华盛顿汇报说。麦迪逊曾试图说服杰斐逊，分配给国务院的内政工作实在是太"琐碎"了，没办法为它们单独设立一个又一个部级职位。但如果最终杰斐逊仍然觉得工作太繁杂，麦迪逊向好友保证，"会为他进行必要的分割"。他是在告诉杰斐逊：我们无论如何都需要你。

第一届国会闭幕，但引起激烈辩论的定都问题悬而未决。但支持定都波托马克那一派人可没有闲着。他们意识到，要想战胜宾夕法尼亚，他们还需要赢得南部各州以外美国人的支持。秋天的时候，他们发起了也许是美国历史上第一次全国范围内的公关战。他们的理由主要是建立在一篇流传很广的文章之上的，这篇文章1789年1月发表在巴尔的摩的报纸上，作者乔治·沃克尔是乔治敦的一名商人，乐此不疲地宣传波托马克的商业潜力。以"世界公民"的匿名方式投稿，他说这条河的位置是唯一而完美的，是建立世界级大都市的不二选择：它位于南北正中间，非常易于抵御外来进攻（这是他的想象），对寻求开发内陆的外国投资者很有吸引力。"那样，商业与制造业、艺术与科学、文明与礼仪，这些美国人目前还不了解的东西，将获得联系外界的机会和活力。"他满怀信心地写道。沃克尔也第一次提出把将来的联邦大都市建在岩溪和波托马克河东支流之间的位置，也就是今天的阿纳卡斯蒂亚河。他预测，不久的将来，"一座伟大的城市将奇迹般地诞生"。

沃克尔描绘的美好图景吸引了有类似想法的人。不久，该地区的报纸、评论、宣传册都在夸张地描绘伴随定都而来的强大工业前景："西伯利亚荒原上忍饥挨饿的人也好，英国交易中心里吃香喝辣的参事也好，都会来到这里，受到欢迎。"那还不是全部。新城将注定成为国家通往内陆广大领土的门户，大批移民将被未开垦的西部深深吸引，通过这里拥入西部。这一切并不只是空谈：弗吉尼亚和马里兰做出联合承诺，只要定都在波托马克河靠近马里兰一侧的地方，它们将筹款 192000 美元用于建设政府办公楼宇。

南方阵营不久又将由于北卡罗来纳加入联邦而实力得到增强。北卡罗来纳最终在 11 月以超过 2 比 1 的优势批准了宪法。贸易集中的几个沿海县城，对"（北卡罗来纳）被排除在联邦之外深感痛心"，一位北卡罗来纳联邦主义者如是说；而遭受战争之苦的该州西部居民则希望获得来自联邦的保护，以免受到印第安人的攻击；或许最重要的是，反联邦主义者的抵抗由于国会通过了第一修正案而大大削弱了。联邦主义者更加受到鼓舞的是，反对宪法的人表现出了妥协的迹象。来自北卡罗来纳的五名众议员和两名参议员即将到位，这意味着支持定都波托马克的票数更多了，其他南部议员也因为保护奴隶制有望而感到振奋。

在纽约市，新年是伴随着庄严的感恩活动和畅饮怠工而来的。商店和办公室关门了，教堂开始了宗教仪式，许多家庭则在走亲访友。他们会给客人吃一种当地特色食物"新年曲奇饼"，那是一种厚而脆的饼，上面印有世俗或宗教图案，此外还有一盘一盘的"樱桃饮品"，一种用新鲜樱桃、糖、朗姆酒或白兰地做成的饮料。阿比盖尔·亚当斯以嘲讽的语气说，普通百姓太"懂得享受生活"。

其实是说，他们都喝醉了："发现我的两个仆人都没有好好干活，我对他们提出了批评，但他们却说现在是新年。"但这个夜晚是美妙的。因为天气寒冷而相互依偎的亚当斯夫妇，正坐车驶过下曼哈顿的田野，前往总统官邸参加节日招待会。看着女士们穿着下摆很宽的裙子，配着名贵的钻石，阿比盖尔突然想起英国宫廷的礼仪风格。同她的丈夫一样，阿比盖尔也很看重社交礼仪。当总统把玛莎·华盛顿右手边的好几个女士安排到别的地方，只为了让她有更大空间时，阿比盖尔满心赞赏。对亚当斯夫妇来说，这个夜晚是社交上的一次胜利。

在接下去的日子里，国会议员开始返回纽约城，主要的怨气来自道路泥泞曲折，马车颠得人骨头都快散架了，海上航行时晕船很严重。北弗吉尼亚众议员亚历山大·怀特发现一件很好笑的事情，报纸上报道说，他在新泽西过哈肯萨克河时，遇上暴雨天气，溺水身亡。（"女士们都很紧张，但没有出现什么意外。"）麦迪逊则缺席了。他得了严重痢疾病倒了，错过了国会开幕式。他在乔治敦休养，一直到"我恢复了元气"，如同他给父亲汇报的那样。不久，纽约就喧嚣热闹起来。"战争结束后就没有看到如此热闹的样子。"新任法国外交官路易斯－纪尧姆·奥托说道。下一次会议，他预测说，将比第一次会议更重要，也更微妙，因为"它将决定钱袋子和枪杆子的问题"。

1790年1月8日，上午11点整，总统坐上金色马车，离开了自己的官邸。座驾前方有戴维·亨弗里斯和身着制服的杰克逊少校，两人都骑着白色战马，总统的几个秘书坐在敞篷的总统马车上，首席大法官杰伊，亨利·诺克斯，亚历山大·汉密尔顿都有各自的马车。行政部门人员向联邦大楼方向前进。参、众两院的守门人护卫着华盛顿来到楼上的参议院大厅,集合在这里的两院议员全部起立,欢迎总统到来。

当天出现在观众席的法国外交官奥托,非常惊喜地发现华盛顿身上"很好地体现了威严和谦逊"。他给巴黎的上司写信说:"虽然担任着类似于英国国王的角色,但他与民众打成一片,似乎只是给他们提建议,而不是下命令,只是提出自己的质疑,而不是确立原则,只是告诉他们共同繁荣的道路,而不是直接担任领导。"要是华盛顿知道奥托对他的这番评价,一定会心情愉悦的吧。

华盛顿发表了美国历史上第一次国情咨文。他首先欢迎北卡罗来纳州加入联邦,称赞了"对于政府的普遍且有增无减的好感"。这话不是虚假的客套,宪法修正案通过以后,除了罗得岛以外的所有反联邦主义者浪潮都消退了,修正案平息了公众的气愤情绪,为宪法赢得了有条件的支持。华盛顿继续表彰了国会在第一次会议期间取得的成就,尤其是这些成就是在"公众充满未知和困难"的情况下取得的。

在对即将开始的下一次会议进行展望时,他跟未来的很多任总统一样,把关注的焦点放在了国家安全上:"国防问题特别值得重视。做好战争的准备是维护和平的最有效手段。"美国,一个实际上没有军队的国家,必须团结起来阻止未来的敌人。"自由的民族不仅应该拥有武装,还要锻造纪律。为了实现这样的目的,必须有一个统一而缜密的方案。"的确,"适当设置"军队"必不可少"。他呼吁设置常备军,这是一个让民众反感的想法,因为他们把常备军视作独裁统治的象征。为了强调自己的观点,华盛顿提醒听众,对

"某些敌对的印第安部落"所采取的"和平手段"不起任何作用；而且有必要为南部和西部边境提供安全保障，"并在必要时对入侵者进行惩罚"。

接下去，华盛顿呼吁尽快采取平稳的措施促进移民进入美国，把外国人转变为美国公民，设立邮政系统，并设立全国统一的货币和度量衡。他进一步敦促国会鼓励创造发明，促进美国科学文化的发展，要么对现有机构进行补贴，要么再建一所全国性大学。联邦政府对教育的支持，他说，将会在很多方面对宪法产生积极作用："通过教育，人们自己会理解、重视自己的权利，会辨识侵权行为，对侵权行为进行反抗，会区分压迫和必要的法律尊严，区分完全不顾他们的利益的负担和社会存在的必要行为，区分自由精神和为所欲为的不同……（和）法律神圣不可侵犯之间的关系。"华盛顿希望对公共事业进行补贴，加大对高等教育的投入，为建立开明而积极的政府提出了很多建议。

在讲话快要结束的时候，好像是临时想起来似的，总统又提到了一个话题——"对公共信用的支持"。这个问题被他描述成"一件对国家荣誉和繁荣非常重要的事情"。他颇有信心地表示，国会将会设计出一个"非常符合这个目标"的方案。至于他为什么言辞谨慎还不得而知。但他完全清楚亚历山大·汉密尔顿过去两个月正在忙些什么，很显然没有指望靠汉密尔顿的声名和威望就轻松解决金融问题。这个问题很快将成为国会辩论最激烈的议题，让国会花上好几个月进行讨论审议，甚至威胁到第一次会议期间达成的共识——那些脆弱但不可失去的成果。

第十二章

金融的迷宫

Chapter Twelve

The Labyrinth Finance

一旦牢牢建立了公共信用体系和对政府的信心,私人信用和信心自然就会产生,就像把植物放到有阳光的地方一样。

——查尔斯·佩蒂特,1790年1月

1月中旬，天寒地冻。一日阳光明媚天色好，一日雨雪纷至路泥泞。纽约人在谈论彻底推倒乔治堡废墟的问题，这个百老汇街尾的破败建筑就如眼中钉一样让人讨厌；人们还在谈论当地卫理公会教徒"特别狂热的宗教情绪"，有些人担心它会"像流行感冒一样到处传播"。在市法院里，法律开始彰显其狰狞的一面：托马斯·奈特因为拦路抢劫将被绞死，安·蒂波罗纳（化名为安·班扬或安·德拉蒙德）刚刚由于重婚罪被判处2个月监禁，约翰·亚历山大由于偷马吃了20鞭子。与此同时，纽约城那些引领潮流的人很高兴地得知，大受欢迎的喜剧《普鲁士的帕特里克》（又名《集中营里的爱情》）剧本现在麦吉尔印刷厂有售，价格是1.6先令一本；一个技艺特别高超名叫邓肯·费甫的木匠最近在联邦大楼附近开了一家作坊；水街纺织品商人约翰·达拉菲尔德刚刚进了一批斜纹里子布、绒布和印度凸花条纹布，很适合做时尚的马甲。

报纸上有一条来自弗吉尼亚的好消息，下议院克服了反联邦主义者的反对，批准了国会通过的宪法修正案。一直未加入联邦的罗得岛也传来了希望，那里将召开另一次议会，重新考虑批准宪法的问题。1月14日，《每日广告报》登载了一则来自马里兰的公告，100名主要由教友会信徒组成的市民，向该州代表大会递交了一份请愿，要求废除奴隶制，结束"不体面的"奴隶贸易。没多少纽约人知道，教友会代表团正在集会递交废除奴隶制的请愿，还准备发起一场游说活动，不久的将来将惊动国会，引起全国注意。"金融才是目前最重要的话题。"一位敏锐的政治观察者写道。

亚历山大·汉密尔顿处于高度焦虑之中。1月14日，一个雪后的下午，他过去三个月辛勤努力的成果迎来了高潮。他当然更愿意亲自对着国会发表"关于公共信用的报告"，这份复杂的文件有很多需要解释的地方，他很愿意现场回答人们的各种问题。但是，不太友好的国会议员明确了立场：如果汉密尔顿出现在国会，就会被看成行政分支对于国会神圣地位的侵犯。因此，他的报告只得由众议院书记员、前里士满市长、著名书法家约翰·贝克利进行朗读。此人对于解释汉密尔顿手写的51页报告有些帮助。

没几个国会议员知道报告有些什么内容。"他的计划是什么，一直是个秘密，"马萨诸塞众议员、联邦主义者本杰明·古德休给朋友写信说道，"它将展开一个新领域，广泛、有趣、让人迷惑，而且我认为困难重重。"尽管古德休个人支持财政部部长，但他补充说："我肯定他的计划一公布就会招致很多人的厌恶。"

汉密尔顿在报告开始普及了一下他所谓金融领域"简单又不可否认的事实"。就算富裕国家也要借债。像美国这样的新兴国家，"流通的财富非常少"，建立可靠的信誉体系更为紧迫。"为了进行良性借贷，国家必须建立可靠的信誉。如果一个国家的信誉出现了问题，要想借贷成功，它就需要以某种方式付出高额费用。"汉密尔顿的意思是，如果你的信誉不好，要借钱就要付出更大的代价。如果美国无法以优惠的条件得到贷款,"个人福利、全体美国人的富裕、民族的品性以及政府的有效管理"都将遭受影响。如何保证一个国家的信誉呢?靠信任,靠按时履行合同。"国家和个人一样,遵守契约就会得到尊重和信任,反之则得不到尊重和信任。"

良好的信誉不仅是道德方面的责任。"它是自由的代价,美国一次又一次地为此付出代价",汉密尔顿提醒国会。到目前为止,美国还没有做到信守承诺,而解释原因的时间早就过去了。这个国家需要承担起自己的责任,"以便促进对美国的尊重,以便回应公正的呼唤,以便恢复地产的价值,以便为农业和商业提供更多资源,以便让各州更团结,以便增加它们抵御外部侵略的能力,以便在正直自由的政策基础上建立公共秩序"。

然后是债务的数目。汉密尔顿估计联邦政府和各州独立战争期间欠下的债务票面价值为7900万美元,简直是一个天文数字。其中,汉密尔顿认为美国所欠国外债务本金为1200万美元,逾期利息为1000万美元;更复杂的是国内债务部分,本金为2900万美元,利息为2500万美元。(实际总额更接近7400万美元,但这个数目也够大的了。)在可以预见的将来,汉密尔顿预计联邦政府年收入只有280万美元,其中还应扣除用于政府运转的部分。(债务和收入的比例将是26.4∶1,在托马斯·麦克劳看来,是"目前为止,美国历史上最高的水平"。)为了解决债务问题,汉密尔顿认为不该按传统做法征收重税,而是通过进一步举债的方式筹集资金。这个方案吓坏了很多国会议员和普通美国人,他们认为欠债是一种罪恶。

接下去汉密尔顿提出了一个最具煽动性的想法:债务可以被用作创造性资源。一旦债务的利息被偿付,债务的价值就增长了,债权人的财产也增值了，因为借款人——这里就是美国政府——证明了自己的可信度。国债然后将变成一种商品，可以在金融市场上自由买卖。债权人出于自己的利益考虑，将支持国家维持稳定，而债务被各州分担后有利于它们走向团结，同时与银行之间形成联盟关系，有利于促进经济增长保持活力。债务实际上变成货币的替代品。因此，国民经济将得到刺激，因为更多的资金会流通到制造业、商业和农业中去。

汉密尔顿的计划还没结束。他提议由联邦政府承担各州因为战争而欠下的大部分债务——也就是把它们归入联邦债务，财政部发行新的债券来取代旧的。这样做会大大强化联邦政府的职能，但汉密尔顿很清楚它会引起各州权力捍卫者的不满。他进一步提出按照旧债券的全额支付债权人。这同样导致了强烈不满，且不仅仅来自反联邦主义者。很多爱国者极其憎恶金融投机客，如果汉密尔顿的方案获得通过，他们对投机客这种坐收渔翁之利的人将更加痛恨。一位惊慌失措的缅因人质问众议员撒切尔："穷人和流血的军人为生活所迫以 10 镑的价格卖掉了 100 镑的证券，被骗了 90 镑之后，还要继续流汗甚至流血来偿付那 90 镑的债务，给那些在战争中吓得不敢露头，怕被打死的恶棍，这还有什么天理？"

汉密尔顿还有一个秘密想法。几乎政府所有的大额借款利率都是 6%，汉密尔顿将把它减到 4%，通过出售联邦土地来抵消那 2% 的部分。他希望债权人会"乐见其成"，因为他们应该很乐意以 4% 的利率得到一些东西，而不是像过去那样表面上享有 6% 的高利率，实际上却什么也拿不到。这将意味着政府在未来的几十年大幅减少需要偿付的数额。

批评者指责汉密尔顿的方案会让这个国家陷入无尽的债务旋涡，永远无法摆脱。事实上，尽管他认为通过现有债务进行筹钱是"国家的福音"，但他觉得长期欠债会"导致严重的挥霍浪费"。因此，他建议"产生债务的时候，一定同时要有消除债务的手段"。政府每年所征进口税的一部分应该储存起来充当偿债基金——准备金——以便在出现危机的时候提用。他宣布，这才是"让公共信用长盛不衰的真正秘密"。

这份报告堪称力作。尽管汉密尔顿的想法并不都是原创的——这些想法一部分来自罗伯特·莫里斯之前的实践，他曾是邦联议会的财务总长，但汉密尔顿对于各种理论融会贯通，并将其用于解决美国金融危机的能力，远非他人可比。从未有过任何一个美国人提出如此全面又雄心勃勃的经济方案，其影响远非现在可以预见。财政部部长相信经济将会大幅改善，但政府能否如他预期的那样增加收入没法确定。如果经济停止增长，就没有足够的收入偿付国债的利息，用于政府运转的资金就更少了。（1789年，政府收入只有16.2万美元，1790年也只达到160万美元。）

对相当一部分公众来说，议员们似乎迷失在"金融的迷宫"里了，正如一位迷惑不解的新英格兰人所说。另一位困惑的马里兰人也给国会议员写了类似的信："我承认我无法充分理解这个金融体系的威力，不明白为什么它更能博取公众的信心。"大多数国会议员也不清楚汉密尔顿的用意何在。康涅狄格众议员杰里迈亚·沃兹沃思虽然支持汉密尔顿的方案，但是坦言："金融本质上是很复杂难懂的，我不具备理解其所需要的实际技能和数学知识。我们不太明白金融体系,一直生活在无序的状态之中,以致一听到如此洋洋洒洒的金融报告,就慌了手脚。"

一旦他们理解了汉密尔顿金融方案的全部内涵,大部分联邦主义者就都为之叫好。小威廉·布拉德福德,宾夕法尼亚首席检察官、伊莱亚斯·布迪诺特的女婿非常乐观地预测,它将永久地"从根本上斩断存在于州与州之间的妒忌和不满"。费希尔·埃姆斯称这份报告为"杰作"。罗伯特·莫里斯也称赞说:"信用,尤其公共信用,是无价之宝。"莫里斯利用他在国会得到的信息,立刻派代理人收购了很多打折出售的证券,静等其涨价牟利,也丝毫没觉得有什么不妥。

其他人则看到了汉密尔顿方案里的危险。一时间流言四起。有人说财政部部长正私下与某些州长及承包商合谋;有人说一伙军需官打算以个人名义发行更多证券,在被回购的时候大捞一笔;还有人说投机商已经掏空了纽约银行,正大肆购买整个乡镇和县城,然后以贵族自居。"一想到财政部部长那带有赌博色彩的报告,有可能让欧洲的陋习来到我们这个年幼的国家,我就感到恶心。"本杰明·拉什给麦迪逊写信时说道。拉什大胆地预测,获利丰厚的投机商"此后在我们南方各州将和非洲黑奴一样重要,其危害程度将和战争后期英国给美国带来的生命、财产破坏不相上下"。弗吉尼亚的反联邦主义者理查德·亨利·李认为,汉密尔顿的"政治把戏"会让一个自由民族厌恶,警告说这个方案只会"因为鼓励无度的出游、战争及过度花销"而带来无穷无尽的债务。

对筹款方案攻击得最猛烈的是佐治亚的詹姆斯·杰克逊。当着所有聚集旁听者的面,他抱怨说汉密尔顿的报告发布之后,"贪婪如饿狼的"投机客已经迅速离开纽约市,去各地从毫不知情的民众手中收购证券。"此种行为表现出的贪婪和不道德,让我心中充满了愤怒。"他说。杰克逊一直是个暴脾气,这一次他的态度并不让人意外。财政部部长助理威廉·杜尔和其他知道内幕消息的人一样,也在秘密地大量收购债券。而刚刚被提名的北卡罗来纳众议员休·威廉姆森则给家乡的朋友写信,告诉他"把能买到的(旧债券)都买下来",许诺自己会"立刻处理,只要你把债券送来"。

急性子的杰克逊将来会继续在金融方案的讨论中扮演强力角色,而他从萨凡纳坐船来纽约的时候,刚刚经历了一段"不太平的旅程",开会迟到了,正在抓紧安顿。尽管在国会辩论中表现得张牙舞爪,但他的私人信件呈现出一个温情、体贴妻子的好男人形象。他在信中抱怨自己在纽约形单影只,"天气很冷,床上也一样",还说"大部分人在这种情况下会寻找暂时的慰藉。我却不能说服自己摆脱婚姻关系的束缚,也不愿意那样做"。换言之,他想念妻子玛丽和五个孩子,不愿意和朋友们一起去青楼鬼混。然而,这样的真情流露却很少在众议院的辩论中看到,也许根本就没有过。

杰克逊预计,如果汉密尔顿的方案——"一次可怕的冒险"——被采纳,整个国家将毁于一旦。"虽然现在我们的债务只有几百万美元,但一个世纪以后,这些债务将变成我们不敢想象的数目。"就像"鬼火"一样,财政部部长的金融方案"会欺骗我们,把我们和后人带入政治荒原之中,永远无法脱身"。然后,他认真地阐述了直接征税的益处,认为能给个人和国家都带来积极的后果。"就我而言,我宁愿立刻进行直接征税,它将有助于我们在几年时间里消灭引起债务的根源。"杰克逊直截了当地把投机热归咎于纽约市的堕落文化——当国会重新讨论定都问题时,他和其他人不久会再次提到这个观点。"我向上帝发愿,希望我们能把首都确定在萨斯奎哈纳河畔或波托马克河畔,或者在某个林子里,而不要在一个人口众多的城市里",那样政府的审议才能进行得低调一些,他大声说道。杰克逊的慷慨陈词得到了参议员麦克莱的响应,信奉清教主义的他无法接受体制化的债务。

很快,大家意识到,关于债务的第一战将会是争议极多的"区别对待"问题,这是当时所有人都使用的说法:是按照面值付钱给现在的债券持有者,还是拒绝这样做——对他们进行区别对待,只支付给他们购买债券时付出的数额,而把面值和债券卖出价之间的差价,付给原始持有人。这不仅是逻辑和法律问题。债券已经被赋予了一种神秘的爱国情感。"看看这位英勇的老兵吧,他在最危险的时候,带领士兵冲锋陷阵,"杰克逊恳切地说,"看看他为了保家卫国而失去的手脚,再看看他高尚而柔弱的妻子,在无人问津的情况下,赡养着他和孩子,孤独又无助。""他和他的家庭"就是被那些想榨干他最后一分津贴的投机商逼迫成这样的。

事实上,谁也不知道到底发行了多少债券,有多少军人曾经把债券卖给了投机商,或者以什么价格卖的。也没多少人记得债券怎么会被传播得如此之广。国会最初规定这些债券是不可转让的,也没想到过未来还需要再给老兵补发一部分钱。军人自己在战争结束后要求准许出售债券,希望把当时看起来一文不值的东西多少换点钱花。但这并不能阻止宾夕法尼亚众议员托马斯·斯科特刻薄地把购买了别人债券的老兵比作妓女,他们"和投机商穿的是同一条裤子,通过购买债券,他们已经失去了作为军人所应该享受的一切荣耀"。

　　反对区别对待的人也振振有词。费希尔·埃姆斯提醒同僚，不按债券的面值付款给现在的持有者是赤裸裸的违约行为：他们当初带着善意购买债券，就是因为希望从中获利。如果这些债券因为政治原因失去了其有利可图的特点，无论出发点多好，都有可能使其价值缩水或者消失。"独立战争过程中发生的所有交易，难道不受法律保护吗？"他发问道，"如果是这样，人们对于自己的财产到底拥有什么权利？一个新的承诺能带给他们什么安全感？"人们一点安全感也没有："公共信任将被破坏，我们未来的信誉仅仅是泡影。"其他人指出，投机行为既没有背离道德，也没有违反法律。"追逐财富是政治上的美德，如果消除这样的动机，文明社会将无法存在，"杰里迈亚·沃兹沃思说道，"交易财产的权力是人应该享有的权利，政府不应该侵犯它。"从根本上看，辩论不仅是关于区别对待的优劣，更是关乎美国的未来，关乎美国将成为什么样的国家：是在制定联邦政策时以资本主义为驱动力，还是通过拒绝创造性金融方案、以自给自足的农业社会视野阻止资本主义的发展？

　　连续几周，在议员们围绕汉密尔顿的金融方案争得不可开交时，詹姆斯·麦迪逊却一言不发。当他终于在 2 月 11 日起立发言的时候，这时候离约翰·贝克利做"关于公共信用的报告"已经过去了将近一个月，大家的期望值很高。很多人相信，他将像第一次会议时一样引导这越来越情绪化的辩论，带领吵得面红耳赤的各方达成妥协。和杰克逊一样，麦迪逊开会也迟到了，直到 1 月第三周才到达。由于得了痔疮，他的北上之旅充满了痛苦和艰辛。

第十二章　金融的迷宫

筹款的问题是很有难度的,麦迪逊承认。他曾努力"从各种不同的视角观察这个问题,以各种不同的原则分析它",因此一直"选择做个倾听者,而不是发言者"。但现在,由于"讨论的方向发生了变化"——他很可能是指大家的讨论越来越情绪化,而在考虑问题时失去理智,他觉得必须发言了。他接下去说的话让他的朋友,尤其是汉密尔顿,大为惊愕。他说,他"一直没法接受公共债务就是公众福利的主张"。相反,他"认为债务是罪恶,应该尽快以正直和公正的方式偿还债务"。他推翻了汉密尔顿方案的整个基础,以及积极政府应该利用债务充当工具的主张。"公共债务是公共祸端,其危害在代议制政府比在其他类型的政府更甚。"他给理查德·亨利·李写信说。

他也完全支持对不同债券持有者区别对待,以不太寻常的感情说:"永远不该忘记债权人里的军人,他们遭受的苦难应该铭记,而同情心是美国人的美德。"麦迪逊把汉密尔顿看作比较友好的同僚,而不是好朋友。早些时候,他曾与汉密尔顿立场一致,支持按面值向所有政府债券持有者支付欠款,这事被登记下来。现在,他竟如此戏剧性地抛弃了之前的立场,声称从"持有债券的勇士"手中剥削其价值是"极端不道德的"。他公开怀疑,很多债券是通过欺诈手段获得的,这样他觉得现在的债券持有人在道德上是不正当的。

然而,他承认政府确实负有不可推卸的责任,向债权人偿还债务:"回避这个责任,在逻辑上行不通,也没有任何魔法可用。"他说有三个选择:无论是军人还是投机商,都按面额完全付款,拒绝其中一类人,或者在前两个方案里找一个折中方案。不区分债券持有人,谁持有就足额付给谁,国家财力难以承受。另外,

"完全拒绝一类人的诉求也同样不可行"。为了国家稳定，我们需要有契约精神，而让债券原始持有者成为国家政策的"唯一受害者"，则会"伤及人性"。因此，唯一的选择只能是妥协。"让债券的现在持有人有利可图，以市场最高的价格付款给他们"，他说，似乎对投资者做出了让步。但这仍旧意味着支付债券的部分面值。同时，面值和现在的市值之间的差价将由政府支付给原始"受害人"。麦迪逊说："这样不会带来绝对公正，但能带来实实在在的公正，比起其他权宜之计，这样做更有利于赢得公众的信任。原始受害人不会得到全额补偿，但他们因为自己的贡献可以从国家得到一份奖赏。这样就算不能彻底治愈他们的创伤，也会缓解他们的痛苦。"这不是一个了不起的演说，但它是一个典型的麦迪逊式打破政治怪圈的办法。

有些人喜欢这个提案。一位匿名的老兵在给《马萨诸塞哨兵报》投稿时赞扬了麦迪逊："他无惧吸血者的包围，勇敢地站出来为寡妇、孤儿、原始债权人，以及为战争献出一切的士兵伸张正义。"另一位匿名支持者则写诗表达了赞许：

> 无人能比麦迪逊，
> 满腔热情为老兵，
> 胜过希腊和罗马，
> 真理雄辩已阐明。

然而，大多数联邦主义者的反应却主要是厌恶、遗憾之类的。有人给《每日广告报》写信嘲讽麦迪逊，说他的提案"谎话连篇",而宾夕法尼亚众议员托马斯·菲茨西蒙斯评论说:"尽管麦迪逊先生彰显了作为人的情感,他却因为这个提案而丧失了所有的品质和作为立法者的素质。"另一位宾夕法尼亚议员,托马斯·哈特利对麦迪逊演讲时的文雅风范印象深刻,但认为"它更像会议厅的吊灯一般好看,没有他的其他提案那般务实——简而言之,这个提案没有现实基础"。的确,麦迪逊想象到了区别对待债券持有人,但他并没有解决一个巨大的后勤保障问题。成千上万的债券被发售,之后再转手很多次。记录不充分,年幼的联邦政府也找不到训练有素的人,去调查、区分、评估来自不同人群的利益诉求。解决这个问题所需要投入的资源,远不是联邦政府所能承受的,而且还要搭上很多年的辛苦努力。

麦迪逊正在冒险。到目前为止,在很多人的眼里,他在美国日常政治生活中享有类似于哲人王的地位,几乎总能在不触怒任何人的前提下,从国会辩论中得到他想要的结果。自打秋天讨论定都问题以来,蜜月期显然已经结束。无论麦迪逊作为思想者有多少过人之处,最看重商业的联邦主义者都确信麦迪逊对金融知之甚少。尽管曾阅读过亚当·斯密的著作,能理解汉密尔顿的想法,但麦迪逊很反感财政部部长对英国财政系统的偏爱,担心那样会导致出现一个金融家为主的贵族阶层。而且,相较于制定可行的政策,麦迪逊更关心自己能不能再次当选,因而其立场主要是为了迎合弗吉尼亚的选民。接下去的辩论将是一个分水岭。在这期间,麦迪逊在国会中的角色、他与亚历山大·汉密尔顿的关系以及与乔治·华盛顿在政治上的亲密关系,都将不可避免地被重新定义。

第十三章

全国性的滔天大罪

Chapter Thirteen

A Gross National Iniquity

我们进入联邦，是出于政治而非道德考量；我不认为我的选民想要向这些发出请愿的人学习道德规范。

——威廉·劳顿·史密斯，1790年2月

1月终了，2月并未好转，天气阴冷潮湿，流感持续肆虐。外出不便，国会议员们就在租住的房子里，在联邦大楼寒意逼人的走廊里，心情沉重地探讨如何回应被巴巴里海盗劫持的美国海员的求助，如何应对罗得岛的问题——令人沮丧的消息传来，罗得岛依然拒绝批准宪法。这"摧毁了我们的满怀希望"，约翰·亚当斯表示。一些人威胁对该地实行禁运，甚至要求出动军队逼其就范。聚拢在最中意酒店的壁炉前，他们聊起总统迁新居的事情，华盛顿从偏远的樱桃街搬到了百老汇街角的马科姆大厦，这里更气派更舒适；他们打听身染重病的弗吉尼亚参议员威廉·格雷森还有多少日子；他们还抱怨联邦档案有多么混乱，因为长期担任管理员的查尔斯·汤姆森退休了，现在找一份文件可能要在资料堆里翻上几周。

2月2日，最高法院第一次会议在位于布劳得大街上的皇家交易所大楼召开，这里离联邦大楼不过几步之遥。这一刻象征着对公众的一种承诺，但不得不承认，这个新机构未来的权力只有一些很有远见的美国人可以想象。戴着假发、穿着法袍的首席大法官杰伊和三位助理大法官——马萨诸塞的威廉·库欣、宾夕法尼亚的詹姆斯·威尔逊以及弗吉尼亚的约翰·布莱尔——颇有威严地端坐在人群面前，等着发生点什么。然而什么也没发生。他们没有案子可以审理。如此无事可做地过了一周之后，他们就一直休庭到了9月，各自回家去了。但是大家的关注点不在这里，真正的重头戏正在同一条街上的联邦大楼上演。

国会议员们有更紧要的事情要讨论。战争部部长诺克斯"关于民兵武装的报告"激起了相当大的讨论。这是政府第一次尝试放弃政治上不受青睐的常备军想法，去建立国防系统。诺克斯曾是一个思想传统的波士顿书商，后来成了华盛顿的炮兵指挥官。他提议把所有体格健康的白人组织成大型"兵团"：18岁到20岁的为先锋团、21岁到45岁的为主力团，46岁以上的为预备团。这三个兵团可以再分为3000人规模的"军团"，这是仿照古罗马共和国。最年轻兵团的人每年需要训练一个月，他们达到要求后最终进入主力团，后者是国防的一线力量，在必要的情况下调集预备团里的老兵进行补充。

公众对于诺克斯的方案反应激烈。在马萨诸塞的塞勒姆，民众威胁要把他的肖像和方案稿纸一起烧掉。批评人士愤怒地说，这个方案将让成千上万的白人离开工作岗位，而南方的黑人——他们做着类似的工作——却不需要放弃工作，这对他们的主人非常有利。另一些人抗议说，被征召入伍的年轻人将"养成无所事事的坏习惯，这个习惯以后几乎不可能纠正过来，没法让人重新认真工作，这将对他们的思想造成毒害"，在和平时期维持军队的巨大开销，是一个已经破产的政府做不到的。本杰明·拉什尽管是长老会成员，但也受到了教友会和平主义的影响，他谴责了整个军事方案，声称其似乎"认为人不是为了耕种土地而存在，而是为了穿军装而存在——生存的意义就是打打杀杀"，并说就算把诺克斯要求的资金拿出一半来，修建学校，教育年轻人，也会让美国永远远离战争之祸。

关于进行这个国家第一次人口普查的提案也引起了争议。有些议员抱怨方案——计算美国的所有白人居民、其他"自由人"（印第安人除外，因为他们不交税）以及奴隶——太理想化、太具体，把人口划分成了"太细的阶层"，包括任何可以想象到的职业，如商人、地主、织袜工和制帽工。除此以外，新罕布什尔众议员塞缪尔·利弗莫尔警告说，美国人会讨厌见到联邦政府人口普查员闯入他们的私人领地，会怀疑政府是在偷偷评估他们的纳税能力。为了支持议案，麦迪逊反驳说，议员们在讨论有关农业、商业、制造业和其他行业的时候，难道不想弄清楚到底有多少人参与其中，在总人口所占的比例，以便国会制定政策的时候"他们可以以事实，而不是以猜度和臆测为依据吗？"

入籍法案也引起了短暂而针锋相对的辩论，预示着这个国家对于移民的矛盾心理，使得接下去的几代人中都弥漫着排外者的焦虑情绪与欢迎移民者之间的争论，后者认为美国是一个变革的引擎，能把外来人转变为新型共和国的一部分。议员们提出一个问题：要想成为美国公民，需要达到什么要求？一个简单的忠于美国的宣誓就够了吗？是否需要某种居住地的要求？新移民有权投票吗？需要制定全国统一的入籍法案，还是交给各州自行决定？如果有人离开这个国家而居住到别处怎么办？他们会失去公民身份吗？外国商人和船长会不会变成美国国民，以实现避税的目的？（南卡罗来纳众议员伊达诺斯·伯克称这些海员为"水蛭——他们叮在我们身上吸血，吸饱了就离开"。）马萨诸塞的西奥多·塞奇威克尽管在种族问题上持自由态度，但对移民问题却表现得很排外，担心美国会变成"到处都是欧洲流放过来的人"，要求只接收"值得尊敬的品性良好之人"。

作为对这些担心的回应,弗吉尼亚众议员约翰·佩奇——该州最大的奴隶主之一,但经常在全国性的问题上采取调和的立场——说道:"在自诩为所有民族被压迫的人们开设了避难所,建立了让全世界都仰视的政府之后,如果我们现在又像提案中那样,把通往如此美好的避难所和政府的条件设置得如此苛刻,我们的做法就是自相矛盾的。无论是信奉犹太教的,还是信奉罗马天主教的,他们的到来都不会对我们造成影响;无论是国王的臣民,还是自由国家的民众,他们只要想在美国生活,就会知道做好公民是符合自己利益的;如果我们制定出好的法律,又认真执行它,他们的宗教信仰和政治观点就不会对我们造成伤害。"

当詹姆斯·杰克逊以他标志性的大嗓门喊,应该设立大型陪审团来判定每个移民的价值时,佩奇用一个非常犀利的反语回应了他,似乎是要让这位也曾是移民的佐治亚人闭嘴。"我们必须(再)增加一个调查的环节",佩奇说,由于这可能还不足以确保他们是"清白之身",然后还要再设立一个审查机构,把那些不够清白但又已经成了美国公民的人驱逐出去。他说:"实话实说,我担心如果我们现在按照提案的要求做,在建国之初,对于那些来到美国的移民,我们迟早得对每个人进行忠诚度和政治观点的测试。"

民兵武装、人口普查和移民问题:这些都是有争议的问题,但很少有人怀疑现存的分歧可以通过谈判解决。奴隶制就是另外一个问题了。2月中旬,它向宴会上的不速之客一般突然出现在国会的会议厅里。接下去,人们将见识到作为国家政治、经济和社会结构中必要而永恒部分的奴隶制，如何在公开场合进行最直白的辩护。

2月6日，11名费城教友会信徒出现在纽约，开始了美国历史上第一次系统的游说活动。领头的是63岁的约翰·彭伯顿，教友会牧师，詹姆斯·彭伯顿的兄弟，一个名称冗长的社会组织的副主席。该组织全称为：宾夕法尼亚促进废除奴隶制、解救被非法奴役的自由黑人及改善非洲裔种族生存条件之协会，一般简称为宾夕法尼亚废奴协会。纽约当地的很多教友会信徒也加入他们的队伍，他们在国会大楼"拦截"议员，在议员的家里、住处、街上以及他们用餐的酒馆"突袭"议员们，请求其支持废除奴隶制的一系列诉求，而这些诉求几天后将造就第一届国会期间最具煽动性的战役。他们沿途分发了大量反对奴隶制的宣传材料：著名的英国废奴领袖托马斯·克拉克森的文章，最近的英格兰法规，托马斯·杰斐逊的《弗吉尼亚笔记》节选，以及以事实为基础的图表，图上展示了一艘典型运奴船可怕的拥挤状况，而其导致的死亡率高达50%。

五天后，2月11日，宾夕法尼亚众议员、天主教徒托马斯·菲茨西蒙斯正式提交了教友会的第一份请愿。这份诉求是在费城年度会议上起草的，年度会议也是教友会在好几个中部州的代表机构。该议案要求国会"从宗教责任的角度考虑"制止"非法走私人的全国性滔天大罪"和"与此密不可分的非人暴政及血淋淋的罪恶"。众议院非教友会的新教教徒、纽约解放协会会员约翰·劳伦斯提交了另一份来自教友会纽约年度会议的请愿，请求国会禁止运奴船停靠在该州的港口。这项诉求刚刚被纽约州立法机构驳回了，理由是此类贸易行为是联邦政府的管辖范围。这些诉求在起初并没有在众议院坐满一半人的会议厅引起太多反响,"几乎没人给予重视,人们更在乎的是聊天和报纸上的新闻",那天下午约翰·彭伯顿失望地写道。

第二天早上,众议院议长弗里德里希·穆伦伯格又提交了第三份请愿。这份请求来自宗派色彩不太明显但由教友会主导的宾夕法尼亚废奴协会。提案上有该协会主席、现年84岁的本杰明·富兰克林的签名。"本着平等自由天定,人人生而拥有的信念,(我们)必运用一切合理的手段,解除奴隶制的束缚,促进众人共享自由的幸福",请愿状如此说。它恳请国会"支持恢复那些不幸之人的自由,那些在这片自由土地上独自遭受奴役之人"。而且,它还极其煽动性地要求国会把自己的权力确定为可以消灭美国的奴隶制。请愿状的语言颇为平静,但它的含义却直截了当:它要求实现全国性的奴隶解放。这个请愿如同重磅炸弹一般引起各方注意。对奴隶贸易的批评或许让人恼怒,但也有几分值得尊敬。而对于深南部的人们来说,公开讨论废除奴隶制是背叛自己种族的行为。

富兰克林留在了费城,但他在请愿状上的签名使其无法被忽视。汉密尔顿的金融方案被暂时放到了一边,因为国会不得不着手讨论这个最不愿提及的话题。富兰克林很长寿,他见证了过去那个奴役司空见惯的年代,就算在他土生土长的新英格兰也是如此,几乎无人对此提出任何质疑。早在1729年的时候,他就出版过一些反对奴隶制的教友会小册子,虽然他自己仍然拥有奴隶,中年时期还曾公开表达过不喜欢黑人外表的言论。他曾经提出这样的问题:"为什么我们不借机驱逐所有黑人和棕色人口的机会,增加好看的白人和红色人口的数量,却还要把更多的非洲人口安置在美国?"

后来他终于相信黑人的身体机能与白人一样，认为奴隶制是"对人性的残酷贬低"。他曾在制宪会议上提交议案，内容包括谴责奴隶制和奴隶贸易，但很快意识到，如要获得南方对宪法的支持，就算他威望再高，也不可能使法案获得通过。现在他时日无多，希望在有生之年帮助把奴隶制问题提上国会的议事日程。

教友会信徒的努力曾在宾夕法尼亚取得成功，该州10年前就投票决定于1799年终止奴隶制。但现在他们的境地艰难得多。宪法已经让联邦政府被一个与奴隶制有关的规定绑架了：宪法允许蓄奴州按照五分之三的比例折算奴隶人口，确定国会代表的人数。这本身就是个逻辑上的怪胎，但通过把保护奴隶制写进国家的纲领性文件，它缓解了南部各州的焦虑情绪。参加制宪会议的反奴隶制代表有他们的道理，至少有他们认为合理的说法：既然奴隶制已经处于平静的消亡状态，如多数人所愿，何不暂时搁置它，以免南部各州脱离刚刚成立的联邦？

教友会反对奴隶制主要基于两点，他们一方面害怕罪恶和地狱之火，另一方面相信"属天的光"在每一个灵魂里都存在，不分男女，不论黑白，因此声称对另一个人具备所有权，不仅在道德上犯罪，在属灵上也是犯罪。"在权利和平等的问题上，肤色不会带来任何差异：黑人是我们的同胞"，新泽西的约翰·沃尔曼曾写下这些在当时看来非常激进的文字，他在世纪中叶的布道很有影响力，指出蓄奴的教友不能指望得到救赎。

从18世纪60年代开始，几乎每一个教友会组织，无论是在宾夕法尼亚，还是在纽约，都会任命委员会说服蓄奴教友给奴隶以自由。解放运动是个过程,而非单个事件,就算在北方,也可能需要时间才能让一个组织的成员解放所有的奴隶。在南方各州,这个过程可能需要几十年。且不论罪恶和救赎的问题,大部分教友会信徒都有一种在现代标准看来属于种族主义的观点:只允许极少数的黑人参加教友协会,大部分人,就像詹姆斯·彭伯顿那样,认为异族通婚将"颠倒天意秩序。神的智慧我们无法理解,他刻意造就了肤色差异"。他们作为渐进主义者,相信奴隶制应该通过政府的行动废止,而不是通过煽动民意进行破坏活动。受到世俗的人权理念鼓舞,反对奴隶制的观点慢慢渗透到北方社会。尽管日渐衰落,奴隶制仍旧与很多家庭密不可分。比如,名义上反对奴隶制的康涅狄格参议员奥利弗·埃尔斯沃思,现在还偶尔考虑买一个"黑人女孩",他不打算"把她一辈子当奴隶",而是计划在 25 岁的时候给她自由。

教友会的请愿让蓄奴者炸开了锅。约翰·彭伯顿写道:"南方议员似乎不愿意看到禁止这种邪恶的贸易。"这是典型的教友会式的轻描淡写。连续几小时,奴隶制捍卫者们——主要是佐治亚和南卡罗来纳议员——牢牢占据发言席,实际上以妨碍议事的方式(这个词很多年后才开始使用)慷慨陈词,劝告同僚不要支持该提案。他们控诉教友会"肆意而无端地干涉"蓄奴州事务,控诉其"难以容忍地迫害"蓄奴州,控诉其在独立战争期间的不忠和懦弱表现,鼓动"叛乱、流血和迫害"。

来自康涅狄格的亚伯拉罕·鲍德温曾是耶鲁的一名牧师,现在居住在佐治亚,致力于维护奴隶制。他说教友会的请愿是违反宪法的，和那些"祈求我们建立贵族等级制度，或者建立国教"的议案比起来，并不更值得尊重。南卡罗来纳的托马斯·都铎·塔克宣称，这些请愿只会给奴隶们以错误的引导，"因为他们不能像聪明人一样进行理性思考，他们可能会被引导去做引起惩罚的事情"；他还警告说，全面解放奴隶"将不可能被南方各州接受，除非发生内战"。对于这一点，同样来自卡罗来纳的威廉·劳顿·史密斯咬牙切齿地补充道："我们进入联邦，是出于政治而非道德考量；我不认为我的选民想要向这些发出请愿的人学习道德规范。"

詹姆斯·杰克逊说，如果教友会那么急于给黑奴自由，他们就应该站出来买下黑奴，让他们自由。如果做不到，他们就该闭嘴，去管好自己的事情。"从创世记到启示录"的宗教都允许奴隶制存在，包括"古希腊共和国的自由之子，雅典和斯巴达的民众"在内的世上每个政府，以及封建制度都允许奴隶制存在。教友会有什么资格说三道四？他们起草了宪法吗？他们参加了独立战争吗？（这是有力的还击：作为和平主义者，教友会信徒在战争中一般都袖手旁观，一些人——包括彭伯顿兄弟——曾被当作效忠英国国王的人而关押起来。）国会现在要在他们的煽动之下，伤害那些为了自由牺牲生命和财产的南方蓄奴爱国者吗？

说话向来不大客气的马萨诸塞议员埃尔布里奇·格里做了回应。格里坚决反对奴隶制，也坚定捍卫州政府的权力。他平静地说，每当想到奴隶贸易，他就情不自禁地想象如果自己的孩子和朋友遭遇黑人这样的苦难，他该怎么做。教友会所做的工作是关乎全人类的工作，他希望"同他们一起，看到每个国家都采取措施，清除奴隶贸易给每一位关联其中的人身上所留下的污渍"。确实，国会有权购买南部各州的所有奴隶，然后给他们以自由，费用可以通过出售西部的公共土地来解决。格里提出了一个唯一有可能和平解决奴隶问题的办法，且能阻止内战的爆发，但这个方案无人理会。

托马斯·斯科特是来自西宾夕法尼亚的边境居民，也是所在县城废奴协会的主席。他接着补充说："我认为奴隶贸易是世界上最恶心的事情之一。如果我是一名美国法官，当那些人来到我面前要求得到解放，我不知道将如何做出裁决。但我肯定会在能力允许的范围内帮助他们。"听闻此话，杰克逊反驳说，如果斯科特是联邦法官，敢于裁决来到他面前的奴隶为自由身，"相信他的裁决在佐治亚不用多久就会被推翻"，杰克逊还威胁说，"或许这样的法官本身都处境危险"。

两天的辩论之后，南卡罗来纳众议员威廉·劳顿·史密斯，特意给另一位奴隶主爱德华·拉特利奇写信说："我们围绕这些恼人的黑人请愿展开了热烈的辩论，我想我们已经成功地难倒了国会议员们，他们将不会热衷于讨论这个话题。"这个想法过于乐观了。

这三个请愿状最终交给一个委员会讨论，该委员会由新罕布什尔众议员、公理会牧师埃比尔·福斯特负责。（新罕布什尔的奴隶制行将就木，但是1790年的人口普查发现该州还有158名奴隶。）委员原本打算纳入每个州的议员，但除了弗吉尼亚外，其他南方州都没有参加。当委员会于2月15日开始审议时，好几位教友会信徒出现在联邦大楼，继续敦促国会把奴隶贸易的罪恶和不公"展现给人民看"。他们重申了现在已经为人熟知的担忧——其他州的运奴船自由停靠在纽约的港口，还介绍了北卡罗来纳和弗吉尼亚两个州把获得自由的黑人再次变成奴隶的进一步信息。国会难道没有责任,他们质问道,制定规则解决"被压迫黑人的生存条件"问题,从而"通过适当而良好的渐进,帮助他们接近同胞拥有的平等地位,使之更适应自由的生活状态?"

这次听证会的记录,也是现存最早的国会委员会证言记录,是由一位不寻常的人完成的。此人通过第一届国会的年鉴——虽然有时候比较粗枝大叶——成就了在第一届国会中的地位。45岁的华纳·米夫林,身高超过6英尺(约1.8米),是特拉华一位富有的农场主。作为教友会信徒的他,因为曾是奴隶主而常流露出一丝羞愧和懊悔。2月16日的时候,几乎所有的宾夕法尼亚教友会信徒都离开了纽约,米夫林和约翰·彭伯顿留了下来。尽管身患重感冒,但米夫林仍像嗡嗡叫的牛虻一样围着支持奴隶制的议员转,没完没了地好言相劝,苦苦哀求,使自己(在那些议员眼里)变成了一个为了可笑的黑人自由的观念奔走呼号、惹人嫌弃的人。

2月26日,颇为激动的米夫林"大步迈入"威廉·劳顿·史密斯的休息室(很有教养的史密斯是这样形容的),接下去的两小时,他们"试图说服彼此,但都没有成功"。尽管他们二人都没有为这次激烈交锋留下任何详细记录,但米夫林后来给史密斯写了一封信,很可能是想重申他当时想要表达的主旨。"我祝福你,也无意伤害你,就像不会伤害我自己一样",米夫林请史密斯放心,他并不打算"腐蚀"史密斯的仆人,或者让他们"对自己的生存条件感到不满"。米夫林承认,他自己曾受到"支持蓄奴的偏见"影响,"如果我相信自己可以一边拥有奴隶,一边在死后进入天堂",我自己也绝不可能给他们自由。但是,他开始相信,对于奴隶主,"通往天国的大路，实际上会被堵死"。上帝教导我们，他说，基督徒必须像爱自己一样爱上帝和他的邻居。毫无疑问，一个人如果像爱自己一样爱他的邻居，他就不可能把邻居看作奴隶一样的财产。米夫林不仅解放了自己的奴隶，而且解放了他作为执行人的财产名下的奴隶。但他强调，现在已经不是他个人的问题了："我真的非常希望，把我国人民的罪恶从通往神的道理和世界上洗刷干净；我对此事十分看重，将尽一切所能，阻止我们和非洲之间邪恶、野蛮和可怕的奴隶贸易。非洲人民难道对我们有任何伤害吗？我们为什么要如此残酷地折磨他们？"在一个高度强调自我克制的年代，米夫林这个难以忍受的罪恶感并不罕见。"可怕，太可怕了！我的感受如此，又如何不管不顾？我无法忍受那些感情——我无法忍受——只能向他人发出请求。"

史密斯受够了这个哭哭啼啼的大个子，就把米夫林带去见他的岳父、南卡罗来纳参议员拉尔夫·伊泽德。伊泽德也是支持奴隶制的代表人物之一，住在百老汇街往北隔几家的地方，与鲍林·格林对门。史密斯一小时后再回去的时候，他发现这两个人"都在引用《圣经》上的经文驳斥对方"。南卡罗来纳的贵族参议员皮尔斯·巴特勒也在场。史密斯得意地写道："受到我们每个人的攻击，米夫林只好选择了撤退。"

教友会以为他们的请愿会得到参议院的大力支持，然而他们再一次失望了。约翰·亚当斯在2月15日向参议员们宣读了这些请愿状，但根据威廉·麦克莱的记录，他读的时候"带着明显的不屑"，似乎在表明自己只是例行公事，其实并不喜欢那样做。（尽管亚当斯憎恶奴隶制，但教友会并不指望他帮忙，因为在独立战争中，他们曾谴责亚当斯歧视教友会或本杰明·富兰克林。亚当斯确实很讨厌富兰克林,后者在他们的法国外交之行中不断抢他的风头。)关于参议院的辩论,没有详细记载。但根据威廉·麦克莱的记录,来自南卡罗来纳和佐治亚的参议员怒气冲天——皮尔斯·巴特勒对富兰克林发起了人身攻击,而伊泽德谴责教友会是一帮"极端分子",几乎没什么人站起来表达不同的立场。

与此同时,詹姆斯·麦迪逊则选择保持低调。有三件事情对他来说显而易见:奴隶制与追求人人平等的革命理念相矛盾;就算中央政府在反对奴隶制的问题上能有所作为,南方人(包括他自己的选民)也不可能放弃对奴隶的权利;关于奴隶制的政治抗争有可能让存在了两年的宪法土崩瓦解。他现在的目标就是把奴隶制问题从国会议事日程上撤下来,因为他相信,继续讨论下去,要么他所在的种植园阶层灭亡,要么整个国家灭亡。麦迪逊没有像急性子的杰克逊和伯克那样,说讨论奴隶制违反宪法。他想要的结果是,无论议员们说些什么,反对者都不可能对奴隶制采取任何行动——他希望议员们能明白这一点。麦迪逊的这种心态代表了约瑟夫·埃利斯所说的"弗吉尼亚式的观望",一种对于奴隶制的回避态度,表现为"说着北方的一套,想着南方的一套"。埃利斯写道:"无论谁想要弄明白麦迪逊在奴隶制问题上的核心立场,都漏掉了一点——他没有核心立场,除了他也许认为这个话题属于禁忌,不该讨论。"麦迪逊是奥伦治县最大奴隶主的儿子,一辈子都享受着奴隶伺候的优裕生活。至少在理智层面上,奴隶制常常让他苦恼。他认为就算一个政府声称是民主政府,"当奴隶制普遍存在的时候,它实际上就是贵族政治"。与很多同一阶层的弗吉尼亚人一样,麦迪逊反对奴隶贸易,认为其残忍、不道德,有时候似乎也持类似于废除奴隶制的观点,比如他一生都支持把获得自由的奴隶重新安置到非洲去。他说,这种形式的殖民行为"也许非常有助于解放美国南部的奴隶,甚至将来有望彻底结束奴隶制"。然而,他与托马斯·杰斐逊的观点一致:肤色带来的偏见是根深蒂固的,种族融合不仅难以操作,而且根本无法想象。麦迪逊从来没有从制度层面上动摇奴隶制,没有阻止其在地域上扩张,也没有推动他的南方同胞接受正发生在北方的渐进式解放。(抛开他关于奴隶制的抽象思考不论,1788年他曾乐此不疲地为一位法国朋友猎获了一个"黑人男孩",后者希望为她已经拥有的"女孩"找个伴,"以便将来他们可以繁衍后代"。)

他认为教友会的请愿非常不明智,而且严重扰乱了十分重要的汉密尔顿金融方案讨论。麦迪逊首先尝试让同僚们消停下来,提醒他们说,请愿状中的任何内容都不会影响到未来18年的奴隶进口问题,18年后,继续进口奴隶将是违反宪法的;请愿状更不可能威胁奴隶制度的存在。"诸位大可不必紧张。"他安抚众人。而私下里,他告诉别人杰克逊和朋友咄咄逼人的咆哮"非常不体面"。他悄悄告诉埃德蒙德·兰道夫,他本可以"让这个事情进行得非常低调",那样处理请愿的时候就可以不必引起太多公众注意,但现在已经没有机会了。

既然现在教友会的请愿状已经交给委员会讨论,麦迪逊又热情不减地重新关注起了区别对待债券的问题。他再一次感同身受地介绍了那些老兵的悲惨处境,他们英勇杀敌换来的回报却被人剥夺了。

他向众议院同僚发出呼吁，如果你曾是"为了建立民主国家而战斗的士兵"，虽然没有金质或银质奖章，国家承诺对你做出的贡献予以奖赏，你得到"一张纸"，而这张纸你却被迫以面值十分之一的价格卖给了别人，看着他从中牟取暴利。"这种暴利的获取竟然以这个社会上最值得嘉奖的人为牺牲品"，这难道不让人震惊吗？国会又怎么能不以投票的方式区别对待投机者，让"无畏的英雄"得到回报呢？

但是，麦迪逊的一番话却没能动摇汉密尔顿的核心观点：国家的信誉和经济稳定依赖稳定的投资。2月22日，众议院以压倒性的36票对13票，拒绝了麦迪逊要求加入区别对待债券的内容。这是汉密尔顿迄今为止最重要的一次立法胜利，麦迪逊则需要面对失败的苦果。受到打击的他自我安慰道："区别对待债券的想法尽管在这座城市不太成功，但在全国范围内更受欢迎。"

更加情绪化的本杰明·拉什说区别对待计划失败是个道德灾难："我真愿意看到，当人们讨论哪些人对美国革命做出过贡献时，我的名字会被隐去。"一听到投票结果，他就火冒三丈地给麦迪逊写信道："我们成功地把人民从英国的不公正法律中解救了出来，但现在却要面对美国的不公正法律。"汉密尔顿的方案，拉什预测说，将为建立有钱人的美国贵族社会打下基础，成为"游手好闲者的丰碑，他们靠投机和欺骗发家"，也对试图推翻独裁统治的民族做出了"黑色预警"，因为它彰显了这样一个原则："轰轰烈烈的革命其实是多数人奋斗少数人获利。"众议员彼得·穆伦伯格，议长的弟弟、另一位主张区别对待债券的人，极具讽刺地提议，约翰·特朗布尔这位以塑造开国元勋的英雄形象而著称的画家，正创作一系列以投机客和军人为主题的画作：一位投机客赶着四驾马车碾过一位倒下的美国士兵，穷困潦倒的老兵卖掉手表和鞋扣来还贷款的利息，一位以十分之一面值卖掉债券的少校悲伤地死在狱中。

麦迪逊到目前为止已经表明了自己的立场，他认为"以任何借债还债的方式还债都将是祸端"。然而，他是个现实主义者，尽管看上去很谨慎，但在国会里他是个坚定的斗士：他虽然输掉了一场战役，但打磨汉密尔顿总体方案的战斗才开始。因此他的立场跟联邦主义者的差异更大了，后者认为他已经背离了民族主义的原则。"他与我们不是一路人，"费希尔·埃姆斯很厌恶地说，"如果他算是一个朋友，那他比公开的敌人还要难办。他身上有太多弗吉尼亚人的特征，太害怕那些暴民叫喊着弄死他，他的床边每晚都有帕特里克·亨利的影子出没。"西奥多·塞奇威克猜想，麦迪逊是不是已经变成了反联邦主义者，或者他是不是只想着迎合选民"自私自利的动机"，或许他是要"代表那些不满的美国人发出声音"？只有时间才能给出答案，塞奇威克在给妻子帕米拉的信中称。

2月23日，是否区别对待债券的战场硝烟还未散尽，众议院又投入一场更有争议的战斗中去了——各州的债务该不该由联邦政府偿还？这个问题是关乎各州地位的关键性问题。这一次，战线并没有那么清晰，而随着北卡罗来纳加入联邦，两派势均力敌：一方是信奉反联邦教条的议员、付清债务的州选出来的议员、主张全面拖欠债务的议员、糊里糊涂的随大流者，以及反对任何投机行为的议员组成的松散联盟；另一方是债务缠身的州选出来的议员、把债务看作创造性工具来强化中央政府的传统联邦主义者，比如汉密尔顿。尽管汉密尔顿知道华盛顿支持他，但他"不能把这种情绪表露出来",为的是支持总统避免任何形式的行政干预国会,汉密尔顿私下告诉弗吉尼亚的朋友。总统比谁都清楚,债务最重的州要不是坚信他们在战争中的牺牲会得到回报,他们可能早就放弃独立战争了。但华盛顿仍旧一言不发。

在"关于公共信用的报告"中,汉密尔顿提出,如果联邦政府不承担所有的债务,各州将自行解决各自的债务问题,将导致各州之间甚至各州与联邦政府之间相互竞争,他们将以不同的利率水平尽可能获得数目有限的投资者的青睐——结果会是"相互妒忌和拆台",哪怕不走向敌对也差不多。关于这一点,来自马里兰波特塔巴科的联邦主义者、蓄奴的种植园主、42岁的众议员迈克尔·詹妮弗·斯通——颇具讽刺意味的是,其种植园的名字是"平等"——警告说,如果国会敢于支持汉密尔顿的方案,那么这将是"蒙着眼睛跳了一大步"。斯通经常生病——传言说他得的是"爱的后果",也就是性病,他出现在联邦大楼的机会并不太多,但只要他有力气说话,他的发言往往会比较生动服人。

如果一个方案能让国会支配各州的收入,它当然会让"我们更团结",斯通表示。但那是美国人想要的吗?那样符合宪法吗?国会有什么权利让联邦政府承担这样一大笔巨额债务,然后开始新的税收还债?如果哪个州蠢到同意这个方案,它就是放弃宪法赋予的权力。"这件事情结束后,会不会有人觉得把州政府全部撤销了更方便?"他提出了疑问。肯定还有更坏的事情。过不了多久,似乎频繁进行选举会"很不方便","方便的原则"将会把官员任期延长到7年或10年。"最方便的将是选一个任期一辈子的人出来,之后让立法机构去填满所剩的空缺。"然后,人民"就在政府的关照下辛勤劳动就可以了。不对,对于没有了自由的人们,最方便的政府是专制政府"。斯通想说的是,联邦政府承担债务之后,就在独裁的道路上又迈出了一步。

在是否由联邦政府承担债务的问题上,支持的和反对的旗鼓相当。反对的议员主要来自弗吉尼亚、马里兰以及北卡罗来纳(该州议员还没到位,预计会反对)这些已经付清了债务的州,宾夕法尼亚、康涅狄格和南卡罗来纳则强烈支持。持支持态度的还有纽约、新罕布什尔和新泽西的部分议员。马萨诸塞和南卡罗来纳——这两个在战争中损失最惨重的州——态度最积极。(它们的债务加在一起达到了全部债务的40%。)包括麦迪逊在内的弗吉尼亚人提出,再让它们承担额外的债务是不公平的。"小小的特拉华"也是如此,按照新的债务计算方法,它需要承担20万到30万美元的债务,连一贯很温和的理查德·巴西特都抗议说他们难以接受。

各种不同意见都有。斯通很不满,马里兰这种已经还清了债务的州为什么还要分担南卡罗来纳的债务?马里兰和南卡罗来纳之间没有可比性,伊达诺斯·伯克反驳道。出生在爱尔兰的伯克是一位富有的法官,曾经反对批准宪法。他因为说话方式伤人,喜欢说"错话、粗话和爱尔兰话"而名声不好。他强烈支持在白人之间实行共和式平等,是众议院捍卫奴隶制的强硬派。独立战争之后,马里兰毫发无损,伯克怒吼道,而南卡罗来纳的债务并不是为了一己之利欠下的。"在南卡罗来纳州,沿着每一条路走过去,都能看到战争蹂躏过的惨状:残垣断壁到现在还在告诉人们英军的行进路线",而当地的居民则饱受战争带来的灾难,首府被占领,男女老幼被印第安人和英国保守党人残忍杀害。"南卡罗来纳无法像其他州那样努力还清债务",这很让人意外吗?他大声质问斯通。斯通冷冷地回答说,不管怎么样,马里兰已经还清了债务,而南卡罗来纳还没有。

3月1日,麦迪逊提出了一个妥协方案:各州的债务状况按照1783年战争结束时的水平进行"考量"。这个听着莫名其妙的方案是指,如果所有各州的债务都由联邦政府承担,如同汉密尔顿期待的那样,那么已经还清了全部或大部分债务的州,将可以为所付出的部分获得补偿。一部分州的债务由联邦政府承担,而另一部分州得不到这个优待"不可不让相当一部分美国人心生怨恨",他说,因为收来的税都进入中央政府用于还债,而"那些边远的州"却得不到任何利益。但是,如果他的方案被采纳,他说,那些州征收的税将留在本州。当然这样做就彻底否定了汉密尔顿打算利用共同承担债务的契机团结各州的政治目标。

最愿意让联邦政府承担债务的是以商业为主导的纽约和新英格兰议员。在马萨诸塞西部这个谢司起义的中心,人们的情绪尤其让人着急。据《斯托克布里奇西部之星》预测,如果联邦政府未能承担所有债务,税负压力太重的马萨诸塞居民就会全部跑到相邻的纽约州去,该州没有债务问题,却有大片未开垦的良田。支持汉密尔顿的联邦主义者只得到了埃尔布里奇·格里的支援。格里提出了州政府的权力问题,这间接地支持了财政部部长的方案。虽然格里同意共和制小政府的理念,但他也是个富有的商人,对国际航运进行了大量的投资,非常依赖对外信誉。他直截了当地对麦迪逊的金融方案提出了批评,明确地说他认为弗吉尼亚人不懂基本的金融规则。格里认为,麦迪逊的提案会让各州的债务"越积越多","最终我们将发现偿还利息都变得非常困难"。换言之，国家将还不起债务。

然后，格里声明，在他看来联邦政府的债务和州政府的债务之间没有任何区别。认为把债务合并到联邦政府头上，会让联邦政府权力扩张，而州政府权力"被压缩"，这种想法是错误的。如果那种想法有道理，他会像所有人一样坚决反对由联邦政府承担债务。如果不能合并债务，实际上各州的自治权将遭受损失。为什么？因为如果国会拒绝由联邦政府承担债务，其结果是产生两派敌对的力量：一面是联邦债权人，另一面是州债权人，后者只要觉得联邦政府的措施有利于中央政府而不利于州政府，就会提出反对。"这样就会在联邦内部种下不和谐的种子"，他预测说，最终州政府和联邦政府的运行都会被颠覆。

到3月初的时候，主张合并债务的一方在参议院占有很大优势，但在众议院几乎没有优势可言。联邦大楼的气氛变得非常紧张。"有必要继续付出努力让多数派保持团结。"西奥多·塞奇威克忧心忡忡地说。不久就被任命为大使的法国代办补充说："派系产生以后就开始相互为难了。冷静的辩论演变成了意气用事，很难再让国会审议像之前一样平静有节制了。"由于北卡罗来纳的五名议员即将来到众议院，而他们是反对合并债务的，因此议案获得通过的胜算越来越小，汉密尔顿没办法不担心。

第十四章

骚乱的号角

Chapter Fourteen

The Trumpet of Sedition

担忧情绪四处弥漫。

——约翰·彭伯顿,1790 年 3 月

国会辩论的气氛并不融洽，此时流感也来添乱，雨雪频仍的天气让纽约的土路街道泥泞不堪。威廉·麦克莱和马里兰的威廉·史密斯两个人都说"头疼欲裂，喉咙发炎"，而塞奇威克则得了"眩晕症"，原因是抽了16盎司（约455毫升）的血。他之后安慰妻子，感觉"好多了"。西奥德里克·布兰德倒是没有被传染上感冒，但痛风几乎让他处于半瘫痪状态。他痛苦地呻吟，说痛风让他的"手、脚、膝盖和胳膊肘疼痛难受"，湿冷的天气则让他的痛苦有增无减。坚忍的罗伯特·莫里斯尽管是国会里最富有的人之一，却穿着一双"有破洞的"鞋子走在冰冷的烂泥路上。可怜的莫里斯给费城的妻子写信，让她以最快的速度寄一双新鞋过来。

国会特别委员会的报告也没能改变其总体氛围。报告最具实质性的内容明确否认了国会有权解放奴隶，或在1808年之前干预奴隶贸易，这也是宪法规定的。这就是佐治亚人和卡罗来纳人想要的结果。但是，让他们气愤的是，报告认为应该对进口奴隶征税——北方人认为这个规定有助于抑制奴隶贸易——鼓励各州修改法律改善奴隶的待遇和"幸福"，授权政府禁止外国人在美国港口建造或保养运奴船。最糟糕的是，报告大胆地提出："但凡可以在公正、人性和良好政策的基础上加以推动的，国会应在权利范围内，以教友会请愿者的人道主义目标为行为准则。"这些要求听起来好像同意了教友会提出的假设：奴隶制出问题了。

当3月16日国会再次讨论请愿状的时候，支持奴隶制的势力立刻发起了进攻。领头的还是詹姆斯·杰克逊，他连续数日扯着嗓子大吵大嚷，听上去不像是要说服谁，而是要吓唬支持教友会的议员。他引经据典：《歌罗西书》《哥林多前书》《提多书》《彼得书信》《旧约全书》《摩西律法》。他还引用了埃及人、腓尼基人、巴比伦人、希腊人和罗马人的传统，他们可以依法卖掉自己的孩子。他的发言很务实：奴隶制有可能是"不好的做法"，却什么也不能做——只有黑人的身体条件可以去开垦南卡罗来纳和佐治亚的炎热地区，没有人可替代他们。他的发言也很爱国：国会肯定不想让国家失去奴隶开疆拓土带来的税收。他的发言还讲人种差异：非洲人天生不会驾驭自由，他们"在母乳里已经吸收了专制统治的营养"。一旦让他们获得自由，他们要么被全部驱逐出境，要么融入白人社会。前景无法容忍。"无论教友会信徒多么愿意接受这种民族融合，乐意把女人嫁给黑奴的儿子，让自己的儿子娶黑奴的女儿，"他带着讽刺口吻说，"总还有许多人不愿意这个发生。"英国人尝试对获得自由的黑人进行殖民统治的时候，已经造成了无法收拾的灾难；把他们都驱赶到北美边境的想法也很欠考虑，因为"他们中间肯定有人崛起为统治者，其他人只能继续做奴隶。也或者这些人会变成印第安人的奴隶"。奴隶制是美国社会的一个有机组成部分，任何废除这一制度的企图，只会撕裂目前还很脆弱的民族共同体。教友会吹响的是"骚乱的号角"！如果他们真的那么热爱黑人，"让他们去非洲吧。在那里他们可以与黑人通婚，然后生下混血的孩子"。

南卡罗来纳的伊达诺斯·伯克补充说，"我们的仆人"在美国的生活比在非洲幸福又安全得多。住着舒适的房子，穿着干净的服装，享受着医生的服务，他们现在生活得"安逸而富足"。解放奴隶不仅"对公共利益造成不利影响"，而且对于黑奴自己也是一种摧残。南卡罗来纳的威廉·劳顿·史密斯警告说，南方人不会任由那些自以为站在道德制高点的人把他们的财产"从他们身边分开"。奴隶制涉及道德问题吗？"如果其在道德上是有罪的，它就和其他在文明国家广泛存在而得到全世界默许的一样。"他讽刺地说道。奴隶贸易问题真的有批评者说的那么糟糕吗？难说。"所有的海上旅行都会有诸多不方便的地方，非洲到美国也不例外。至于奴隶在船上所受到的种种限制，也是不得已而为之。说每个人所获得的空间有限，那还比军营里的士兵住得宽裕呢。"

教友会天真地以为他们能获得政府某些重要人物的支持，因为有些人曾公开反对奴隶制。华盛顿总统尽管拥有奴隶，但也希望稳步推进废奴进程——不到三年前，他曾私下声明："我最主要的愿望之一就是看到立法机构采纳某个方案，使这个国家的奴隶制能缓慢地、稳步地、不知不觉地被废除。"现在，他却对此事避而不谈，甚至说真希望教友会没有带着这些"非常不合时宜的"请愿出现过。亚历山大·汉密尔顿是纽约废奴协会的发起人，众所周知的反奴隶制人士，现在也只是冷眼旁观。他担心关于废奴的辩论如果持续发酵下去，想让南方人支持他的金融方案，可能一点机会都没有了。

对地区分裂的担心并不是没有道理的。当国会即将投票全面废除奴隶制的谣言传到弗吉尼亚时，奴隶主们立刻警觉起来，奴隶买卖的价格暴跌。前段时间，联邦政府将要承担各州债务的消息已经让人非常不满,再次听到废奴的传闻,一时可谓怨声四起。来自查尔斯顿的报告说,教友会的请求对"奴隶主的影响不亚于使徒保罗在以弗所布道引起的骚乱"。

国会里名义上支持教友会的那些议员对南方人的强烈反应却表现得很平淡。"担忧情绪四处弥漫,"约翰·彭伯顿给兄弟写信说,"他们担心南方代表把事情闹大,因而选择了妥协。"向来乐善好施的新泽西议员伊莱亚斯·布迪诺特赶忙安抚南方人说,至少他不会支持全面解放奴隶这样"过分的举动",因为"在让这些不幸的人获得自由的同时,任由其自相残杀,或由于缺乏生活所需而走向死亡,本身也是不人道的"。约翰·瓦伊宁被支持者说成"特拉华的宠爱",代表了很多教友会选民的利益,说眼下的问题不过是个技术问题——"如何在一个抽象的贸易问题上体现宪法的权威"。尽管"人生而平等"是不言自明的事实,人的自由是不可剥夺的权利,无法进行买卖,但请愿状无法让"一部分财产"得到解放。

费希尔·埃姆斯越来越有代表新英格兰利益的趋势,他为教友会的请愿耗费了大家许多时间客气地表示了遗憾,申明自己反对"把众议院讨论的问题当作议案提交"。然后,詹姆斯·杰克逊也含糊其词地为自己之前的行为表达了歉意,并正式地对埃姆斯的"行为"进行了称赞。似乎大家已经达成了某种默契,这里面或许有麦迪逊居中调解的功劳。"这事变成了你帮我挠痒痒、我也帮你挠痒痒一般的利益交换。"彭伯顿以对教友会信徒而言很腻烦的方式写道。据他猜测,至少有几位北方议员以反对请愿为条件,交换南方人对债务问题的支持。"金融方案才是他们的心头最爱,他们希望得到卡罗来纳和佐治亚人的赞成票。"

如果说北方人承认接受南方奴隶制时感觉恶心，南方人对教友会也一样感到"恶心"，威廉·劳顿·史密斯在众议院的发言席上公开表示。运用奴隶制支持者惯用的含沙射影手法，他借机控诉了教友会信徒的虚伪和秘密性行为。他把教友会信徒和另一个单独的震颤教派（该教派主张禁欲）混为一谈，这些人被他称为"震颤教友会"。"然而，震动和颤动的结果是，你发现他们儿女成群。"尽管教友会的做法让人厌恶，他说，但是通过宪法"我们双方达成了妥协。我们接纳彼此的不足和问题，同舟共济，北方各州容忍我们拥有奴隶，我们也容忍他们有教友会"。

出现在高处访客包厢里的教友会信徒似乎让他们看到了敌人的存在。杰克逊发言的时候恶狠狠地向上瞪着他们。还有人抱怨他们在牧师祈祷的时候拒绝脱帽的问题，说是对国会的不尊重。身穿黑衣，头戴宽边黑帽，史密斯嘲笑他们是"盘旋在我们头顶的邪灵"。整个过程中，筋疲力尽的彭伯顿写道，教友会信徒静静地坐着，"在长时间的滞留期间，我们尽可能地保持镇静和顺从"，边看边听边祈祷，"告诉自己，也告诉他们，我们正等待结果"。

早在 2 月的时候，麦迪逊就试图对请愿进行冷处理，使人们慢慢忘了这件事。但他的愿望被佐治亚和卡罗来纳人的激烈反应打破了。现在麦迪逊决定利用他们总是威胁退出联邦为手段开创一个先河，一劳永逸地阐明国会拥有对奴隶制进行立法的权力。在 21 世纪的今天，这项权力需要最高法院裁决，但在 1790 年 3 月的时候，最高法院还在筹备之中，缺乏经验，也不具备后来成为宪法权威基础的司法审核权。要想让国会如麦迪逊期望的那样永久结束对解放奴隶问题的讨论，现在就是时候了。国会确实这样做了。

众议院辩论完毕之后，连最让人感动的人道主义感情都消失了。之前提到的"公正、人性和政策"消失得无影无踪，对进口奴隶征税、鼓励各州立法改善奴隶境遇的话也没人再提，甚至连禁止外国运奴船在美国港口做养护的话也不再提及。众议院不但没有为将来废除奴隶制立法打下基础，还明确表示对现状和保护奴隶制的支持。关于奴隶制的立法权，报告中说，属于各州。新罕布什尔的埃比尔·福斯特后来披露说，他投了支持上述条款的决定性一票，这个条款确定国会无权废除奴隶制，以"让报告满足佐治亚、卡罗来纳等地人们的要求"。

还有最后一点小摩擦。一心想要抹去教友会请愿一切痕迹的南方人，反对把委员会的报告记录在众议院日志里，而在关键问题上获胜的麦迪逊现在则可以表现得大度一些了。他提议把委员会的报告加入众议院日志，这样既能对吓坏了的北方人表示善意，也不会对南方的朋友造成负面影响，因为就如同历史学家威廉·C.迪·吉奥克曼东尼奥所说的，此举已经"成功地把他们埋进了一座无名墓"。

教友会的行动没有任何实际结果，但并不是没有意义。他们的行动明显加深了南方对北方的猜疑，这在接下去讨论定都问题时表现得淋漓尽致。这次行动也造成了一种非官方的"禁止公开讨论某问题的规定"，该原则将在19世纪30年代明确禁止在国会讨论奴隶制的问题。影响更加深远的是形成了一套支持奴隶制的论辩套路——改进、打磨、不断重申，这将在之后70年的辩论里一再使用，直到南方人在1790年公开扬言的事情终于发生：脱离联邦和内战爆发。"我们先前的强烈抗议产生了一个好结果——他让众议院认识到，南卡罗来纳和佐治亚将以挑剔的眼光审视任何与黑奴有关的措施。"威廉·劳顿·史密斯得意扬扬地说，"我们明确告诉他们，只要国会试图直接或间接地采取某种措施影响到我们在这方面的利益，他们肯定会遇到来自这些州的反抗，这几个州肯定不会屈服，肯定会对有可能干涉我们黑奴财产的任何举措表达最强烈的反对。"

教友会信徒太天真了：他们太过相信自己微弱的说服能力，不知道那些人并不拿他们的请愿当一回事。然而，他们提升了请愿这一宪法赋予权利的地位，这个如今主要用于申诉个人冤屈的手段，被当作政治武器使用。19世纪废奴运动支持者就充分发挥了这个手段的宣传作用，在国会讨论奴隶权利时大加利用。但是，教友会信徒最终离开纽约的时候，带走的除了感冒，就只有对手的嘲笑。"我们的朋友逃离时没有缺胳膊少腿或者被淹死，已经算是福大命大了。"约翰·彭伯顿冷冷地说。

锐气尽失的教友会信徒打道回府以后，乔治·华盛顿带着明显的放松和莫名的乐观情绪给弗吉尼亚的朋友写信说："奴隶问题终于结束了，将来也不大可能再引起麻烦了。"

辩论结束后，当支持奴隶制的力量弹冠相庆的时候，本杰明·富兰克林又杀了个回马枪。就算已经一病不起，他还是用辛辣的讽刺文学好好地嘲笑了一番他们的虚伪。他借用一个虚拟的巴巴里阿拉伯人，一个名叫默罕默德·易卜拉欣的黑人之口，把詹姆斯·杰克逊怒气冲天的演讲重演了一遍。他说，不继续绑架白人基督徒，把他们变为奴隶，阿尔及利亚的经济就要崩溃。通过这个细节，富兰克林是要引起人们关注被绑架的几十个美国海员，关于他们的困境已有很多报道，很多人已经被绑架了好几年。而事件的主使就是所谓的巴巴里海盗，他们主要是在北非海岸出没的阿尔及利亚人。美国无法保护本国商船安全，有力地证明了其在公海的窘境，这一点美国人竟然都还没意识到。"如果我们不把他们的人变成奴隶，谁来在这种炎热天气为我们耕种土地？谁来负担我们城市和家里的杂务？难道要我们变成自己的奴隶吗？"如果不能保证白人奴隶的持续供应，"我们的土地将因为开垦不足而荒废"，阿尔及利亚的经济也将受损。"为什么这么做？为了满足一群怪人的怪想法。他们不仅让我们停止拥有更多奴隶，还要解放我们拥有的奴隶。"给白人奴隶自由将是不公平的，因为他们必定成为阿尔及利亚经济的负担——"人一旦习惯了奴隶制的生活，如果不逼迫他，他就不会自己生活。"从另一方面来看，虽然被束缚着，但他们有吃的，有穿的，住宿不花钱，还能沐浴在真正宗教——伊斯兰教——的阳光里。易卜拉欣认为："把这些奴隶送回家，就是把他们带离光明而投入黑暗。"通过促成宾夕法尼亚废奴协会向国会递交请愿，富兰克林最后的政治行为，是想把奴隶制问题推上全国议事日程，而不是牢牢地变成社会结构的一个部分，可惜他没能成功。不到一个月，富兰克林就与世长辞了。

3月21日，托马斯·杰斐逊终于从弗吉尼亚"走过最难走的一段路之后"到达纽约，赴任成为这个国家的首位国务卿。这是总统华盛顿和他的门生詹姆斯·麦迪逊努力了五个月的结果，麦迪逊更是专门在圣诞节期间赶到蒙蒂塞洛，再一次请求杰斐逊去纽约参加新政府的管理工作。（1月24日，麦迪逊还给杰斐逊写信说："大家都渴望你接受工作邀请。")而杰斐逊早就表明自己对这个工作不太有兴趣,他想回巴黎。就算不能回巴黎,他也情愿待在家里享受作为当地乡绅的荣耀。但总统需要他去纽约。"如果我回到巴黎,那就是明确告诉别人我不喜欢这个工作,我确实对那个职位没兴趣。"他给之前在巴黎的助理威廉·肖特写信时说了实话。

出发之前需要做很多准备工作。杰斐逊要写很多封信:要终止巴黎的租约,要付清仆人的薪水然后解散他们,马匹和马车要卖掉,油画、红酒、大理石雕像和底座、软百叶窗、墙纸、各种美食——通心粉、巴马干酪、马赛无花果、葡萄干、杏仁、芥末、油以及凤尾鱼——需要打包装船。书籍需要单独打包,装在衣柜抽屉里的"哲学工具书",需要和家具一起运往纽约。而在蒙蒂塞洛的家中,储备的小麦和烟草要装好卖掉,债务需要还清,奴隶需要过问,温室里养的很多株植物——木兰、鹅掌楸、蜡梅、黄樟——需要用泥土保护好根部,送给一位法国的朋友。

3月1日,杰斐逊出发了。出发前数日,他让18岁的女儿玛莎与贵族小托马斯·曼恩·兰道夫完婚。把另一个12岁的女儿波莉送到孩子的姑姑伊丽莎白·威尔斯·艾普斯家寄养,杰斐逊在路上还给孩子的姑姑写信,叮嘱她让做事没常性的波莉每天读10页《堂吉诃德》。在大雪纷飞的亚历山德里亚,杰斐逊告诉众人,共和政府是唯一"不会永远与人权发生公开或秘密冲突的"途径,年幼的美国已经是世界各地人民的灯塔了,"为像我们一样渴望摆脱独裁统治而苦苦挣扎的民族指明了方向"。

他带着两个仆人,罗伯特·海明斯和詹姆斯·海明斯两兄弟,乘坐两驾轻便敞篷马车,离开了蒙蒂塞洛。由于在亚历山德里亚遇到降雪，他最终选择用船把马车运到纽约，自己则乘坐公共马车"一路颠簸"而行。沿途的路非常难走，白天时速勉强能达到3英里，晚上则只有1英里。而频繁发作的偏头疼让旅途雪上加霜。他在巴尔的摩休整了一天，在费城又待了一天，去看望弥留之际的富兰克林。罗伯特·海明斯则继续前行，先后为杰斐逊在纽约的城市客栈和国王街上的旅店安排好了住处。最终，杰斐逊和海明斯兄弟落脚在仕女巷的一间房子里，街角转弯处就是麦迪逊的住处。

新来的国务卿有无可比拟的城市生活经历，这让他迅速受到了纽约社会精英的追捧。"杰斐逊先生在纽约，对交际圈是件大好事。"阿比盖尔·亚当斯告诉姐妹们。他对上流社会的生活并不陌生，但这座城市浓烈的商业气息和难懂的联邦主义政治话语倒是让他颇感意外。（他后来给本杰明·拉什写信时说道："我认为大城市对人的道德、健康和自由是有害的。"）用餐聊天时，他常常发现只有自己"从共和的角度看问题"——这些人和他1784年离开时了解的爱国者相去甚远。"政治是聊天的主要话题，而人们的情感明显偏好一种君主政体而非共和政体。"他同样厌恶国会大楼里"那些模仿皇家仪式和礼仪的做法"，还有政府里地位高人一等的议员表现出的贵族习气。

杰斐逊刚刚从法国回来，他的声名没有受到起草宪法以及后来一个州接一个州地批准宪法过程中各种意识形态战争的影响。但他现在还不算后来称之为政治"玩家"的那种人。他不是国会议员，而国会才是政府运作的引擎。政府已经运作了一年，而他现在才加入其中，成为一个除了他以外只有三个职员的部门领导。他负责的工作费时费力，又牵涉很广。除了涉及像版权问题和国土部门工作这样的内政事务之外，还涉及如何制定政策营救被困在阿尔及利亚的美国海员（政府根本没钱支付赎金）、如何处理英国定居者对马萨诸塞缅因地区的侵犯（杰斐逊需要找到一张可靠的地图，确定边界的位置）等外交麻烦。

对杰斐逊来说，工作中最迫在眉睫的问题是如何处理好与法国的关系，这对美国来说至关重要，但由于法国深陷大革命的旋涡而进展缓慢——与威廉·肖特的书信往来要花上几个月。履职没几天，杰斐逊就得到消息，说法国王室被从凡尔赛宫带到了巴黎，皇家卫队的士兵已经被杀害，首都开始实行戒严令。随着联邦主义者慢慢了解杰斐逊的真实看法，他们将会大吃一惊：杰斐逊竟然对大洋彼岸如火如荼进行着的流血革命充满热情。"我喜欢不时来点反抗活动"，他曾这样跟麦迪逊说，而后者对他的亲法立场则表现得很谨慎，"就像暴风雨一样"。杰斐逊对反抗活动的热情劲局限于白人中间。尽管他公开反对奴隶制，认为其腐蚀了白人的道德基础，但他从没有释放过一个奴隶。他认为黑人天生"在身体和智力方面的禀赋低白人一等"，身上散发着"强烈而难闻的味道"，缺少纤细的情感，无法进行复杂的思考，没有白人那般剧烈的痛感，或许与猩猩更像。这些观点都记录在他1781年出版的《弗吉尼亚州笔记》里，教友会向国会提交废奴请愿时，有两个支持奴隶制的议员就曾得意地引用过杰斐逊的这些观点。

威廉·麦克莱尽管与杰斐逊持某些相似的激进观点，但他在那个春天第一次见到杰斐逊时，印象并不好。他认为杰斐逊身材瘦长，但身上的衣服偏小，"神色拘谨"，"表情木然"，没看到"他作为

第十四章　骚乱的号角

部长应该表现出的稳重和镇定"。麦克莱从来就不是非常乐观的人,而现在阴冷潮湿的春天让他更加难过。经过数月的辛勤工作,他忍受着思乡之苦和风湿病痛,终于被流感击倒了。他不断做噩梦,梦中有几个女人飞来飞去,有男人从锯木厂的屋顶跌下摔死,有死掉的孩子,醒来时总是又累又迷糊。就算他打算出去放松一下,结果也事与愿违。4月中旬,他和其他人一起骑行前往风景如画的哈勒姆平原,但半路突然刮起刺骨的寒风,他们只好掉头返回城里,他郁闷地感叹:"人生不如意十之八九,这次也不例外。"而另一次远足则让他心情更糟。他与众人一起去看屠牛的情形,那一幕太残忍了,在他脑海里久久没能散去。为了得到放血的牛肉,屠牛的过程中,牛的脖子被套上绳子在远处拽着,屠夫一刀一刀把它的颈静脉切开放血,直到牛气绝丧命为止。"人啊,这样太惨无人道啦。"他向日记本吐露苦水。但最让他沮丧的还是联邦大楼的政治僵局:"缓慢女神似乎已经掌控了国会。"

虽然教友会的请愿已经被正式扔进了国会的废纸篓,但它却让南方人的怨恨情绪慢慢渗透到了金融方案的辩论之中。华盛顿的邻居戴维·斯图尔特从弗吉尼亚向他报告说,"由于奴隶问题而引发的愤怒情绪"又在公众之中蔓延起来,因为是否该由联邦政府承担债务的问题再次点燃了它。教友会到达国会之前,威廉·劳顿·史密斯曾做过计算,赞成联邦政府承担债务的票数领先5~6票,他自己也属于赞成派。现在这个优势蒸发了,他认为如果金融方案最终破产,责任应该直接归咎于教友会提交的废奴请愿。史密斯指责教友会信徒"执迷不悔",声称"在政府建立时明确要保护私人财产后,这么快就看到有些人企图剥夺我们的财产,真是让人感到非常痛心"。与其他关键性的南方议员一样,史密斯现在也感觉自己与宾夕法尼亚人越来越疏远,他们过去支持教友会——更过分的是——现在又想尽一切办法要把未来的国家首都拉到他们所在的州。不仅是谁承担债务的问题,整个金融方案都在这国会的僵局中前途未卜。作为反对联邦政府承担债务的主要人物,麦迪逊得意地说,该方案通过的可能性一天比一天小,预计最终将被彻底否决,虽然很可能一两轮投票之后结果就见分晓了。

国会无法有效运转,受伤害最深的是经济不景气的马萨诸塞。该州深陷债务泥潭,非常依赖海上贸易。一名波士顿商人抱怨"我们的渔业在萎缩,这个春天出海的渔船少了100艘",而港口却"挤满了英国船只",美国船东正眼巴巴地盼着有生意可做。麦迪逊受到北方人的严厉批评,北方人责怪他亲自阻止国会通过联邦政府偿还债务的法案。有人恼怒地表示,麦迪逊的行为"让他的很多朋友觉得恶心",而积极倡导联邦政府还债的西奥多·塞奇威克则谴责弗吉尼亚人不负责任地散播"没有根据的事实、怪诞的假设和没有说服力的推断",意在扼杀汉密尔顿的金融方案。另一位知名北方人士惋惜地说:"他越来越像南方人了,失去该有的坦率和克制。"

无论麦迪逊还是汉密尔顿,都无法获得足够多的选票占据上风,辩论就在连绵不断的阴雨天气里一周又一周地耗着,其情形像极了纽约泥泞的大街小巷。辩论过程并没有什么新鲜内容出现。反对联邦政府还债的一方认为,各州应该承担各自的债务,很难把债务里属于联邦政府的部分和属于州政府的部分分清楚,该方案对于已经还清了债务的州不公平,无论如何,这样做都不符合宪法规定,因为宪法里找不到这方面的明确表述。

支持联邦政府承担债务的反驳说,既然债务是为了整个国家而欠下的,联邦政府当然就有责任偿还,被战争重创的州已经不可能再让税负沉重的纳税人承担更多压力,联邦政府同意偿还债务有益于加强其与债权人的关系,全国的资源将能很快实现还本付息的目标。至于有些人认为这样做不符合宪法规定,来自康涅狄格的众议员罗杰·舍曼驳斥道,宪法本来就有一定的弹性和包容性,"如果一项措施是公正的,不能因为宪法没有提及就拒绝采纳它"。

在这些让人耳熟能详的观点背后,是像危险的礁石一般若隐若现的州权主张。在未来的70年时间,它将继续挑战联邦政府的地位。比如,弗吉尼亚的众议员亚历山大·怀特就说出了让人惊讶的话:主张联邦政府还债的人在提到"联邦的利益"时犯了个明显错误,就好像除了各州以外,联邦还有别的什么利益一样。仍然很有影响力的弗吉尼亚前州长帕特里克·亨利则暗示,如果国会胆敢批准联邦政府还债的方案,脱离联邦就可能是唯一的结果。谁也无法预测事情未来的走向,焦虑的联邦主义者约翰·瓦伊宁说:"我感觉自己身处绝境,走错任何一步都有可能粉身碎骨。"

4月12日,联邦政府偿债方案在全体委员会投票中以两票的劣势被否决。汉密尔顿没有对这次失败留下只言片语,但他那些朋友们的反应或许在一定程度上代表了他的心情。专门跑到楼下众议院会议厅看投票结果的麦克莱记载,茫然的塞奇威克抓起帽子,走出大厅,回来的时候脸上留着泪痕,格里看着像死人一样表情呆滞,布迪诺特嘴巴张得像马蹄铁,"菲茨西蒙斯脸涨得通红",克莱默"抻着脖子挺着腰,动作像极了火鸡或大鹅,不断咽着口水"。然而,麦克莱高兴得太早了,战斗还远没有结束。

第十五章

密谋、会晤、计策、反计

Chapter Fifteen

Cabals, Meetings, Plots, and Counterplots

你们这些傻瓜,真是又蠢又傻又糊涂,
你们还是波托马克人吗?你们还是波托马克人吗?

当联邦政府的偿债方案越发难以取得进展时，国会同时还在进行着另一场激烈但同样没有结果的讨价还价——未来的联邦政府所在地问题。"定都问题如幽灵一般挥之不去，一天没有定论就一天不得安宁。"乔治·撒切尔如是说。他认为哪怕再过一个世纪，这个问题也解决不了。这两个问题如同戈尔迪之结一般纠缠不休，让国会的立法功能陷入困境。现在已经很明显，未来政府所在地的问题，实际上涉及两个独立又相互关联的问题：指定永久首都，以及永久首都建设过程的临时首都。相应的，汉密尔顿的整个金融方案似乎就是因为无法调和的债务问题而被迫搁置的。

确定政府的首都可不只是找块地盖一片房子那么简单。根据《联邦条例》的要求，行政机构多年来一直四处漂流，宪法规定设置永久首都，不仅是为了稳定，更是为大多数美国人塑造一个团结的象征——一个不属于任何州，而属于整个国家的区域。人们相信，无论选址在哪里，联邦政府首都将来一定会成为这个国家最了不起的城市，其影响力将辐射周围大片区域。例如，对理查德·亨利·李而言，毫无疑问大批市民会被吸引到这个"全国交易"中心，因为他相信各州征收的消费税将来都会集中于此，也用在这里。

选址问题现在主要集中在几个选项上：无限期地留在纽约市，

或者搬到位于宾夕法尼亚或新泽西州某处靠近费城的地方，或者巴尔的摩，或者波托马克或萨斯奎哈纳。白天的辩论结束后，纽约的旅社和酒馆仍然有议员私下接触交流，妥协、交易和流言蜚语都在默默进行着。新英格兰人与纽约人凑在一起，纽约人又和卡罗来纳人聚在一起，宾夕法尼亚人几乎和每个人都有接触。麦迪逊评论说："定都的问题变成了一个谜。"据传言，如果宾夕法尼亚人反对联邦政府偿债方案，弗吉尼亚和马里兰就会同意下一次国会在费城进行。纽约人也已准备好放弃他们对偿债方案的支持，以换取其他州支持把政府留在纽约。

各地区之间的敌意日益加深。宾夕法尼亚众议员、负责协调偿债辩论而受挫的托马斯·菲茨西蒙斯感叹说："大家都心怀不满，这时候想要就任何问题达成一致意见，完全不可能。"马萨诸塞不信任弗吉尼亚，弗吉尼亚不信任纽约；佐治亚不满意南卡罗来纳，南卡罗来纳不满意宾夕法尼亚。宾夕法尼亚人担心南卡罗来纳、马萨诸塞和纽约合伙阻止国会离开纽约以及那一群"保守党人、反联邦主义者和贵族出身的辉格党人"，而像亨利·李这样很有影响力，又对联邦政府持怀疑态度的弗吉尼亚人，对联邦不抱什么希望，除非联邦政府最终定都在南方。如果政府的"行政职能"不能留在南方，他告诫麦迪逊说："北方人将在国会形成垄断，就和其他事情一样。分裂联邦对于我来说是可怕的，但我认为那样也比现在这种状况强。我宁愿经历战争的危险，赔上身家性命，也不愿意生活在北方人永远占多数派的情形之下。"

麦迪逊的背后有一直保持沉默的总统，他们二人在联邦政府偿还债务的问题上分歧巨大，但他们一直对开发波托马克河谷意见一致。华盛顿是美国最大的跨阿巴拉契亚地区不动产拥有者之一，深知这个国家的未来将受到西进运动的深刻影响。他还是被称为"波托马克热"的最著名推手，河谷上下游闻风而动的投机商和地主，对开发波托马克河谷表现出极高的热情。"我认为，就是这条河流，而非其他因素，通过其自然的流经区域向内陆辐射，能够把大西洋沿岸的州和其西部人口日益密集（现在还无法想象）的广大区域连接起来，"华盛顿在1791年写道，"通过法律将其确定为国家的首都，将来势必很快让其流经的富饶而人口众多的区域，变成北美巨大的商业中心。"华盛顿曾经精心设计了一条路线，通过运输的手段，把俄亥俄河、莫农加希拉河西部支流、卡斯尔曼河、维斯溪、北布兰奇河、齐特河、波托马克河北支流，最终联通到大西洋。这条路线今天看起来不太可行，但在一个道路稀少、几乎所有长距离运输都靠水路的年代，它还是有些意义的。

在当总统之前，华盛顿预测，波托马克河谷的开发会带来"我所知道的世界上最大的投资回报"。在他的鼓动之下，想法类似的地主已经在1784年成立了波托马克航运公司，其股东包括沿河很多富人。1790年，华盛顿持有该公司的股份折算成今天的价格，至少有100万美元，这些股份的四分之三都是弗吉尼亚州免费送给他的。华盛顿曾担任该公司的主席，还曾鼓励很多政治盟友投资乔治敦的土地。如果最终定都在该区域，那么这里的地产将大幅升值。虽然华盛顿并未明确表态支持波托马克，但这已经不是秘密了。麦克莱写道："事实上，美国总统希望推动波托马克成为首都，他借助杰斐逊、麦迪逊、卡罗尔以及其他人来具体操作。"

第十五章　密谋、会晤、计策、反计

南方议员对汉密尔顿的不友好态度，对于国会运转不是好事。他们对汉密尔顿反对奴隶制的主张很是不满，怀疑他对南方有偏见。南方人还记得，7月4日那天，汉密尔顿在颂扬纳撒尼尔·格林将军的同时，曾经批评过弗吉尼亚出现的"尴尬情形"——独立战争期间，该州成千上万的奴隶叛逃投敌，其中好几个还是托马斯·杰斐逊的奴隶。旁听的人有些也认为，汉密尔顿如此轻视军队的纪律，是对格林率领的民兵武装的侮辱。如今，将近九个月过去了，在抨击金融方案的过程中，南卡罗来纳的伊达诺斯·伯克旧事重提——也许具体内容他已经记得不太清楚，说汉密尔顿曾故意中伤南卡罗来纳州（实际上他没有），言语如同"插进我胸膛的匕首"，以致伯克在当时受到极度伤害而无法进行回应。伯克转身朝向旁听席，他以为汉密尔顿在那里，用他自己的话说，要"当着汉密尔顿的面揭穿他的谎言"。主席敲槌示意伯克保持冷静，在众多"有头有脸的人"面前公开说别人撒谎是不可原谅的，麦克莱如此写。接下去的几天，发生一场生死决斗似乎不可避免，好在好几名国会议员强力介入调停，才避免了悲剧发生。这已经不是简单的个人荣誉问题，它有可能演变成民族灾难。如果汉密尔顿在决斗中牺牲，他的金融方案很有可能搁浅，那将给美国的财政体系带来无法预知的严重后果。万幸的是，伯克被劝着去做他该做的事情了。在他说出那番话之后一个星期，他提出如果汉密尔顿写一封公开信，声明绝无故意伤害卡罗来纳人的意思，他同意收回所说的话。

直到4月中旬，麦迪逊还不确定波托马克能不能在竞争中占据优势。虽然他拥有弗吉尼亚和马里兰代表团的强力支持，却不敢指望同时获得南方议员的赞成票，因为好几个人都明确反对进一步强化弗吉尼亚在联邦中的地位。他也知道，宾夕法尼亚在面积、财富、参议员影响力以及10名众议员的规模等方面的优势，都是不可忽视的。如果不能与宾夕法尼亚达成一致，波托马克的胜算就很小。唯一能让宾夕法尼亚人动摇的办法，他想，就是利用好一点：他们非常不愿意把首都留在老对手纽约境内。

在众议院，宾夕法尼亚代表团的领头人是托马斯·菲茨西蒙斯，一个能力很强，或许处事也很灵活的费城商人，他眼睛瞪得很大，"脸庞、举止和情绪都透着小心，也许还带着点忧惧和反感"，费希尔·埃姆斯如此不客气地评价他。而在参议院，代表宾夕法尼亚的是富有激情的罗伯特·莫里斯和较难打交道的麦克莱，后者希望定都在萨斯奎哈纳，远离存在奴隶制的南方，又不受大城市堕落文化的影响。莫里斯和华盛顿一样，认为他们的个人利益和公众利益正好一致。莫里斯已经在费城附近有希望成为首都的几个地方置业颇多，任何一个被选中，他都将大赚一笔。

莫里斯的航运企业遍布全球，加上大肆买地置业，他已经成为美国最富有的人之一，至少理论上如此。但他被认为是个不择手段的机会主义者和"投资者"，种植园主和平民主义者都对他很反感。"他什么话都说得出口，"麦克莱写道，感觉自己经常被这个更有激情的费城人抢风头，"我也不信他为人还有什么原则性可言。"（在国会第一次会议期间，莫里斯虽然提议定都新泽西的特莱顿或宾夕法尼亚的日耳曼敦未果，却也让麦克莱大力支持的萨斯奎哈纳错失良机。）莫里斯一度被认为是真正的爱国者，现在也遭人质疑了。尽管在独立战争期间担任财务总长时，他曾以自己的资产发放大陆军

第十五章 密谋、会晤、计策、反计

的粮饷，但是他的政敌控告他把公款转移到了自己的小金库。到1790年的时候，许多美国人对他的看法，就如乔治·撒切尔评价的那样，"他的财富散发着不诚实的味道"。

然而，莫里斯并不是冷血之人。他与妻子玛丽及几个孩子的频繁通信，内容都很感人。由于自己少年沦为孤儿，他对穷孩子的施舍一向慷慨。4月，在与妻子的一次典型书信往来中，当他得知妻子玛丽想办法给一个"可怜的弃儿"找到了好住处，不必再受残暴父母虐待时，他表示非常宽慰。他供养着一个兄弟和至少一个他的私生女，还援助了费城的一所学校，该学校由一名为抚养私生女而离开英格兰的移民开办。

议员之间的关系越发紧张。宾夕法尼亚众议员乔治·克莱默对"无休无止的争论"和"没完没了的拖延"非常不满，说"我们现在把这两点表现到了极致"。马里兰的威廉·史密斯补充说："长期陷入这种无所事事的状态，让人很苦恼。"公众对于瘫痪中的联邦大楼——以及新政府本身——的不满情绪达到了一个高点。"似乎一切都受到党派、阴谋和私下勾结的控制。"亚当斯的朋友约翰·特朗布尔感叹道。他对陷入僵局的审议有很多观察，担心"我们将告别曾经充满希望的联邦政府"。（尽管议员们要花很多时间在各个委员会进行讨论，但公众却看不到这一点，当他们得知国会议员每天正式工作时间只有四小时，却可以得到当时比较高昂的每天两美元薪水时，人们被激怒了。）

各种意见相左的议案层出不穷。莫里斯曾经宣布同新英格兰人及新泽西人达成了妥协，把首都设在费城政治和经济影响下的特莱顿。听闻此消息后，麦克莱立刻表现出了极其傲慢的一面，告诉莫里斯，从原则上说，他不会与任何人达成妥协。还警告莫里斯，与"东部人"讨价还价——新英格兰常被称为东部人——会让他失去马里兰及更南部区域的支持。麦克莱又高傲地补充说："我们必须满怀荣誉感地告诉别人，没得商量。"

当莫里斯带着务实的作风回应说"交给我办就好"的时候，麦克莱却说："不，先生，我不打算讨价还价。如果别人怀疑我们可以跟他们谈判，我们就完了。"

听到这话，莫里斯一定想发怒。就算麦克莱不清楚，莫里斯一定很明白，不跟他人谈判根本就不可能解决问题。

到5月24日的时候，特莱顿淡出了人们的视野。莫里斯又走上发言席，提议下一次国会在费城举行。参议院对此进行了三次投票，结果都是12比12，副总统投出的决定性一票断送了宾夕法尼亚人的梦想。

众议院的讨论顺畅得多。尽管埃尔布里奇·格里抗议说，上面的议案会让政府像"一个羽毛球"一样被打来打去，如同《联邦条例》要求的那样，从一座城市换到另一座城市，但是他的众议院同僚用投票表达了另一种意见。投票结果以16票的较大优势，同意下一次国会从纽约换到教友会信徒之城（费城）。

消息传到宾夕法尼亚，费城人"几乎乐疯了"，一位《每日广告报》的记者如此报道。"一些人忙着清理客厅窗户上的蜘蛛网，一些人忙着为州议会设计旁听席，还有一些人提议鸣钟庆祝，等等等等。贪财的房东们就等着这样的大好机会，榨取租户的高额租金。"

但是，他们高兴得太早了。联邦大楼里，前景仍旧不明朗。

第十五章 密谋、会晤、计策、反计　　269

"一整个星期,我们都在和纽约的影响力做斗争。"麦克莱6月5日疲惫地写道。这时纽约的天气正变得越来越热,与大厅里的激烈气氛异曲同工。他还抱怨了汉密尔顿的金融方案:"未来几代人都不会喜欢的那个方案,又要卷土重来了。"他不信任莫里斯是真的,可是当这个费城人以个人原因消失了一天,麦克莱又担心汉密尔顿跟莫里斯达成了某种私下交易,把他排除在宾夕法尼亚代表团之外。"我几乎要诅咒他在这个时候离开我了。"麦克莱满腹牢骚。

火热的不仅仅是国会里的辩论,还有人们的身体。春季的相当一部分时间,一种罕见的病毒性感冒横扫纽约城,总统华盛顿、国务卿杰斐逊以及不计其数的民众和国会议员都病倒了。"感冒引起的咳嗽比长水泡还要好得慢。"理查德·亨利·李痛苦地说。他跟很多同僚一样多日不能正常工作。华盛顿出现了短暂失聪的情况,身体非常虚弱,再次让人担心他无法痊愈,干不完剩下的任期。但他那几乎无法被打垮的身体再次康复了,然后他便骑马前往如今的布鲁克林地区,以图恢复体力。健康状况不算太差的众议员西奥德里克·布兰德,于6月1日被发现死于处所之中,在经历了几个月被他自称为"头部痛风"的折磨后,终于在流感中倒下了。他是第一位在任职期间去世的国会议员,被正式安葬在三一教堂,离联邦大楼不远的地方。为他举行国葬的时候,也是这个国家首次举行国葬,所有行动方便的国会议员都参加了。

辩论继续的时候,议员们都戴上了黑纱以示哀悼,但争论也更激烈了。"论辩双方你来我往,互不相让。"麦克莱写道。各派钩心斗角,关系错综复杂。被认为是费城"朋友"的11名参议员同意建立统一战线,反对把首都定在任何其他地方。当李提议推迟讨论首都问题，转而讨论众议院把下一次国会地点定在费城的决议时，来自南方的宾夕法尼亚反对者爆发了。"伊泽德勃然大怒，巴特勒暴跳如雷，两人都像疯了似的，"麦克莱写道，"一切都变得乱糟糟的。"南方议员派人请来了病中的北卡罗来纳议员塞缪尔·约翰斯顿，当他被用轿子抬进参议院会议厅的时候，头上戴着睡帽，身旁有两名医生。同样在病中的威廉·菲尤则自己费力挪到了会议厅。一切就绪，可以投票了，李的提案被否决。接着又有人提议定都波托马克，也被否决了；巴尔的摩和威尔明顿的命运也一样。

即将到来的罗得岛代表团可能会把形势变得更复杂。该州的反联邦主义者一直占据优势，后来国会终于失去了耐性，决定放弃游说，而改用武力方式强行把这一小块地方并入联邦。参议院投票决定：到7月1日时，断绝与罗得岛的一切陆路和水路往来；对敢于前往该州的船舶、马车以及货物进行没收；对违反规定的人，处以罚金和6个月监禁。（十分惊讶的麦克莱说这样的威胁是"独裁者"采用的办法，"只有手持匕首的抢劫犯或端着枪的拦路强盗才会这么干"。）普罗维登斯、纽波特和其他商贸城镇的联邦主义者生意人，惊慌之余威胁脱离该州，自行加入联邦。5月29日，"在极度紧张的气氛中"，罗得岛批准会议以十分微弱的2票优势批准了宪法。即便如此，该州的一些议员仍然坚决拒绝宣誓效忠美国。"他们不愿意被逼迫着说出誓词，"一位观察者写道，"但是，他们最终还是让步了，两院的所有议员都进行了宣誓。"身处纽约的各方势力，都认为罗得岛的新任参议员——"非常顽固的反联邦主义者"约瑟夫·斯坦顿和"灵活"一些的西奥多·福斯特——会投票反对联邦政府偿债方案和把国会搬到费城的提案。

随着日子一天一天地过去，那些曾经非常急迫的问题——与印第安人的协约、海上贸易的规范、联邦法院的收费标准——在国会变得无人问津。该不该把人口稀少区域的邮政局承包给别人，因为维持其运转肯定要赔钱？该不该每年给予弗里德里希·冯·施托伊本 2700 美元的年金，以奖励他用普鲁士教官的纪律训练战争时期的爱国志愿者？该不该把新罕布什尔的海事法庭从普利茅斯搬到埃克赛特？司法法该不该适用于北卡罗来纳？该不该把拖欠的薪酬发放给弗吉尼亚和卡罗来纳那些上了年纪的军官与平民？对诸如此类问题进行的辩论只能算是敷衍了事。当国会暂停讨论问题，专门任命一个创建图书馆的委员会时，有人立刻报以嘲笑。"看到如此重要的机构，在讨论国家大事的过程中，专门停下来研究如何买书供其消遣和学习之用，确实非常好笑。我们给他们付工资还不够，还必须再给他们一笔钱付学费和书本费吗？"一位自称"共和主义者"的人抱怨道。然而，几乎没有经过太多辩论，国会真的通过了一项对今天仍然影响重大的法案：这个国家的第一部版权法。该法案是由颇为重视文化教育的伊莱亚斯·布迪诺特提交的，呼吁"通过确保地图、图表、书籍和其他文字资料的作者与作品所有人"享有 14 年的版权，"鼓励学习文化知识"。版权还可以续期共达 28 年，对盗版处以每页 50 美分的罚金。

联邦大楼之外，生活还在继续。5 月 12 日，纽约人有机会一饱眼福，欣赏了一个刚刚成立不久、自称"圣坦慕尼之子"的爱国社会组织带来的"盛大场景"。他们身着印第安装扮，脸上涂着油彩，在城市的大街小巷热闹游行。迷惑不解的麦克莱说："以这个名头成立某种团体或协会，背后似乎有什么谋划，但似乎也还不太清晰。"（这个组织以印第安传奇酋长坦慕尼的名字命名，1790 年时有会员大约 250 人，后来一直以坦慕尼协会的名义发展成为纽约政坛的重要力量，影响一直持续到 20 世纪。）各种骇人听闻的故事常常取代政治新闻成为人们的谈资。比如一个名叫泰尔费尔的佐治亚人的自杀情景，他用刀片割开了自己的喉咙，而陪伴他的奴隶被发现紧紧抓着死者的身体不放手，费了很大劲，才阻止了这名奴隶"也跟着寻短见"。再比如一个名叫托马斯·博德的海员杀人犯，他在非洲海岸谋杀了自己的船长，然后写信给乔治·华盛顿，请求宽待。当总统问首席大法官杰伊，"能否在无损审慎、正义或政策的前提下宽恕这样的罪犯"时，杰伊的答案很简洁——"不能"。最终博德被当众绞死，这也是联邦法院根据宪法做出的第一个死刑判决。

这些似乎都不足以引起总统的重视，他牵挂的事情在联邦大楼里，就算他的住处搬到博灵格林也是一样。"妒忌和不信任遍布每个角落"，他给波托马克地主戴维·斯图亚特写信。此人也是玛莎·华盛顿的女婿，总统的心腹之一。"像是偿债问题、定都问题以及其他一些问题，已经导致了无休无止的争吵，没完没了的拖延，甚至是威胁，这样恐怕会让立法机构的尊严受损。"然而，他却对如此不太体面的争论保持着忍耐和民主的心态。总是会有政治冲突，他反思道，"在这样一个地域辽阔、文化多元的国家，不出现争论可能吗？各种不同的利益，不正好需要代表们集中讨论立法，通过辩论做出妥协和借鉴，最终服务全体人民吗？毫无疑问。不好的地方是，政府的敌人——他们总比朋友更活跃，总是在找机会偷袭——不会错过任何机会制造麻烦。"

第十五章 密谋、会晤、计策、反计

第十六章

南方立场

Chapter Sixteen

A Southern Position

我为自己身处这样的机构感到羞耻。

——本杰明·古德休,1790 年 6 月到 6 月的时候，宾夕法尼亚人开始慢慢失去自信，因为他们意识到自己没有足够多的票数让首都成为自己的囊中之物。尽管他们在这个问题上步调一致，但他们谈判的砝码由于其内部成员在联邦政府偿债问题上意见不一而有所减少。他们也很清楚的是，其他派系没有他们的支持也很难成功。因此，他们继续与别人讨价还价。"纽约人再一次提高了警觉，"众议员托马斯·哈特利写道，"他们主动提出同意定都在宾夕法尼亚，让联邦政府临时办公场所继续留在纽约两年，但这都是假象，我们应该继续与弗吉尼亚人周旋，现在我们能期待的只能是把临时办公驻地迁往宾夕法尼亚。"

新英格兰最受打击。随着定都问题的讨论继续深入，联邦政府偿债问题似乎越来越不受他们控制。"私下交易非常严重，还把国家层面和地方层面的问题混为一谈，我对此非常心痛，"本杰明·古德休写道，"我为自己身处这样的机构感到羞耻。"6 月 10 日，参议院讨论把联邦政府偿债问题合并到金融方案里。但莫里斯和盟友反对这样做，担心金融方案会因此无法通过。"他们的声明很清楚地表明，费城就是要阻止解决各州债务问题，"费希尔·埃姆斯很生气地说，"恐怕再也没有比现在的形势更错综复杂的了。我们被宾夕法尼亚人出卖了，联邦政府偿债方案没希望了。无论最终获胜的是纽约人还是费城人，我们都将因为不团结而以失败收场。"

共和国的命运一直悬而未决，加上看热闹的心态，很多旁观者拥入众议院，目睹他们眼中第一届国会期间最精彩的大戏。并不是所有人都像国会议员那样把事态看得很严重，楼下议员说得慷慨激昂，楼上旁听席却嘈杂声不绝于耳，主要是持续不断的嗑坚果声。"喜欢吃杏仁、核桃和褐色坚果的人，会在家里把这些坚果先破壳，然后在旁听辩论的时候方便吃；另一些人则在现场嗑坚果发出很吵的声音，导致别人听不清众议院一些最精彩的发言。"一份当地报纸的报道如此抱怨。他们吃完果仁以后，《纽约每日公报》上的文章写道，应该把果壳放进自己口袋，"因为别人走路踩到地上的果壳后，会发出极其令人不悦的声音"。

几乎每一天，都有各种新的联盟结成，瓦解，再结成。在众议院，弗吉尼亚人和马里兰人曾经试图把首都定在波托马克，现在他们为了与宾夕法尼亚人的共同利益，投票否决了继续讨论永久首都问题，称在此之前，国会应该首先把临时首都确定在费城，"一旦美国面临危险，就应当以最迅疾的方式做出决定"，乔治·撒切尔带着嘲讽的语气说道。然而，仅仅一天之后，另一拨人却如法炮制地提议把临时首都定在巴尔的摩，以取代费城，这让麦迪逊很是惊讶。一些支持波托马克的人几乎崩溃了。"他们有可能组成利益集团彻底击败我们的目标：要么完全淘汰我们，要么达成某种妥协，把永久首都定在一个非常不利于南方的位置"，理查德·布兰德·李忧心忡忡。

作为一种策略，麦迪逊驳回了对巴尔的摩的投票要求。他虽然并没有把握实现自己的目标，却巧妙地利用了弗吉尼亚人来用好每一个机会。"波托马克不占优势。"他跟詹姆斯·门罗实话实说。尽管就在 6 月 17 日的时候，他们二人还在为获得众议员席位进行竞争，最终麦迪逊胜出了，但他们的私人关系还很不错。"但这并不意味着，波托马克不会在事情变化的过程中以某种方式脱颖而出。"麦迪逊说。妥协的可能性已经在他的脑海中浮现，他补充道："联邦政府偿债的问题依旧悬而未决。我认为以某种妥当的方式面对问题是不可避免的。"

到目前为止，整个政府都被各种议案裹挟着，提出，辩论，消退，再卷土重来，日复一日。就算是美国最机敏的外交观察家，法国外交官奥托都认为联邦大楼里的辩论一片混乱，难以理解。"阴谋诡计、结党营私、私下交易，在这样一个政府里频繁上演；比起在皇宫大殿议事的君主专制政体，这个面对公众进行辩论的共和政体有过之而无不及，"他向巴黎的法国外交部汇报时感叹道，"他们今天达成一个共识，明天就否决了它……面对同一个问题，每个议员在投票的时候，一时是支持的，一时又是反对的。一项措施出台时，几乎同时能看到好的和坏的方面，公正和不公的方面。"

就在国会似乎又要陷入空转的时候，事情却以惊人的速度开始取得进展。6 月 11 日，汉密尔顿通过新任命的财政部副部长滕驰·考克斯与宾夕法尼亚人进行了间接接触。考克斯与宾夕法尼亚代表团很熟悉，但让人颇感意外的是，他的第一个目标竟然是脾气不好的麦克莱。考克斯告诉麦克莱，如果宾夕法尼亚人投票赞成联邦政府偿债法案，麦迪逊将保证获得足够的北方票数，支持把首都定在萨斯奎哈纳。尽管麦克莱的梦想再次复活，但他如往常一样，对于这种交易的暗示表示了惊讶。"对于这个提议，我勉强压抑住了心中的愤怒，努力保持了体面，"麦克莱在日记本里写道，"我做出的表情和回答是：我不吃这一套。"

接下来，考克斯去找了莫里斯。精明得多的莫里斯让考克斯转告汉密尔顿，第二天早上某个时间，他会沿着巴特里走走。那时候这里是一段顺着曼哈顿岛顶端延伸好几个街区的土墙，后来为了美化城市，吸引国会一直留在纽约，这里变成了公共散步场所。如果汉密尔顿说话当真，莫里斯愿意和他当面谈谈，那么这样的碰面会让人以为只是偶遇。这两人碰头的画面一定非常有特点：一边是衣冠不整、身材发福的莫里斯，一边是英俊挺拔、身形瘦削的汉密尔顿，两人凑得很近，密切交谈。他们边走边聊，忘了港口海风中咸咸的味道，眼前满是船舶的桅杆，如冬季光秃秃的原野般绵延起伏，远处绿色的海岸是还处于乡村状态的布鲁克林。再走近一些，他们能看到百老汇街角的乔治堡废墟，工人们正在忙着拆除工作，以便在该处修建大楼，作为未来总统的永久官邸，但这只是纽约人的一厢情愿。

尽管此二人在年龄上差距不小——汉密尔顿当时只有34岁，而莫里斯已经56岁，他们却有颇多共同点。他们都是移民，都是坚定的联邦主义者，都是务实的金融专家。到目前为止，他们都为各自生活的城市竭尽所能。汉密尔顿告诉莫里斯，如果宾夕法尼亚代表团能有一名参议员和五名众议员投票支持联邦政府偿债方案，他就会设法筹集足够的选票，支持永久定都在乔治敦或特莱顿，而把临时办公驻地继续留在纽约几年。

莫里斯先把这个消息告诉了麦克莱，并说会跟宾夕法尼亚其他议员继续沟通。

"你没必要问我的意见。"麦克莱立刻回复了他。

麦克莱认为汉密尔顿是在耍弄莫里斯。"从来没有一个人能像莫里斯那样愿意讨价还价，"麦克莱在日记里写道，"汉密尔顿心知肚明，他这是在利用莫里斯。"让临时首都继续留在纽约，然后将来的某个时间在宾夕法尼亚的某个地方设立永久首都。这不就等于想办法让纽约有更多时间"牢牢确立自己的地位"，从而首都再也不可能搬出这座城市？麦克莱的想法也许有道理，但其实这也是很多国会议员认为费城打算耍的套路。

然而，汉密尔顿的计划失败了。不到24小时，莫里斯就收到了一封道歉信，汉密尔顿在信中承认自己没办法保证获得他承诺的那些赞成票。他承认朋友们不愿听他的。

一天后，莫里斯又接到来自托马斯·杰斐逊的提议，这个更有意思：把临时首都设在费城15年，永久首都则设在乔治敦。由于过去10年间杰斐逊一直身在海外，他在国会议员中口碑不错，能很好地充当总统和麦迪逊的传话者角色。他意识到，如果不能找到妥协方案，"金融方案就不可能达成一致，我们的信用就将破灭"，这是他给詹姆斯·门罗的信中的话。虽然杰斐逊自己不喜欢联邦政府偿债方案，但他承认，"这一次我认为有必要做出让步，为了联邦内的债权人利益，为了联邦自身的利益，也为了让我们免于最深重的灾难——我们在欧洲的信誉完全消失"。在给自己的女婿托马斯·曼恩·兰道夫写信时，他表达了更深的担忧："如果各州一直在金融方案上各执一词，联邦政府将无法存在下去，只能两害相权取其轻了。"

与此同时，麦迪逊开始了新一轮攻势。他告诉马萨诸塞代表团，弗吉尼亚人有可能放弃他们一直以来对偿债方案的排斥。"麦迪逊已经为我们准备好了方案",众议员本杰明·古德休私下告诉自己的兄弟,如果政府休会后迁到费城办公,就能平息宾夕法尼亚人的情绪,然后把永久首都定在"南方"。几个月的僵局之后,联邦政府偿债方案似乎终于等来了东风。

宾夕法尼亚人得知麦迪逊已经把想法告诉了马萨诸塞人,他们就开始更认真地考虑杰斐逊的提议了。"毫无疑问,财政部部长指挥着东部各州的行动,"宾夕法尼亚众议员彼得·米伦伯格给本杰明·拉什写信时说道,"只要能让各州的债务问题交由联邦政府管理,他们现在愿意牺牲任何其他利益。"如果宾夕法尼亚人必须在汉密尔顿和弗吉尼亚人之间做出选择,米伦伯格说他会支持南方人,认为他们更守信。而且,"在长达15年到20年的时间里,环境或许将改变现在的结果"。米伦伯格的意思是,一旦政府定在费城,那里的居民就应该有足够的聪明才智把政府一直留在那里,而现在达成什么协议则不重要了。

一两天后,当杰斐逊和汉密尔顿在总统官邸外的大街上碰面时,美国历史上最了不起的偶遇发生了。他们在总统住所大门外来回踱着步,据杰斐逊描述,汉密尔顿看上去非常憔悴,衣着不整,"情绪低落得难以形容"。汉密尔顿说,联邦的存亡都系于债务问题。如果偿债方案不能获得通过,他将考虑辞职。他问杰斐逊能否说服他那些南方的朋友支持偿债方案。弗吉尼亚人回答,为什么不和麦迪逊坐下来,"友好地讨论一番"?当天晚些时候,杰斐逊给上述二人都送了便条,邀请他们第二天去他家共进晚餐,还很文雅地说:"头脑清醒、观点明确的人们需要的只是一个机会,解释清楚自己的想法以获取对方的理解,从而使他们能够以某种方式团结起来，共同进步。"

杰斐逊的住所与蒙蒂塞洛的家相去甚远。为了让这个"寒酸的"住处变得像样一些，他在原有建筑的基础上又多建了一个藏书楼，存放他最得意的财产，还在墙上刻了两则华盛顿总统的名言，它们将冷冷地见证可能会被人讥讽为美国政治史上的第一件幕后交易如何发生。这次晚宴很可能发生在 6 月 20 日，而参加晚宴的人就是美国政府年轻一代中的翘楚。汉密尔顿拘谨又紧张，浑身散发着他在独立战争期间养成的军人气息。尽管此时汉密尔顿和杰斐逊的关系还没有发展到后来的敌对状态，明确不喜欢军事作风的杰斐逊认为财政部部长有种乡间暴发户的气质，怀疑他现在有"君主制"倾向，对共和政体是个威胁。麦迪逊与参加晚宴的其他二人之间在政治上有一种平衡：与一位亲密无间，而与另一位通力合作。他是联邦主义的坚定支持者，但对于各州权力已经有了更深入的理解。虽然他与华盛顿之间慢慢有了距离，但依旧是最有权威的国会议员。

还有一个人在场：詹姆斯·海明斯，杰斐逊的奴隶和厨师。他是国务卿的奴隶情人——萨丽·海明斯——的兄弟，也是杰斐逊亡妻玛莎同父异母的兄弟。海明斯在场但并未引起人们注意，这就像一个道德上的注脚：将近 70 万黑奴的自由之路，有赖于这个时代精英人物做出的决定。杰斐逊和麦迪逊时常批评奴隶制的不公，却愉快地享用奴隶们的劳动果实。汉密尔顿是反对奴隶制的，他相信黑人的"自然禀赋或许和我们一样好"，他在给约翰·杰伊写信时说，而杰伊是纽约解放协会的创始人之一。"我们对于黑人的蔑视态度使我们在支持很多事情时，既不通过理智也不依赖经验。"现在他可以按照支持者的意愿把票投给一个自由的首都，但是他不会那样做，因为他的当务之急是通过债务法案。

多年以后，杰斐逊和汉密尔顿已成为公开的敌人，而财政部部长汉密尔顿也离开了人世，杰斐逊却把自己描绘成了汉密尔顿"言行不一"的无辜牺牲品。他这样做是不诚实的。"讨论开始了，"唯一一份见证实录是杰斐逊在1818年写的备忘录，"但我除了调停以外，却无法参与其中，因为我并不熟悉当时的形势。"最终，两位弗吉尼亚人一致认识到，阻止汉密尔顿的财政计划可能给联邦带来无法挽回的损失。因此，在维护国家统一的名义下，他们同意做出妥协。他们将安排一些反对汉密尔顿财政计划的人改投赞成票。然而，杰斐逊写道，很显然"这个法案对南方各州更加不利，应该采取一些附加措施减轻其对南方州的损害"。

晚宴结束的时候——考虑到杰斐逊的品位，这很可能是一顿精致的法式大餐，大家达成共识，麦迪逊将允许众议院再次提出债务提案。他不愿意投出赞成票，但承诺不会提出强烈反对，以避免其在下次选举时遭到弗吉尼亚选民的报复。更为实际的是，他保证债务提案能得到足够多的赞成票，从而获得通过。汉密尔顿用来交易的部分筹码，也是减少对南方人损害的附加措施，是把联邦首都永久确定在波托马克。作为对宾夕法尼亚人的必要安慰，弗吉尼亚人将同意，在新首都建设期间，把政府办公地点设在费城10年到15年。"这将是一个几家欢喜几家愁的结果，"杰斐逊当晚给门罗写信时说道，"如果这样的妥协无法实现，我怕后果将会糟糕得多。"那样，债务方案会无限期地拖延下去，而定都问题他们将永远输给南方。

抚慰情绪的甜头还有其他内容。在一份偿债方案中，汉密尔顿同意重新评估弗吉尼亚的债务，保证该州在债务方案中有很多意外收获，虽然该州一再声称已经还清了债务。汉密尔顿得偿所愿，但也做出了不小的让步。

麦迪逊的战略耐心、杰斐逊的及时出现以及汉密尔顿的全力以赴，最终造就了这样一桩交易。在这之前条件都不具备，只有事后回顾才能看得清清楚楚。很多国会议员的担心不无道理，如果没有达成妥协，对结怨甚深的地区利益进行平衡，不久政府就会垮台。但这餐桌上的握手，真实也好，比喻也罢，还只是刚刚开始。

根据历史学家肯尼思·R.博林的观点，麦迪逊并不需要更多赞成票来通过波托马克＋费城的提案；他真正需要的是汉密尔顿利用自己的影响力来阻止新英格兰人破坏宾夕法尼亚人与南方人之间的谈判。这需要做相当多的说服工作，因为新英格兰人知道这样的定都方案后都感觉"极度厌恶"。"波托马克对我们东部人来说极其不合适，我们没理由支持如此长期的错误决定。"马萨诸塞议员本杰明·古德休直接说道。

到6月下旬的时候，汉密尔顿知道他还需要在众议院获得另外三张赞成票才能通过债务法案。而在参议院，尽管特拉华的乔治·里德已经被罗伯特·莫里斯争取过来，成为法案支持者，汉密尔顿还需要一票来对冲两位罗得岛新议员的反对票。此时麦迪逊兑现了他在餐桌上的承诺。他为汉密尔顿在众议院获得了其需要的赞成票，而这些选票来自弗吉尼亚和马里兰，主要来自那些会直接从定都波托马克获益的人。首先是贵族出身的参议员查尔斯·卡罗尔，他在波托马克河流域马里兰一侧拥有10000英亩土地，打理的人都是奴隶。在众议院，麦迪逊向丹尼尔·卡罗尔表示，甚至可能是承诺，乔治敦将会被包括在联邦政府特区里，这无疑会让后者在当地的财产迅速增值。麦迪逊还找到了乔治·盖尔，他一直支持定都波托马克和东岸的马里兰；弗吉尼亚的理查德·布兰德·李，可能私下告诉他，其支持的亚历山德里亚将会成为联邦特区的一部分；以及亚历山大·怀特，他代表着波托马克河上游的利益群体。怀特是最难说服的，"带着胃部极度不适的感觉"勉强答应了。

同时，汉密尔顿还通过一向务实的罗伯特·莫里斯进行斡旋，赢得了宾夕法尼亚代表团的支持。莫里斯很快就同意了汉密尔顿开出的条件，毕竟纽约人已经出局，宾夕法尼亚已经得到了临时首都，而波托马克将会为他的投资带来新的增长。汉密尔顿告诉莫里斯，他不再反对把临时首都定在费城，但宾夕法尼亚人必须接受一个条件，就是临时首都只能在费城 10 年而非 15 年，这是南方人所能接受的最长年限。莫里斯还承诺，宾夕法尼亚人会呼吁他们在特拉华和新泽西的盟友接受这个方案。

参议院会议厅里，坐在麦克莱身旁的莫里斯带着得意地低声告诉他："问题终于解决了。"

起初麦克莱还不相信他说的话，在一张纸上写道："如果汉密尔顿觉得他现在已经看到解决定都问题的希望，那么本次会议结束能真正解决就不错了。"

然而，随着这桩交易的细节变得越来越清晰，麦克莱才恍然大悟，在他还不知情的情况下，关键性的"策划和谈判"已经发生了。原本以为在整个过程中起着核心作用的他，这才发现自己不过是个边缘人物。然后，麦克莱做了后来自认为一生中最尴尬的事情：他在参议院的发言席上气急败坏地咆哮说，应该把国家的永久首都定在宾夕法尼亚，剥夺这样的权利就是"抢劫行为！"但没有人应和他，这对于一个极度敏感、极度自负又极度渴望尊重的人真是再痛苦不过的事情。

在接下去那些阴雨绵绵的日子里，愤怒的纽约人在参议员鲁弗斯·金的领导下进行了最后的努力，希望把政府办公地点留在纽约。"精明又会算计的他们，使尽一切招数连哄带骗，不放弃哪怕一点点最后的希望。"莫里斯给妻子的信中写道。有提案要求把首都定在巴尔的摩，并在纽约继续办公5年，失败了。又有人提出政府继续在纽约办公2年，也失败了。有人提出接下去的10年政府轮流在纽约和费城办公，还是失败了。坐在议长宝座上面对着发言席的约翰·亚当斯先夸了纽约城的好处，这样得罪了宾夕法尼亚人，后又同意把首都迁到费城，也惹恼了纽约人。根据麦克莱的记载，鲁弗斯·金"边哭边抹眼泪，批评和控诉了每个人，然后说这样私下谈判、达成交易终将毁了联邦"。

最后，在一次可以想象有多痛苦的谈话中，汉密尔顿敦促纽约的朋友放弃无谓的努力，用好当前的便利："费城+波托马克的方案并不好，但它能确保财政计划和债务方案获得通过，如果支持'纽约+巴尔的摩'的方案，就无法实现这样的目的。"

定都波托马克的梦想终要成真了，但到底该选址在河流的哪个流域呢？6月28日，查尔斯·卡罗尔正式提议把政府所在地定在河流东部支流——乔治敦几英里外，如今被称为阿纳卡斯蒂亚河——和名字读起来很拗口的克诺克奇格溪之间的"某个地方"，这条溪流在65英里以北马里兰州威廉斯堡笔直地汇入了波托马克河。具体位置由行政部门再讨论决定。总统被要求提名一个三人委员会获取土地并进行勘察，而政府办公部门被要求在12月的第一个周一前——还有5个月——搬到费城，在那里一直办公到1800年12月，波托马克的永久首都完成建设。大部分人都认为委员会将选定具体的地点。

尽管很多人认为乔治敦最有可能成为联邦政府首都，另一些人——包括詹姆斯·门罗——认为"那个幸运的地点"将会在波托马克河上游的某个地方，一个该州最狭窄的区域，那样联邦特区最终将合并部分弗吉尼亚和部分宾夕法尼亚的土地。这对于把未来的政府所在地看成国家的象征、超越了各州利益的人，是最好的结果。还有一些人对预期的地点进行了嘲讽："就常识而言，克诺克奇格溪到底在哪里？"埃尔布里奇·格里对上游的几个可能地点进行了批评，"你干脆把密西西比、底特律或者远在新罕布什尔的维尼匹泡科特池塘都算进来，然后告诉人们你在很认真地考虑问题。""议员们怎么办？他们要在夏天带上帐篷，冬天修补营房吗？"还有一些人开玩笑说，新英格兰的姑娘们听到克诺克奇格的发音后会觉得不好意思。

伊达诺斯·伯克反对任何把费城考虑进来的安排，想到2月国会在对教友会信徒的请愿进行辩论时，他们如何像恶灵一般"盘踞在观众席"。"那个地方对南卡罗来纳人来说非常不好，"他说，"作为来自南卡罗来纳的议员，如果我投票赞成把首都定在教友会信徒的地盘上，那等于我在有黄蜂窝的树下搭帐篷。"他大声抗议着。但他不得不承认他的主张胜利无望。

为了捍卫双方做出的妥协，理查德·亨利·李坦承，偿债方案并未让他满意，但是为了国家的利益而做出让步是必要的。他以半威胁半安抚的语言（在之后几十年里，南方政客对这样的表达方式越来越拿手）警告不愿妥协的北方人，不要把南方逼迫得走投无路。应该满足南方人的合理要求——定都南方，否则失控的极端分子和造反派将让国家走向分裂。切勿拒绝一个有利于妥协和团结的法案，而偏偏尝试点燃仇恨，那样只会以"带来流血灾难"的内战收场。（情绪稍微降了降，李又抱怨纽约人故意让众议院的观众席站满了漂亮女子，"好像在说，你们如果投票支持，我们就报以微笑——这对那些摇摆不定的人是个严峻考验"。）

麦迪逊终于决定发表看法了，他说话的口吻如同一位最忠诚的南方人。"现在我们有能力让首都确定在南方了，"他突然放出这样的消息，"这样的机会或许无法再次轻易出现。"如果波托马克出局，那么取而代之的就会是其他地方：萨斯奎哈纳、特拉华、巴尔的摩以及费城的郊区。而且，如果对提案进行修改，意味着要把它重新送回参议院审议。如果那样的话，众议院还有可能再次看到提案并进行讨论吗？"如果对提案进行修改，我们将会是为了某个不确定的未来放弃确定的结果。我不得不抱歉地请求诸位不要同意对提案进行任何修改，以免节外生枝，让定都南方的事情化为泡影。"他的这样一席话或许并没有赢得很多赞成票，但这至少让那些看不懂他的人彻底明白了，他鼓吹的联邦主义行进的方向：向南。

就在华盛顿签署波托马克法案之后的几小时，参议院以14比12的投票结果，通过了在财政方案里追加2150万美元的各州战争债务，激动的众议员们靠在会议厅后部的铁栏杆上目睹了这一切。最后，债务法案根据马萨诸塞和南卡罗来纳的情况进行了修改，此二州对于债务法案翘首期待。还让弗吉尼亚和北卡罗来纳两州有了意外收获——实际上，这是对它们同意把临时首都迁到教友会大本营费城做出的补偿。马萨诸塞和南卡罗来纳都将获得400万美元拨款，弗吉尼亚和北卡罗来纳将分别获得350万美元和240万美元拨款。其他州得到的份额从宾夕法尼亚的220万到罗得岛的20万不等。弗吉尼亚得到财政拨款远高于其已经偿付的债务，这一点麦迪逊私下向其父亲说到过。

还有一个财政难题没得到解决：政府该如何向各种债券持有者支付利息？投资者当然要求按照政府发行债券时承诺的那样，足额获得百分之六的回报；而反对投机的人则认为只能支付百分之四，甚至百分之三的利息。由于债务规模巨大，需要的资金非常巨大。最终达成的一致方案是，外国投资者的债务将以发行新债的形式进行足额支付。国内债务的情况更复杂一些。当债权人把旧债券换成新债券后，其面值的三分之二将按百分之四的利率进行偿付，从1792年开始。剩余三分之一的面值将获得百分之六的利率，但偿付于1800年开始。由于偿付本金需要非常长的时间，利率从百分之六下降到百分之四，等于无形中让政府至少在未来10年减少支出了三分之一的资金。非常理解投机者心情的罗伯特·莫里斯，原来一直期待获得更高的利率，威胁说如果利率低于百分之六，就会对财政方案投反对票。然而，最终他还是选择了妥协，说"半条面包总比什么都没有强"。

财政方案获得通过已是板上钉钉的事情，投机者拼命利用这最后的机会，派遣快船驶向南方，在乡下债权人获得风声之前抢购打折的债券。"告诉人们一定不要以三折或四折的价钱卖掉债券，不久他们有可能获得全价。"威廉·劳顿·史密斯急急忙忙地告诉朋友爱德华·拉特利奇。

脾气不好的佐治亚议员詹姆斯·杰克逊——他所在的州只得到了区区30万美元的拨款——抱怨说整个财政方案代表了一个大阴谋,策划者意欲"把地方政府卷入贪婪的旋涡,任由中央政府吸干其能量"。不可以把"如此巨大的债务"强加给美国人民,"(它)将让人民尽失财富,遭受债务的束缚!"他高呼道。他"一遍又一遍地咆哮着","目光投向天空",一份报纸如此报道。尽管正值酷暑,但参议院不得不再一次关紧窗户,免得声音传得太远。对此,埃尔布里奇·格里表示,佐治亚州"如此之小",并未遭受独立战争的太多创伤,那些拨款已经够多了。

7月29日下午三四点,财政法案终于在参、众两院获得通过,结束了第一届国会期间最持久、最艰辛的辩论。通过美国历史上第一次公开的周旋和妥协,宪法渡过了首个重大危机。那些谴责通过投票交易来达成妥协的做法,认为其有害于共和自由的人,最终被证明是错误的。一种美国式的徒手妥协就此产生。尽管这一切对于麦迪逊这样的战略大师来说是场胜利,他告诉门罗用这种办法解决问题"是无法避免的罪恶"。然而,麦迪逊感叹说:"我无法否认的是,现在面临的危机需要我们具有和解的精神。"

国会议员普遍都感到松了一口气,持续数月的沮丧气氛逐渐散去,弥漫很久的担忧情绪慢慢消逝。获知政府所在地法案在参议院得到通过后,马里兰众议员迈克尔·詹妮弗·斯通大喜过望:"从此以后,政府办公地点就将永远在波托马克河岸边了!欢呼吧!为我自己欢呼!为我的家乡欢呼!为美国欢呼!为热爱全人类的人欢呼!"汉密尔顿、麦迪逊、新英格兰人埃姆斯和塞奇威克,以及很多其他人都认为联邦得到了拯救,他们的想法没错。华盛顿也如释重负,他认为债务问题和定都问题如此纠缠不休,"比任何其他问题都有可能重创政府"。杰斐逊乐观地预测,"再也不会有带来如此巨大分歧的"事情了。

并不是每个人都如此高兴。很多共和主义者仍然认为政府偿债方案是在向国内外大城市金融家投降,向他们的肮脏计划低头。"西班牙人在美洲的暴行,英国人在东印度群岛的罪恶,比起当今国会对待带领国家走向独立的军队,就不能算是对人性的玷污了,"费城的改革者本杰明·拉什高声呵斥道,"独立战争的成果不久将集中到美国的托利党人手中——阿姆斯特丹的犹太人和伦敦的经纪人——而最该获得这些的战场勇士将在(监牢)和医院度过余生,抑或挨家挨户地乞讨苟活。"对华尔街这个不久之后美国首家股票交易所所在地的畏惧和厌恶,将继续扩散,甚至在汉密尔顿的资本主义原则及债务驱动经济的战略为美国带来勃勃生机后,这些1790年时根本无法想象的结果仍然不能改变人们对华尔街的看法。

最痛苦的是纽约人,他们的城市再也没可能像伦敦和巴黎那样成为国家的首都了。总统官邸的建设将中止,修建气派林荫大道和公园的宏伟计划已经流产。"忘恩负义的国会眼看着这些计划纷纷破产",纽约州长的侄子德威特·克林顿愁眉紧锁。一时间流言四起,说暴民冲进了联邦大楼,袭击了国会议员,打死打伤很多人。那些盛大的游行,那些为翻新联邦大楼而投入的金钱,那些对国会议员的热情款待——舞会、茶话会、招待会,所有的努力都付诸东流了。

纽约城的诗人流下了泪水，有一首诗是这样写的：

我们没支付报酬给牧师吗？
上天怎会对国事诸多不满？
使得几家欢喜几家忧愁，
使得半城愉悦半城哀叹。

当地的报纸则指责国会里聚集的是一群"乡下人"、御用律师和"整天同猪、马以及黑人打交道的"种植园主，要求弹劾莫里斯和麦迪逊。照一位记者的话说，他们二人"都和犹大一样背负着叛徒的罪责"。莫里斯遭到了无情的责难，其实际所担负的责任不该如此。恶俗的漫画作品里，莫里斯受到充当国会老鸨的异装癖妓女勾引，用绳子牵着国会议员的鼻子，走向费城。杰斐逊是他的手杖，而汉密尔顿和麦迪逊则是他怀表链上挂着的饰物。

甚至连德高望重的华盛顿也未能幸免。"在寻常百姓的口中，总统的威名没有获得足够的尊敬。"德威特·克林顿说道。有些市民非常反感，进而谴责市长和市政厅把华盛顿的肖像挂在市政厅大楼上。

说到对现实政治感到痛苦，谁也比不过麦克莱。华盛顿自己也牵扯到这些政治交易，这几乎让他心碎。"唉，人民的拥戴，不，是崇拜，竟然得到这样的回报，"他悲伤地说，"总统已经被汉密尔顿控制了，当他的名字被用来消除责备和平息议论的时候，他正一次又一次地掺和到那些肮脏的事情中去。"

麦克莱不仅感到失望，更感到无力。他关注的每件事情，几乎都以失败收场。费城人现在也许正欢庆赢得了临时首都的竞争,但很快他们就会感到失望。他担心一旦首都陷入南方种植园主的地盘,"四周都是奴隶和附庸",总统的任免权落到南方人手中,新英格兰人又会"变得不再服从管理,给政府找麻烦"。"我只能得出结论:定都萨斯奎哈纳更好。"他叹息道。

第十七章

印第安人

Chapter Seventeen

Indians

国会打算怎样处理那些人?

——查尔斯·托马斯,1790年6月

纽约人被眼前的景象惊呆了：一艘小船载满了克里克印第安人，他们身上满是羽毛、珠子及各式珠宝，这些活生生的人，就像是从神话故事里走出来的，带着某种敌意。他们来自荒凉的佐治亚内陆，在这7月的酷热天气里由新泽西渡过纽约港。一队士兵在莫里码头迎候他们，坦慕尼协会的全体会员也都在场，穿着仿制的印第安服装，庄重地一路护卫着他们沿着华尔街来到联邦大楼，聚集在二楼平台的国会议员们与他们互致敬意。印第安人继续前行，浩浩荡荡地奔赴战争部部长诺克斯的住所，在官方指定的迎接者家中，他们抽起了象征和平的烟袋。然后他们再次向总统官邸前进，在只隔几户人家的地方，他们被正式地介绍给行政首长。最终他们落脚在城市客栈，"欢天喜地"地接受诺克斯的宴请，同时在座的还有国会议员、各种民兵长官，以及坦慕尼协会的"干部们"。

当国务卿杰斐逊密切关注着遥远的欧洲发生的政治风暴时，美国眼下面临的最大威胁其实来自横贯阿巴拉契亚西部、从五大湖到墨西哥湾的原住民部落。装备良好又目中无人的部落——怀安多特人、萧尼人、切罗基人、克里克人，以及许多其他族人——对迅速西进的美国定居者构成了一道障碍。双方的边界模糊不清，法律不起作用，发生在白人和印第安人之间的杀戮行为几乎不会受到任何惩罚。而另一方面，各种抢劫、焚宅、绑架以及针对白人妇女的"暴行"则不断向东蔓延。（美国人通常把印第安人描述成侵略者和野蛮人，却无视西进定居者对原住民犯下的暴行。）一位俄亥俄定居者说，他的妻子由于过度害怕，"几乎每晚都会梦到印第安人，误把我当成他们，数次在睡梦中哭喊着让我不要割她的头皮"。另一位定居者强烈抱怨说，国会正在任由"身处边境的国民被一小撮黄皮肤土匪抢劫、杀害、割头皮、俘虏囚禁"。肯塔基人正很严肃地考虑退出美国，而向密西西比河西岸的西班牙属地寻求保护。"人们正从这个国家移出去而搬到那边去，这很值得警惕。如果人们无法获得更多的安全保障，这样的移民还不知道什么时候会停止下来，"一位记者在给詹姆斯·麦迪逊的信中写道，"没有人愿意接受无法提供保护的政府领导。"

尽管有些说法比较夸张，还有一些人为了攫取印第安人土地而故意散布不实消息——这样的人为数不少，边境的不稳定局势却是实实在在的。萧尼族的抢劫团伙已经迫使诺克斯下令组成由正规军和民兵构成的混合武装，由乔舒亚·哈马准将领导，在沃巴什地区的要塞进行巡防，此地位于后来的俄亥俄州和印第安纳州交界处。安东尼·韦恩将军报告说，佐治亚的安全局势太糟糕了，"让这个欣欣向荣的州面临家园被毁、人口流失的威胁"。佐治亚官员估计，1789年1月到10月间，克里克人已经杀害了72名白人和10名黑人，俘虏了30名白人和110名奴隶，打伤了29名白人，焚毁了89间房屋，抢走了近600匹马和1000头牛。作为一名强硬的反印第安人议员，詹姆斯·杰克逊在1789年8月宣称，佐治亚遭到了印第安人的侵略，要求派遣联邦军队对他们进行惩罚。现在，同样好斗的皮尔斯·巴特勒在参议院发出警告，如果政府再不采取强有力的行动，佐治亚人可能会向"别处"求援——很有可能是西班牙。

与此同时，定居者翻山越岭，沿着俄亥俄河和密西西比河，向佐治亚和卡罗来纳的内陆进发。"尽管存在被割头皮的危险，人们还是将在这里定居下来。"一位意志坚定的肯塔基人在给乔治·华盛顿的信中写道。1789年11月，至少3000名西进者在威灵一地扎营，准备卖掉马车，换成平底船，驶往肯塔基和俄亥俄的新天地。美国人和印第安人都不大相信西进的趋势会得到根本遏止。"国家一直处于向西挺进的过程中，"宾夕法尼亚众议员托马斯·斯科特反思道，"从伊甸园走出至今，人类一直朝着那个方向迁徙。"

克里克人感到的压力不仅来自定居者个人，更来自资金充裕的土地公司，它们得到佐治亚州的特许，正忙着售卖西佐治亚州和所谓雅助区的大片土地，包括如今密西西比和亚拉巴马州的部分区域，这些土地有些是与克里克人相关的。投资者中间，相当一部分人与政治关系密切，包括弗吉尼亚州长帕特里克·亨利、战争英雄乔治·罗杰斯·克拉克、最高法院法官詹姆斯·威尔逊，还有罗伯特·莫里斯及一些小投资人。在其他地方有着大量地产投资的乔治·华盛顿指责在雅助地区的公司"强占土地者，无视任何有关印第安人的公平原则和对待他们国家的相关政策"，"会为了一己私利，抢夺印第安人的所有土地"。对克里克人而言，定居者无异于贪婪的"恶汉"和"无赖"，克里克大酋长、著名的亚历山大·麦吉利夫雷说道。他的父亲是一位苏格兰贸易商，母亲是法国和印第安人的混血儿。亚历山大是阻止美国人侵犯自己领地的最后希望。

克里克人如果团结起来，也足够强大，能部署多达5000名的士兵，远超美国军队的规模。但他们并不是一个组织良好的"部落"，而是邻近一些帮派和城镇组成的松散联盟。酋长们只是暂时性地合作，而非由麦吉利夫雷统一领导。他们的部落经济发展较好，涵盖了打猎、农耕、养牛，在佛罗里达到新奥尔良的墨西哥湾岸区与英国及西班牙殖民者进行贸易。独立战争期间，他们与英格兰结成了松散的联盟关系。战争结束后，英国人撤离，他们又转而与西班牙人结盟，这样克里克人同其他东南部落一起又成为抵挡美国侵略的缓冲带。

尽管麦吉利夫雷有时候被白人描述成"国王"，但实际上他与其他酋长地位相差无几。他"思想开放，为人慷慨"，判断力强，又能言善辩，赢得了大部分主要克里克酋长的支持。虽然长期遭受病痛——痛风、类风湿、偏头疼，也许还有某种性病——的折磨，但他的外表让人印象深刻：身材修长，手指纤细，目光犀利。他深知克里克人无法永远抵挡佐治亚人的侵略。麦吉利夫雷夸口，只要他愿意，就可以轻易攻占萨凡纳，肆意掠夺佐治亚。这话有可能是真的，但他同样明白的是，如果那样做了，美国就会向他宣战，打败并最终把他们从自己的家园赶走。克里克人的边境城镇深受美国人的侵扰，又无力发动全面战争；另外，投资者成功地买通了西边的部分契卡索人，使得克里克人日益陷入包围之中。虽然常常虚张声势，虽然爱好和平，但麦吉利夫雷的一生几乎都在作战和准备作战。他还意识到，美国人的弱点或许可以利用起来，成为克里克人的优势。"事到如今，还不如在敌人变强大之前与他们谈谈。"他对一位联系频繁的西班牙代理人说。就算是他向西班牙盟友保证忠诚于他们，麦吉利夫雷发现，"一切都迫使我们尽快与华盛顿进行沟通"。

在邦联政府时代，虚弱的中央政府在处理印第安的问题上并不比别的方面做得好多少，各州自行其是。然而，宪法规定，联邦政府享有与印第安部落进行"贸易和交流"，以及签订协定的特权。诺克斯和华盛顿立刻抓住了这样的机会，期待把处理印第安问题的权力从州政府剥离出来，因为各州的政治利益和土地投资者引起的腐败行为，已经让边境区域陷入了持续的动荡。他们相信，就算无法阻止移民行为，至少可以通过中央政府对其进行控制，以免印第安部落遭到侵害。诺克斯，这个 20 世纪以前美国印第安政策方面最有智慧的人，认为必须就白人已经夺取的印第安土地对他们进行赔偿，未来任何获取印第安土地的行为必须进行和平而合法的谈判，并付出合理的代价。"依据任何原则剥夺他们的财产，都是对基本法则的极大侵犯，"诺克斯 1788 年说道，"印第安人拥有人的基本权利，他们的权利不该遭到无度的侵害，这都是不容否认的。"

尽管佐治亚人抗议说，除了部署军队以外，联邦政府的任何行动都是对该州主权的践踏，但是诺克斯在华盛顿的支持下，还是派遣马里纳斯·威利特作为国与国之间的官方大使前往克里克国。此人曾是陆军军官，现任纽约城治安官。威利特向麦吉利夫雷及其他酋长承诺，新的美国政府无意为了私利夺取他们的土地，华盛顿总统期待在纽约迎接各部落组成的代表团，商讨全面和平协定。这也成就了第一届国会期间最惊艳夺目的一幕。

克里克人的纽约之行发生在 1790 年，这是将近一年谈判的高潮。麦吉利夫雷一行人——名字都很生动,比如鸟尾王、大恐惧、蓝色施予者、契克沃克、思迪梅耶、沃培米可、思迪迈弗琪,总共近30位酋长——向北行进,有的骑马,有的乘车,穿过北卡罗来纳的吉尔福德郡府、里士满、弗雷德里克斯堡和费城,于7月末抵达纽约。关于协定的谈判进行了三周,主要是在一些非正式的会面中进行的。在此期间,美国人尽其所能地向印第安人展现美国的强大和首都的现代化。无疑,印第安人被带领到联邦大楼参观,还可能去看了印象深刻但人手不足的最高法院,后者已经于8月2日在皇家交易所大楼开始了第二次会议。士兵们向克里克人演示了密集队形操练和火炮发射,总统陪同他们登上了一艘刚刚来自中国广州的远洋商船。在"大棚屋"——联邦大楼——进行的一场"礼节性会议"上,坦慕尼协会的会员演唱了一系列美国流行歌曲,而克里克人则回敬了自己的部落舞蹈。一个宴会之后的下午,为了向印第安人展示美国文化的精深之处,华盛顿引领酋长们进入他官邸的一个房间,希望给他们一个惊喜,让他们见识约翰·特朗布尔为他画的全身肖像画。(特朗布尔是前康涅狄格州长乔纳森·特朗布尔的儿子,也是一位独立战争战场上退下来的老兵。)克里克人应该从未看过专业油画。"他们一时竟惊讶得说不出话来,"特朗布尔回忆道,"最后一位酋长走向画作,慢慢地伸出手去摸,更让他感到惊讶的是,那不是一个真实的物体,而是一个平面,手感凉凉的。另一个酋长也走上前,把一只手放在画作的正面,另一只手放在背面,发现两只手几乎碰到一起时,更是大为不解。"

谈判在8月7日达到高潮,克里克人批准了友好协定——这是宪法生效后签署的第一个协定。华盛顿满怀信心地通知参议院,这个协定将"让克里克人及其附近部落紧紧地与美国的利益联系在一起。五天后,参议院不顾两位不满的佐治亚议员和南卡罗来纳议员皮尔斯·巴特勒的反对,批准了协定。第二天,8月13日,众议院在联邦大楼的会议厅正式批准了协定,在场的人有副总统、国会议员、国内外的达官贵人,以及一群"让人尊重、小心谨慎又兴高采烈的民众",其中还包括了"一圈杰出的女性",而玛莎·华盛顿的出现则让围观的人群一阵骚动。

12点整,"涂着喜庆的油彩",身着蓝色罩袍的印第安酋长们,唱着歌曲步入大厅,给沉闷的气氛注入了边塞的狂野之风。"霎时间,粗犷的声音响起,有力地震颤着耳膜。"一位入迷的目击者写道。不一会儿,华盛顿阔步走入会议厅,身着紫色绸缎套装,内阁部长和副官尾随其后。

年轻的华盛顿秘书,托拜厄斯·利尔高声朗读了协定的内容。每一句念完,翻译人员都会把这句话的意思翻译给印第安人听,他们则大声赞许。根据协定,克里克人承认美国政府对位于美国境内原本属于他们的领土拥有主权。他们还愿意放弃申索已经被白人定居者占据的部落领地,美国人要支付价值10000美元的货物,以及每年1500美元的联邦补贴作为补偿。佐治亚申索的争议领土——主要位于今天的米利奇维尔和亚特兰大之间——将被划归克里克人。联邦政府还承诺提供"好用的家畜和农耕设施",以便引导克里克人"迈向更高的文明,过上放牧和农耕的生活,而不再靠打猎为生"。为了防止白人未经授权擅自进行定居的行为,协定明确赋予克里克人在合适的情况下惩罚任何侵入其领地的美国人。而克里克人则被要求交出对美国人犯下抢劫和杀人罪行的部落成员。

第十七章 印第安人

美国谈判者曾要求克里克人把在西班牙港口进行的贸易放到美国港口。"印第安人的贸易是他们政治操作的主要手段",一个美国人很直接地指出了这一点。但克里克人拒绝了,他们更愿意继续在两个国家之间寻找平衡。然而,协定的一个秘密条款规定,如果克里克人的常规贸易渠道受阻,可以通过美国港口交易货物,而无须缴纳关税。(由于西班牙和英国之间的冲突似乎一触即发,这一规定是有重要意义的。)如果克里克人以后选择通过美国开展贸易,麦吉利夫雷将独自拥有控制权——这项特权西班牙人也给予了他。另一个秘密条款任命麦吉利夫雷为美国代理人,享有旅长军衔和每年1200美元的俸禄。军事委任状、大勋章以及100美元的年金还被授予其他六位酋长。

利尔念完之后,总统站起身,发表了一次"激情澎湃"的演讲,呼吁缔造"友好精神",敦促克里克人"努力消除仇恨,调和各邦之间的关系"。他还进一步请求"伟大圣灵,万物主宰"制止任何人破坏在如此欢快友好的氛围下签订的互惠协定。然后他赠送给麦吉利夫雷一串象征友好的珠子、象征友谊的烟草和一副他在独立战争期间佩戴的肩章。作为回应,麦吉利夫雷承诺尽一切可能促进和谐,确保协定得到遵守。此后,每一位酋长都郑重地走向总统,用胳膊挽住总统的胳膊,用当地报纸的话说,进行了"和平的握手"。当天晚些时候,苏格兰社会组织纽约圣安德鲁斯协会,在城市酒馆的一次酒会上,全票选举麦吉利夫雷为该组织荣誉会员。克里克人"出席了一个招待会,热情地参与了各种庆祝活动"。

总统对这个结果很满意。"这将给我们的国土带来和平。就算偶尔会有切罗基族和萧尼族人带来侵扰,他们也可以在必要的情况下得到惩处，甚至根除，"华盛顿兴高采烈地给在巴黎的拉法叶侯爵（Marquis de Lafayette）写信说道，"但这只会发生在难以避免的极端情况下，因为我们处理印第安问题的基础是公正原则。只要我在政府担任公职，这一原则将不会改变。"与同时代的很多人不同，华盛顿对印第安拥有的土地权益持严肃态度。

只有在谈判中几乎被忽视的佐治亚人和他们的盟友巴特勒仍然坚持己见。实质上，美国政府站在了克里克人一方，而非他们管辖下的州。被激怒的众议员詹姆斯·杰克逊指责说，政府"邀请了一位克里克国的野人来到首都，以最隆重的仪式迎接他，以超多的实惠欢送他"。最让佐治亚人愤怒的是，他们本已卖给投资商的土地被划给了克里克人。虽然对雅助投资者没有好感，但杰克逊仍然说佐治亚的"权益"被牺牲掉了，假如体面的市民想要追回自己被窃的财产——比如奴隶——而进入印第安人的国家，那么他有可能被不惧法律惩处的野蛮人砍死。至于秘密条款，他斥责说："国会难道可以允许美国的法律，就像卡利古拉的律法一样，不被宣读出来，却又用它来惩罚不守法的人？"

据各方记述，克里克人高高兴兴地回家了。看上去印第安人既保护了自己的核心领地，又获得了一些宝贵的狩猎区域。麦吉利夫雷用高超的技巧驾驭了谈判，同时还在秘密条款中为自己和部落联盟赢得了利益。尽管他宣誓效忠美国，却也继续向西班牙表达忠诚，直到1793年早逝前都在接受两国给予的俸禄。"如果我没有来到这座城市，国会肯定已经向我们宣战，那样我们需要担心的情况就很多了，"麦吉利夫雷在给西班牙代理人卡洛斯·霍华德写信时说道，"我们没有把握，西班牙会为了我们的主张而参战。"麦吉利夫雷相信他已经得到了美国政府的庄严承诺，消除威胁其族人的雅助公司及其他投资方案。他告诉霍华德："我很感激，事情没有往更坏的方向发展。"

《纽约条约》在签署的时候被认为是巨大的成功，虽然它实际上只是暂时终止了对克里克国的侵害活动。然而，这个协定为解决其他边境部落问题提供了范本，也向其他地区的定居者表明，政府有能力对付桀骜不驯的原住民和富有侵略性的白人，并在可能情况下以和平的方式结束边境暴力冲突。华盛顿和诺克斯果断地把签署协定的权力从州政府手中拿走了。通过把用于解决国与国之间争端的法律手段拿来解决印第安问题，协定也承认了（也许有些模棱两可）部落的国家地位，为后来几十年签署协定提供了先例，为如今的部落主权奠定了基础。

第十八章

插曲二

Chapter Eighteen

Interlude Ⅱ

蚊子、蠓虫、跳蚤和臭虫竞相争宠。

——托马斯·李·希彭，1790 年 9 月国会在被诸多"复杂"问题"困扰和延迟"了数月之后,终于闭幕了,这让乔治·华盛顿如释重负。没等会议结束,他就乘船去了罗得岛,迫切希望逃离城市,去获得一些新鲜空气和体能锻炼,摆脱在纽约的幽居时光。在前一次的新英格兰巡视中,他曾刻意慢待了罗得岛,因为后者那时没有批准宪法。此次行程,他意欲安抚一下这个最年轻的州,也给饱受攻击的当地联邦主义者加油鼓劲。在托马斯·杰斐逊、纽约州长乔治·克林顿、最高法院大法官约翰·布莱尔、南卡罗来纳众议员威廉·劳顿·史密斯,以及几位副官的陪同下,华盛顿经过了两天"愉快的"旅程后来到了纽波特。城里钟声响起,船上悬挂彩旗,礼炮鸣响,大批的市民和各种官方代表团拥上街头迎接总统,而他则用程式化的语言回复:"蒙天意庇佑,本人以绵薄之力真诚地奉献国家,如今得以收获如此成功,我倍感欣喜。"然而,面对城里的犹太人,他有力又敏感地宣布,美国政府"不会惩罚执迷不悟者,也不会支持迫害行为",又补充说:"愿居住在这片土地上的亚伯拉罕后人,继续欣赏并喜欢其他居民的美德。每个人都应该安居乐业,不会有人让他担惊受怕。"华盛顿在普罗维登斯做了短暂停留,再次受到钟声、炮声、宴会、酒会和游行的礼遇,其中一次游行中甚至有"三个黑人丝竹手"——应该是小提琴手——"发出可怕的声音"。华盛顿开始了返回纽约的旅程,并在 8 月 21 日下午抵达,离出发还不到 6 天。考虑到当时的交通水平,这简直是一次旋风旅行。

8 月 28 日上午,华盛顿永远地离开了纽约,陪同的人有玛莎、她的孙辈、4 个自由白人、4 个黑奴,以及几位副官。一艘由 13 名水手驾驭的驳船在哈得孙河上的麦库姆码头迎接他们。水手们统一着装,都穿着白外套,戴着黑帽子。礼炮鸣放 13 响,以示敬意。然后,他们同美国政府一起,离开了纽约,再也没有回来。

纽约人还在生闷气,"忘恩负义的人啊,你们真的要走吗/你们怎么能——怎么敢?这样离开我们?"一位当地的诗人如此沉痛地写道。而此时政府已经开始搬离。行政部门的办公室正在清理,文件和家具正在打包准备装船,运到新泽西的新不伦瑞克,转走陆路到达特莱顿,然后再用船沿着特拉华运达费城。詹姆斯·麦迪逊正忙着打包书籍:西塞罗和普林尼的书信集、有关玉米贸易的小册子、德摩斯梯尼的演讲稿、吉本《罗马帝国衰亡史》的最新一卷、库克船长航行太平洋的记述、荷兰共和国历史、数不清的法文书和神学作品。亚当斯夫妇,至少阿比盖尔不愿意离开纽约。这是她深爱的"美好地方",魁伟的橡树,起伏丘陵,美丽的哈得孙风光,庄严的尖塔。必须离开了,她很难过。"我感觉很不开心",她告诉妹妹玛丽·克兰奇。看着大包小包的行李,阿比盖尔郁闷地想象着要付出多少努力才能在费城交上新朋友,才能"有机会参加上百次让人期待的聚会,而不是机会寥寥"。在纽约的日子,对于约翰·亚当斯是种煎熬,他感觉疲惫又沮丧。他的声望每况愈下,这让他更加自怨自艾。"我看到了针对别人的爱戴、感激和热情,但从来没有人对我这样友好。"他难过地说。他的敌人们不断"让我感到被怠慢、被打击甚至被羞辱",而那些地位不如他的人却赢得了人们的热情,越来越有影响力。亚当斯认为(这种想法有一定的合理性),这些是日夜操劳的他应该得到的。"我特别希望明天就能换个人当副总统,"他给本杰明·拉什的信中说,"我在这个岗位上付出得太多了,已经不再喜欢它了。"

国会议员们纷纷踏上返乡的旅程,有人选择走陆路,有人则选择水路。除了纽约人以外,几乎没有人继续逗留在这座城市。而为数不多的几个留下的人中就有南卡罗来纳贵族参议员皮尔斯·巴特勒,这位不太有同情心的议员正在焦虑中陪伴爱妻走过最后的时光。"她像孩子一样无助,早已没有了神采,"他给家庭牧师写信时满心绝望,"她的命运掌握在神的手里,我有义务顺从他的意志——我会试着妥当处理,但这太让人煎熬了。"当巴特勒最终离开纽约的时候,同他一起上路的只有两个痛苦的女儿。

年轻的法律专业高才生托马斯·李·希彭,在与政界名流一起度过了几个月后,"愉快"地踏上了南下的旅程。(旅行者很少用"愉快"形容陆上旅行,因为这个国家的道路崎岖颠簸。)在费城南部,离宾夕法尼亚州切斯特几英里的地方,希彭偶遇了詹姆斯·麦迪逊和托马斯·杰斐逊,几人便决定结伴而行。为了消磨时光,在特拉华河口等船的时候,他们租了一艘小船沿岸泛舟,并饱餐鲜美的蟹肉。在安纳波利斯,他们入住了曼氏旅馆——希彭说这是"这世上最好的旅馆之一",在圆顶房子里度过了愉快的三小时。"从这里你可以欣赏到世间最美的景色,这种美只有开阔的视野,多样的景致,树木和湖泊交相辉映才能达到。"之后,他们享用了一顿海龟大餐，喝的是年份很足的马德拉葡萄酒。旅途开始步入下山路，一行人最终在安妮皇后村住下了。这是"一个很脏的村庄"，住宿条件也很差，"蚊子、蠓虫、跳蚤和臭虫竞相争宠"。一夜无眠，三个人在布莱登斯堡用罢早餐后恢复了精神。吃饭的地方是一位老年黑人妇女开的旅馆，名叫玛格丽特·亚当斯，而她的旅馆被认为是镇上最好的。几个人吃早餐的时候，玛格丽特则讲述了本镇妇女对她的怨恨——显然是白人妇女，因为华盛顿总统和家人上次经过此地时，选择了住在她家。屡次使坏都无法得手之后，为了泄愤，那些女人推倒了"克罗阿西娜神庙"，也就是她家的厕所。（克罗阿西娜是古罗马人心中管理下水道的女神。）亚当斯给客人们展示了被毁的厕所，用希彭的话说，"这座纪念碑见证了他人的妒忌和她的胜利"。

在乔治敦的时候，这三人像普通游客一样行走在乡间，饱览"大好风光"。早餐在诺特利·杨的家中进行，此人是当地最大的地主之一，所住的宅子面对着波托马克河的东边支流。饭后，杰斐逊、麦迪逊还和几位要人进行了商谈，他们在乔治敦以南沿河一代拥有地产。这些人包括尤赖亚·福里斯特，弗兰西斯·迪金斯，本杰明·斯托德特，达丁顿家族的丹尼尔·卡罗尔。（好几位名字都叫卡罗尔的人，就像欧洲贵族一样，常常为人记住的是其祖产的名字。）杰斐逊和麦迪逊感兴趣的不只是观光，另一桩交易也在酝酿之中，这是一桩秘密交易，避开了新英格兰国会议员的耳目。

国会在夏天通过的《首都选址法》规定联邦首都定在波托马克，人们也开始了一场与时间的赛跑。反对波托马克的人成功地给建设进程设定了一个截止期限：最重要的政府建筑——国会议政厅、总统官邸、行政部门的办公场所——必须在1800年12月之前竣工。

如果建设不能如期完成，国会可以也很可能会推翻当初定都波托马克的决议。国会授权乔治·华盛顿指派三名专员负责开展项目，只规定联邦政府所占面积不超过 100 平方英里，地点位于阿那卡斯蒂亚和克诺克奇格溪之间。至少一些投赞成票的北方议员怀有一个天真的期望：联邦首都选址在西北区域，靠近马里兰的狭长部位。

弗吉尼亚人则有另外一番打算。首先，他们希望确保不会被狡猾的费城人玩弄，因为费城人肯定会想尽一切办法把首都留在费城。"关键问题应该是让进入委员会的专员，除了波托马克就不考虑任何其他地方。"麦迪逊如此给华盛顿提建议。总统还有别的想法：让联邦首都的选址突破国会允许的最南端，把华盛顿的家乡弗吉尼亚的亚历山德里亚包括进来。9 月中旬，杰斐逊写下了一份私密备忘录，它也许反映的是华盛顿的想法。这份备忘录包含手绘地图，展示了波托马克和东部支流的街道分布情况，强调快速秘密推进建设的重要性。"如果定都波托马克的机会得而复失，那就再也没机会了。"杰斐逊写道。他接着又补充说，项目推进的过程中，马里兰和弗吉尼亚立法机构"无追索权"：不同区域间的政治竞争将会影响波托马克的命运，就如同不幸的宾夕法尼亚人在定都辩论中所经历的一样。杰斐逊估计，公共建筑、街道、国会议员的住处，以及"半打酒馆"需要 1500 英亩的土地。众所周知，一旦华盛顿做出决定，首都附近的土地价格肯定会猛涨，杰斐逊向地主们提议，让他们每个人出让一半的地产给政府，以便出售后筹措建设首都的费用。

总统在弗农山庄花了一个月料理私事，他重新雇用了一个工头，让他确保母马被放养到合适的牧场，把指定的土地平整好，用于种植荞麦和草籽。之后，总统于 10 月 15 日回到乔治敦。该城的一些地主向华盛顿送上了一份正式提议，声称"就地势、水质和空气质量而言"，"要建成一个国家的首都"，全美国没几个地方可以和乔治敦相提并论。地主们愿意提供400英亩的土地，只有杰斐逊期望的四分之一，但这是一个不错的开端。

两天后，华盛顿开始沿河北上。他首先停止在了莫诺卡西河口，然后是弗吉尼亚的谢泼兹敦和马里兰的夏普斯堡，当地的地主又陈述了一番本地的优势，最终到达了克诺克奇格溪口，一群推介威廉斯堡的人款待了他。总统一直不露声色。整个旅程看上去更像一幕精心安排的政治演出，而不是真正的考察行动，让人感觉首都将会定在上游区域，以便杰斐逊能从乔治敦地主那里得到更有利的条件。事实上，11月中旬的时候，据说华盛顿就下令对波托马克河沿岸三个选址进行正式勘察。北方人确实被迷惑了，他们一再嘲笑这样的传言，说把国会建在一个"遍地石块的荒野"是愚蠢的。一位费城讽刺作家写道："早有传言说，在那里抓到的鹿，有7英尺（约2.1米）长的角；那里的人都块头很大，没有辫子，特别喜欢喝桃子酒，常是刚刚酿好还热着的。"

假期的最后几周过得飞快。当国会重新集结讨论亚历山大·汉密尔顿提议的国家银行计划、用于支付各州债务利息的税收法案、颇有争议的国防提案，以及其他"复杂的"未竟事宜时，企业、法律机构、家庭和种植园都需要各自安排好了。很多议员即将卸任。第二届国会直到1791年10月才能开始审议工作，几乎是一年后的事情，但很多州已经展开了议员选举工作。威廉·麦克莱就担心自己无法再回到国会担任议员。"我必须挺起胸膛，迎接对手的攻击，"他伤感地想，"毁谤和造谣是用来打倒我的手段。"无论走到哪里，他都听到各种风言风语。"太痛苦了，"他坦承，"每个人都在说人民不喜欢你。"

詹姆斯·麦迪逊在离家前往费城加入纷争前，向他家的工头莫迪凯·柯林斯做了详细的交代：不要未经老詹姆斯·麦迪逊的允许就骑马，尽可能多种土豆，"按照黑人的恭顺程度和工作表现，给予他们充分的仁爱和慈善"。托马斯·杰斐逊也是在蒙蒂塞洛匆匆忙忙地处理私事。他提醒工头尼古拉斯·路易斯：他的几个女儿及女婿托马斯·曼恩·兰道夫将住在他家，应该向他们提供一切所需——玉米、饲料、小麦、牛肉，以及"种植园黑奴"砍下的柴火。他们还可以自由支配"家里的仆人"，包括贝蒂·海明斯。

身处弗农山庄的乔治·华盛顿像往常一样事无巨细，不断地向他那能干的秘书托拜厄斯·利尔写信下达各种指示，后者负责处理总统在纽约的事务，以及把他的私人家当转运到费城。指示包括带上洗衣妇但不要路易斯夫人和她女儿这样的"脏角色"，确保新马车上的马具固定妥当，不可忘记维修马车横杆的末端。当华盛顿得知，宾夕法尼亚已经投票表决为他建造一所帕拉第奥式的圆顶大楼，他立刻想到这个州将会想尽一切办法把首都留在此地，便明确表示他不会住在里面。相反，在给利尔的书信中，他不太情愿地同意租下罗伯特·莫里斯在商业大街上的住所，也使他在波托马克的首都建设完成前继续租住着别人的房子。（宾夕法尼亚州愿意支付租金，但华盛顿还是表明了立场。）莫里斯的房子很气派，但华盛顿抱怨说它没有之前纽约的房子"宽敞"；他也不喜欢任何花哨的装饰，那样他的家具会显得不好看；房子的布局需要访客爬两段楼梯，穿过他的私人卧室，才能到达由卫生间改造出来的书房。

　　让总统操心的不只是这些琐事，从北部的印第安国传来了让人不安的消息。7月时，掌管西北领土的长官，亚瑟·圣·克莱尔派遣了一支军队，在乔赛亚·哈马的指挥下，讨伐位于莫米河和沃巴什河上游的印第安人，就在今天的印第安纳一带。哈马的混合军由1453名民兵和正规军组成，10月1日从华盛顿堡（就是现在的辛辛那提）出发。由于英国盟友的通风报信，印第安人在10月14日提前撤离，并烧毁了柯基翁伽的主城。哈马带领的军队有五分之四是没受过什么训练的民兵，他们所做的就是把城里剩下的东西洗劫一空。之后，远征军就消失在了树林里，几周过去了，仍然没有下文。华盛顿的担心慢慢转变成了苦恼。"预感远征军的情况不妙，结局不会很好，"华盛顿11月中旬给亨利·诺克斯的信中流露出不安，"我放弃了任何成功的希望。从这一片寂静和其他情况来看，我已经准备好接受最坏的结果。"当结果真的出来时，比华盛顿想象的还要糟。

第十九章

自由最好的所在

Chapter Nineteen

Freedom's Fav'rite Seat

如果纽约人想要报复迁都,他们可以来到这里,让这里人满为患。

——阿比盖尔·亚当斯,1790 年 11 月临时首都是一座冠绝全国的城市。"费城或许被认为是美国的大都市,"法国旅行家雅克·皮埃尔·布里索·德·窝里勒在1788年写道,"它显然是美国最美丽、建设最好,也是最富足的城市。在这里你能发现更多受过良好教育的人,获得更多关于政治和文学的知识,这里的政治和学术社团比美国任何地方都多。处处可见精彩的活动、蓬勃的工业和激烈的竞争。"这座有着43000人口的城市,有更多的商店、出版社和报纸,还有一座藏书多于任何美国城市的图书馆——更别说美国第一家博物馆了,参观者在这里可以饱览画家查尔斯·威尔森·皮尔收藏的各种作品:毛制的鸟和其他动物、印度王袍、化石、中国小脚女人穿的丝绸拖鞋、鲨鱼的腭骨、英国内战期间被废黜的查理一世藏身的一块木头、活熊、四只脚的鸡、美国革命时期杰出人物的画像。相比于纽约曲折肮脏的街巷,费城的街道规划合理,铺设良好,路灯齐备。城里的居民则是另一个样子。虽然从言谈到衣着,费城人都比纽约人直白、朴素,但他们被认为是很自负的。"他们自认为是美国社会的头等人,无论是在礼仪上,还是在艺术上。像英国人一样,他们不屑于隐藏自己的真实想法。"西奥多·塞奇威克写道。

教友会教徒不再占人口的多数,但他们对当地道德观念的影响没有因人数占比下降而减少。他们开办的很多慈善机构免费给穷人发放药品，向贫穷的母亲提供帮助，为精神病患者提供生活所需，对该城模范监狱的犯人进行帮助，为女孩提供教育，对新解放的非洲裔美国人提供指导和教育。费城是宾夕法尼亚废奴协会总部所在地，也是独立战争后大量涌现的北方其他解放组织效法的榜样。该协会章程要求所有自认为基督徒的人"运用力所能及的手段，向全人类各个角落传播自由的福音"，尤其是那些"被欺骗和暴力束缚着的人"。并非所有反对奴隶制的人都是性情温和的。或许限制奴隶贸易的最佳手段是没收运输奴隶的船只，处决船长，一位《宾夕法尼亚公报》的记者如此建议。"但是处死他们太便宜了！把这样的恶人捆起来，沉到卡罗来纳或佐治亚的沼泽中去，然后在沼泽地里种上水稻，由他运输来的黑奴进行打理，他们应该有权随意使用牛皮。"这样的威胁正是南方蓄奴者最忌惮的。

由于教友会的影响，在美国没有比费城更加善待黑人的城市了。1780 年，教友会成功地领导了一场运动，制定了该州的废奴法律，确定于 1799 年彻底结束奴隶制。到 1790 年时，该城 2100 名黑人居民中只有 273 人尚未获得自由身。自由的黑人也好，逃亡的黑人也好，他们都从临近的内地奔向费城。根据宾夕法尼亚法律，任何该州以外的奴隶，只要在该州停留 6 个月以上就自动获得自由身，但不包括那些被国会议员拥有的奴隶，因为他们不受该法律的约束。这项针对国会议员的特别条款却不适用于行政分支的工作人员，这让乔治·华盛顿也和其他蓄奴者一样面临着麻烦。华盛顿家里的雇工有好几个奴隶，他很小心地把风险降到最低。"自由的想法可能是他们难以抵抗的诱惑"，他告诉托拜厄斯·利尔，要求他确保在合法期限结束前把每一个华盛顿的奴隶都轮转到宾夕法尼亚以外。"我希望完成这个任务时能找到一个很好的借口,避免他们和公众的怀疑。"总统如此告诉利尔。

甚至其他的宾夕法尼亚人也感到,教友会的正统思想很是让人感觉压抑。"教友会的严肃和呆板已经排除了一切时尚服饰和娱乐活动,"威廉·麦克莱这位行事标准非一般人能及的清教徒也开始了抱怨,"他们不仅自己排斥娱乐活动,也尝试剥夺别人娱乐的权利。"毫不意外,不受约束的纽约人对此反应得更刻薄。《每日广告报》嘲笑说,费城人简直无聊透顶:"在费城,城里的酒馆和咖啡屋充斥着无趣和沮丧。"费城人也进行了针锋相对的回应,就如同那年秋天出现在当地一份报纸上的小曲那样:"纽约!我们不羡慕你的修道院/那是啤酒和牡蛎飘香的地方。"

到1790年的时候,当德国和爱尔兰的移民、法国大革命和圣多米尼克(如今的海地)动乱引起的难民潮,以及来自北方和南方州的移民让费城的人口激增,教友会的保守作风慢慢让位于大都市的开放思潮。教友会发起的剧场演出禁令被废止了,使得在索斯沃克剧场欣赏莎士比亚戏剧以及其他表演如谢里丹的《丑闻学校》和盖利克的《秘密婚礼》成为可能。(受人尊敬的剧场老顾客抱怨说票价定得太低了,不管什么人能进来看演出,还在幕间休息的时候抢了他们的位置。)虽然马里兰众议员乔舒亚·锡尼的妻子讥讽说,她从未见过"这样一大群丑陋的女人",但音乐会确实观众众多,舞蹈聚会也一场接一场。

甚至费城古板的宗教生活也在发出新芽。比如乔治·撒切尔讥笑说，福音派牧师拥有"强大的肺和洪亮的声音，锻冶之神般的手和拳头"，"他不断进行强力的练习"，利用神坛倾泻"对地狱之火、恶魔和永恒诅咒的恐惧"。教堂外的景象更让撒切尔觉得好笑。布道仪式结束后，男人们排成两排，"这些人似乎直勾勾地盯着女人们的脸看，不时搭上一个"，他犀利地观察着，明白参加这种复兴聚会的男人一般都是"为了勾搭姑娘和女人——这已经成了这类人约会的场所"。

从新罕布什尔到佐治亚，政府的公仆和他们的家属在最恶劣的寒冬里启程奔赴临时首都。这一次他们经历的麻烦就更多了。乔治·华盛顿的车夫非常不称职，最终被换去驾驭运输总统行李的货车，而且还翻车了两次。载着阿比盖尔·亚当斯和家人行李的船只从纽约出发后，船体出现了裂缝进水，她也损失了所有最爱的礼服。四位马萨诸塞国会议员在乘车经过新泽西的新不伦瑞克时，由于路途过于颠簸而从车上摔了下来，埃尔布里奇·格里受伤严重，被迫在受伤的脸上贴了一大块黑色膏药。詹姆斯·杰克逊乘坐的轮船受到风暴的强烈袭击，他最终要求在新泽西的开普梅下船，后半段到费城的旅程只好租了一辆马车，风尘仆仆地挨过去。但谁也比不过南卡罗来纳议员伊达诺斯·伯克遭受的苦难深重。他乘坐的轮船在特拉华海湾口发生了海难：在一个可怕的夜晚，"狂暴的天气"折断了轮船的缆绳，撕碎了船帆，把船只送到了特拉华海岸线的浅滩上。"这就是一个南方议员去国会上班所付出的代价。"伯克苦笑着说。

费城的支持者用夸张的赞美诗迎接国会议员的到来：

欢迎啊，从前的战士，还有政治家！
你看到的景致都是美丽如画。
你的到来让我们的胜利得以圆满，
证明了我们的城市自由的氛围甲天下。

与此同时，费城的街道上挤满了新来的求职者——秘书和职员，速记员，印刷工，流动的记者，还有各种生意人，如肖像画家、舞蹈教师、厨师、假发制作者和花卉安排者。这些人都希望国会的到来能给他们带来好生意。据一份报纸报道，"理发师从这个国家的各个地方拥来，带着烫发钳和起皱钳。他们所有人都会问同一个问题：'哪里有房子？'"随着需求的增长，房租迅速攀升。

战争部部长诺克斯的妻子露西对可租的房源非常不满，威胁说要和她丈夫像独立战争期间一样，在外面搭帐篷过夜。乔治·华盛顿没有为租房子的事情不高兴，但他却发现住所太过拥挤。总统、玛莎和她的两个孙辈、华盛顿的首席秘书利尔和他的妻子波莉、另外三个秘书、各种男仆、马车夫、门卫、脚夫、女仆、管家，以及他们的家人，多达30人都挤在罗伯特·莫里斯的房子和其外围建筑里。阿比盖尔·亚当斯抱怨说："如果纽约人想要报复迁都，他们可以来到这里，让这里人满为患，任何东西的价钱都几乎是原来的两倍。"她厌恶地把费城人比作到处抢劫的西班牙征服者："人们一定会想，这里的人以为他们的面前是墨西哥，而国会是它的拥有者。"

亚当斯夫妇在城外两英里多的地方觅得了一所房子，面朝斯库尔基尔河，比较气派。但通往这所宅子的道路却很不好，一下雨就成了烂泥潭，"马走上去小腿都会陷进去"，天气好的时候又变得坑

第十九章　自由最好的所在　　323

坑洼洼，崎岖不平。阿比盖尔一来就发现房子里极冷，到处堆放着盒子、桶和箱子，粉刷工正在拿着刷子工作呢。房子的外部环境她也不满意。"斯库尔基尔河和哈得孙河差得太多，就如同我和大力神赫拉克勒斯没法比一样，"她叹息道，"这地方是如此简陋，原先肯定没待过，我希望以后再也不要经历了。"她的心情很低落。她家的厨子只干了三天，这个厨子在"周四喝得烂醉，被人抬上了床，其行为非常不检点，导致男仆、车夫和其他人都被赶出了家门，她自己当然也未能幸免"。

亚当斯夫妇遇上这样的厨子，也反映了费城社会的阴暗面。一边是让游客流连忘返的整洁街道，而不远处可能就是受贫穷、疾病和酗酒侵蚀的社区，那里散发着来自下水道和屠宰场的恶臭。这样的社会阴暗面很少会影响国会议员的生活，但马萨诸塞参议员特里斯特拉姆·道尔顿和他的旅伴奥利弗·菲尔普斯就是这样不幸的人。经历了艰辛旅程的他们，刚刚把行李寄存好——他们和不幸的埃尔布里奇·格里坐的是同一辆车，去附近的酒馆喝点茶放松一下，就被告知他们装有所有衣物和价值几千美元政府债券的行李箱被抢了。就算对于最体面的穷人，也没有任何安全保障：一旦失去工作，就可能一夜之间沦为穷人。很多人最终栖身救济院，他们和孩子都有可能被卖成合法奴隶。黑人的生活更加不稳定，费城既是逃亡黑人的理想目的地，也是奴隶搜寻者的天堂，因为这里有贪赃枉法的船长、受雇于人的刺客和品行不端的店老板。在费城抓捕到的黑人孩子会在几小时内被送到巴尔的摩或威尔明顿的奴隶市场上售卖。一些孩子被许以工作机会，有吃有穿，几乎是被从街上抢走的，或者诱骗到特拉华河上的小船上，然后再卖到南方去。这样的勾当让反奴隶制的费城人厌恶至极，没过几年，就促使他们创造了"地下铁路"。

国会定于12月3日开幕。11月时就已经阴冷潮湿的天气，现在更加寒气逼人。孤单又难受的西奥多·塞奇威克，在给马萨诸塞的妻子写信时，语气很凄凉："你的来信几乎是唯一能让我在寒冬里快乐起来的理由，它们让精神萎靡的我得到滋养，我感觉自己就像没了同伴的鸽子，没有头脑的废人。"甚至乔治·撒切尔这位熟悉了寒冷天气的缅因人，也只是整天围着火炉，除了见同事便很少外出。撒切尔并不是个案。12月时，木头的价格已经涨到惊人的8美元一捆。冰雪覆盖的街道上，马车让位给了雪橇，而裹得严严实实的荷兰人（德国血统的宾夕法尼亚人被这样称呼）戴着标志性的皮帽出现的时候，似乎预示着更坏的天气还在后头。尽管天气恶劣，又发生了船难和翻车的事故，12月4日那天还是有足够数目的参议员和众议员及时抵达，使国会达到了法定人数。这几乎是独立战争以来，国会第一次如此接近预定时间开幕——这件事情确实意义重大，连法国大使都认为应该把它看成美国政府趋于稳固的征兆，而向巴黎进行了汇报。确实，议员们准时到达无疑彰显了他们对于新政府的一种责任心，虽然两年前很多人都担心它根本无法运作起来。谁也不会假装能预计未来，但人们都相信还会再有第二届、第三届、第四届国会……"我不知道接下去的战斗是否会进行得很激烈——它的开端并不算好，在一个其他参战者都想着怎么过冬的时候开始了。"南卡罗来纳的威廉·劳顿·史密斯在给朋友的信中写道。无论怎样，他补充道："我们现在要开始认真工作了。"

第十九章　自由最好的所在

12月8日，乔治·华盛顿穿着一身庄重的黑色服装，步入位于栗树街上一座拥挤的红砖建筑，这就是费城指定的国会大楼。他将向聚集在这里的两院议员发表后来被称为国情咨文的演讲。这幢大楼建于一年前，可使用的面积连纽约国会大楼的一半都不到。尽管划拨给众议院使用的一楼面积还算充裕，但参议员们则必须爬一段据说和"印度梯子"一样陡的楼梯去到二楼，进入一个拥挤的会议厅，据说如果所有议员都出席，"那里就连一只大猫都容不下了"。（"建造国家大厦和总统官邸的吹嘘化为了泡影，高档住宅的承诺不再提起。"一位匿名作者——很可能是国会议员——气恼地写道。）

华盛顿脸色苍白，满面倦容，像极了伦勃朗·皮尔和杰尔波特·斯图亚特作品里的形象。"他的身形看上去很清瘦，"威廉·麦克莱写道，"他的表情有些迟钝，不那么生动，脸色苍白，不，可以说很憔悴。"然而，他似乎挡住了年龄带来的压力。来自参、众两院的议员一排排坐在半圆形、铺了红色摩洛哥羊皮的扶手椅里，总统向他们宣布："又一年努力换来的丰硕果实，给我们的国家带来了很多。"他说话时，背后悬挂着两幅巨型肖像画，画中人是路易十六国王和玛丽·安托瓦内特。这两幅画是1784年作为友谊的象征赠送给美国的，它们将在整个会议期间，不协调地见证国会的审议过程。演讲简短而务实，就如同战地指挥官或弗农山庄的农场经理向华盛顿做的报告。19个月前为华盛顿的演讲感到尴尬的麦克莱，认为他这次的发音比上次那发抖的声音有了"可以接受的"进步。

西北边境的安全形势在恶化，华盛顿告诉国会。让克里克人就犯的条约在迈阿密人和萧尼人身上不起作用。"某些印第安暴徒"已经对美国的定居点发起了新的进攻,"而没有听从来自美国一方的善意和谈邀请"。现在美国必须证明它"能够像尊重他们的权利一样,惩罚他们犯下的罪责"。为了这个目的,他已经下令乔赛亚·哈马率领 1100 人攻下印第安人的要塞。"此举的进展,我尚不清楚。"(这不是实话。三天前,华盛顿已经通过非官方渠道获知,哈马的部队遭到了伏击,队伍被冲散。这将是美国军队遭受的最大灾难。不出几天,这个消息人尽皆知。)

在更远的地方,华盛顿间接地关注了那些被巴巴里海盗囚禁的美国海员,他们继续被困在阿尔及尔"度日如年"。他没有提及托马斯·杰斐逊在与海盗就赎金问题进行谈判时遭受的屈辱,因为没有海军,无助的美国根本无法为解救其公民做任何事。总统只是淡淡地说:"你当然不会认为是思考不周才导致营救失败的。"

在国内方面,他宣布弗吉尼亚的肯塔基地区不久将申请成为第 14 个州。(他不曾提及的是,佛蒙特也快要批准宪法了。)他敦促商人们多用美国的商船运输货物。他希望在本次会议 3 月结束前,国会能处理好一些久拖不决的提案,如设立民兵武装、建立国家铸币厂、统一度量衡、创立邮政局,以及规划邮路等。

华盛顿演讲最显眼的特征是他明显省略一些部分。大家都清楚很可能成为本次会议最受争议的问题——亚历山大金融改革方案的高潮,即设立国家银行——他甚至连暗示都没有。总统倒是对国家财政收入快速增长大为赞赏,"完全出乎意料",这是国家"受尊重和信任程度"上升的积极信号。在荷兰筹集贷款的速度,也证明了欧洲对美国的信心。同样出现上升势头的还有公共债券的市值,一年前几乎分文不值的债券现在正按票面价格出售,甚至还要高一点。他不必强调,这一切都证明汉密尔顿是对的。但是关于国家银行的问题,这位伟人只字未提。他当然知道设立这样一家银行将会再次撕裂尚未痊愈的意识形态伤口,不管他支持还是反对,都会让他处于里外不是人的境地。

第二十章

最差的引擎

Chapter Twenty

A Most Mischievous Engine

以什么充当钱的功能是不重要的。

——亚历山大·汉密尔顿，1790 年 12 月华盛顿发表演讲五天后，汉密尔顿正式提交了关于国家银行的报告。法国外交官奥托——他并不是这位亲英派财政部部长的朋友——盛赞这是汉密尔顿提交的最佳报告。汉密尔顿的工作效率惊人，就在他起草这份有转折意义的报告时，同时还在监督财政部从纽约搬离的事情，其效果就如同传记作家罗恩·彻诺所描述的，"几乎像军事行动一样精准"。财政部的主要办公地点位于栗树街100号，转弯就是汉密尔顿位于南三街的住所，离杰斐逊在市场街的住宅、卡朋特大楼里的战争部、城市大楼里不起眼的最高法院只隔几个街区。由于财政部比其他部门加起来人都多——稽核办公室13人，注册办公室19人，会计办公室14人，海关办公室21人，审计办公室15人，还有其他一些办公室——把这些部门都搬迁好，安置好，再重新投入工作本身就是一个不小的成绩，彻诺说，这也极好地证明了汉密尔顿的后勤管理才能。

在报告中，汉密尔顿认为通过把"公共权力和信仰与私人信用"相结合，国家银行将成为国家的宝贵财富：为政府基金提供储备，创造信得过的纸币，为国债提供支持，管理外汇，为促进经济增长提供永久的投资资金来源。汉密尔顿提议设立首批资金1000万美元，这比美国现有三家银行的总资本加起来还多很多倍。在这

1000万美元资本里，800万来自私人投资者的存款，其中四分之三为政府债券。把各州和联邦政府债务转化为储备金，从而为发行新的纸币打下基础，汉密尔顿声称，将让总的货币供应量增加，进而刺激投资。为了让国家银行充满活力，并且实现盈利，他强调，应该"按照符合个人利益的原则"进行组织。换言之，应按照自由企业的原则创立国家银行。国家银行将承担有限责任，以营利为目的，通过独立的董事会进行管理，并受到联邦政府的监管，以确保"如此微妙的信托机构能按照诚实和谨慎的原则进行运营"。汉密尔顿承认，投机行为无法得到根除，但他补充说："如果有利可图的事物会引起谴责，那么将没几个有关公众福祉的事物不会很快倒闭。"他告诉总统，既然"拥有大量资本和商业的大型商贸城市一定是银行的最佳选址"，那么国家银行就应该设立在费城。

汉密尔顿的预测很正确，大部分听报告的人对银行或者公司，以及它们的运作方式几乎一无所知。因此，他提供了一份指导手册："国家银行对财政管理的健康发展起着至关重要的作用。"在所有"发达的"商业国家，贸易和工业都依赖银行，政府也需要通过银行借贷大量款项，以备战时之需。因为储户不大可能同时提取他们的存款，银行可以发行比储备金大得多的现金。汉密尔顿还解释了借贷、信托和信用，以及银行如何实现财富增值的基本原则。

在1790年的时候，大部分金融交易都是以金和银计价的。仅仅被用来作为交易工具的金银，被汉密尔顿称作"滞销品"。但如果把它们存在银行里，充当银行发行纸币的担保，它们就"获得了生命"，变得"高产"。存在银行里的钱也成为储户借出更大数量贷款的保证金。"如此一来，信用循环起来，在每一个阶段都起到了货币的作用。大笔的货币可以借出和偿还，不断转手，而不必实际使用任何一枚金币。"这样，"个人的钱在得到使用之前，就处于一刻不停的活跃状态"，赚取利润、驱动投资和贸易，而这些原本根本不会发生。"银行为扩大工业和商业企业的规模做出了贡献，也成了国家财富的孕育室。"

一旦国家出现紧急情况，致力于服务政府的国家银行将变得无比重要，因为它可以在某个地方储存巨额资金，以供不时之需。国家银行还能为市民缴税带来便捷，因为它消除了长距离运送大量货币可能带来的延迟和风险。通过动用外国储户的资金，国家银行将进一步增加美国的资金供给。总之，汉密尔顿的想法不仅让国会议员大开眼界，也让全体美国人重新开始认识金钱以及它带来的可能性。"以什么充当钱的功能是不重要的。"无论是纸币，金子还是银子，它们对工业的影响是一样的："一个国家的财富从根本上不是由它拥有的贵重金属决定的，而是由其劳动力和工业生产的产品数量决定的。"

国会对汉密尔顿的报告展开争辩是几周以后的事情。没什么人怀疑通过提案需要的多数票是没问题的：上次会议通过的偿债法案已经证明汉密尔顿能获得足够的立法支持。至于这个国家是否愿意再一次在关键性的（对某些人来说是威胁性的）金融原则上出现搏斗和分裂，就是另外一个问题了。

国会议员们在试图弄明白汉密尔顿的新提案，同时也要处理一大堆亟待解决的立法问题。他们希望在3月休会之前完成这些任务，而实际结果表明那只是妄想。这些提案包括领航和船东责任方面的，联邦国土办公室方面的，邮政系统方面的，威士忌征税方面的，以及——最让人头疼的——用于抵御暴动和外敌入侵的国家武装的组织标准。独立战争期间的民兵构成非常庞杂。（"依赖民兵显然是不可行的。"华盛顿在纽约战败后愤懑地说。）如今，美国人得知哈马的民兵竟然四散抢劫印第安居留地，感觉很丢人，而后又在与敌军的对抗中落荒而逃，最终遭遇惨败。但是仍然有很多人认为可以组织起理想的民兵队伍，反对设置常备军的意见也很强烈。完全不同于今天美国人认为在军队服役是神圣的行为，1790年时，常备军几乎被看成政府镇压反抗的手段，它们效忠的不是公众，而是君主或独裁者。

后续关于民兵的辩论很短暂，但它预示了一些基本价值观的碰撞。武力胁迫还是和平解决？公众利益还是个人良知？全民兵役还是义务兵役？这些问题将继续在美国历史上被反复讨论。没有任何异议的是应该设置组织良好的军队，这也是宪法第二修正案的意义所在。问题是谁来服兵役。现在的提案只是规定"18岁到25岁之间的男性"。但是不是有些人可以免于服兵役？国会议员、被任命的官员、学生和老师，以宗教为由拒绝服兵役的人，可不可以被免除兵役义务？

极端民主派代表——除了涉及奴隶制的时候——南卡罗来纳的伊达诺斯·伯克认为，服兵役的人应该包括"富人和穷人，老人和年轻人，有权势的和无权势的，毫无例外"。詹姆斯·麦迪逊不同意赦免国会议员服兵役的义务，他们"应该在给别人规定责任的时候，身先士卒"，然后又补充说，"维护自由的最安全手段是政府对法律涉及的对象保有同情心"。然而，费城的托马斯·菲茨西蒙斯抗议说，让年纪轻轻的学徒服兵役将给城市发展带来困难，这会让工匠不愿招收学徒，因为学徒很有可能被征召入伍。另一些国会议员担心，年轻人会由于接触那些酗酒买春的老兵而"沾染上坏习气"。

曾在佐治亚前线率兵打仗的詹姆斯·杰克逊反驳说，年轻人是征兵时的首选。他们没有家庭重担，他们"满腔热血"，他们极其珍视个人荣誉。等到了 21 岁，他嘲笑道，他们将变得几乎一无是处，变得"贪生怕死，而这是年轻人最不齿的"。杰克逊似乎很享受聚光灯下的感觉，一有机会就跳出来表现自己，任何让他不悦的事情，他都会以一贯的大嗓门进行抨击，或冷嘲热讽，或慷慨陈词，或无情攻击。（他能把任何讨论变成战斗。早些时候，当一些人认为对威士忌征税有助于减少酗酒行为时，他火冒三丈，说"他的选民有权喝醉，他们喝醉就是为了叫板国会，认为其不会征收消费税"。）

除了好战分子杰克逊的言论，其他人的言论并未引起多大反响。然后教友会教徒来到了，按一位不耐烦的康涅狄格议员的话说，"带来了他们的老一套"。教友会教徒支持和平主义像反对奴隶制一样坚决，也一样有心无力。和平主义是"神的命令"，教友会教徒塞缪尔·埃林森在游说活动期间写道："道德上和宗教上正确的事情，在政治上不可能有问题。战争是不合法的，支持战争或替代战争所做的一切也都是不合法的。"教友会教徒采用了与在纽约时一样的策略，忍受着寒冷的天气，穿梭在湿滑结冰的街道，向每一个遇见的国会议员进行游说，努力"让那些人明白这个议题的重要性"，就如同詹姆斯·彭伯顿所说的那样。他们声明教友会教徒既不会在民兵队伍里服役，也不会支付任何替代服役的费用，因为这些钱可以被理解成资助战争的行为。

杰克逊认为教友会教徒是不可救药的理想主义者,"希望所有的战争现在就停止,战争带来的恐惧像和平之光照耀下的雾气一样烟消云散"。何时才是这一切的尽头?如果"这种恭顺的不抵抗精神"能在各州遭遇英军攻击的时候起到作用,那美国人还用得着打仗吗?当人们以有违良心为由而拒绝拿起武器,然后他们就得到了赦免,那么教友会教义很快将成为国教。"在遭到侵略的时候,人们悠然自得地坐在家中,而他们的邻居则要忍受离别之苦,冒着生命危险去战斗。"这样一来,美国人民、美国政府乃至整个民族会变成什么样?"人民将遭受压迫,政府将被推翻,而这个民族将会消失。"

与杰克逊充满火药味的发言不同,伊莱亚斯·布迪诺特强调了道德良知的重要性,这一点既深深扎根于新教的传统,又有可能对个人权利做出新的解释,而杰克逊似乎忘记了这一点。布迪诺特说,如果人们不愿意打仗却要被逼着那样做,那结果将一无所获。他指出:"我们自称是一个理解个人权利的民族,尊重并支持人的权利。那么就不要在一开始就践踏最伟大最重要的人权——信教自由的权利,不要迫使人们做宗教教义教导他们憎恶的事情。"麦迪逊认同布迪诺特的观点,提议对提案进行修改,特别赦免那些"对持有武器心存芥蒂的人"服兵役的义务。他说:"这个国家拥有的一项特别荣耀是确保宗教信仰自由,而这在其他国家是无法理解或被肆意破坏的。"

这个议题引起了颇多争议,本次会议结束前都不会停止讨论。然而,此时杰克逊说出了最后的一番嘲讽。相比于宗教的引导,人们更畏惧法律的惩戒，他言辞犀利地指出。如果麦迪逊认为对人约束力更大的是道德上的纪律而非世俗的法律，那么他还没有看透人心。杰克逊说，人们"更惧怕现世的惩罚，而非来世的报应"。

尽管以农业为主的南方人和特立独行的宾夕法尼亚议员威廉·麦克莱提出强烈反对，国家银行法案在参议院获得通过是毫无疑问的事情。南卡罗来纳的皮尔斯·巴特勒说，国家银行将"抽干南方州仅有的一点现金"，而麦克莱则警告说，它将被证明是"推动生产力低下的人获取利润"的"最差引擎"。但是支持国家银行法案的人明显占多数，法案于1月2日以10比6的票数获得通过。

国家银行法案在众议院获得通过的过程就没那么顺利了，它遭遇到了詹姆斯·麦迪逊的强烈反对。如同第一届国会中的任何议题一样，这次历时不长但分歧严重的议题，扩大了中央政府支持者和州政府支持者之间、主张灵活解释宪法者和主张严格解释宪法者之间的分歧。这样的分裂将进一步促使政党的形成，并在不久成为美国政治的组织动力。反对意见还来自国家银行的20年租约，那意味着就算联邦政府在1800年搬到波托马克，它将继续留在费城。反对者担心，那样国家银行将变得任由金融专家摆布。在个人层面上，关于国家银行的争论也将提升亚历山大·汉密尔顿在总统身边的地位，进一步削弱华盛顿与麦迪逊之间的亲密程度，虽然后者曾在第一届国会的前几个月里充当了相当于首相的角色。行政权力的分配将从此改变。

当提案送达众议院的时候，詹姆斯·杰克逊视之如印第安作战部队，宣称国家银行将让这个国家陷入债务泥潭，"陷入无边无际的困境"。然而,最主要的攻击却来自麦迪逊,发生在2月2日。与杰克逊张牙舞爪式的发言不同,麦迪逊有张有弛。他首先说明了国家银行可能带来的好处:商人可以用更少的资金完成更多的交易,他们可以更迅捷地缴纳关税,就算财政收入出现延迟现象,政府依然可以按时偿还债务,高利贷行为将减少,因为人们能够以更低的利率获得贷款。然而国家银行的弊端更多:它将用不可靠的纸币取代贵重金属,让不知情的公众可能会由于听信谣言、管理不善或贸易逆差等原因去银行挤兑,让居住在费城附近的储户和投资者比住在远方乡村地区的人获得不合理的优势。然而,麦迪逊说这些理由都只是实用层面的,更深层次的问题是:国家银行的提案违背宪法。

根据宪法,他说,银行获得许可的理由是让政府征税偿还国债,为"公共防务和一般福利"提供补给,以美国的国家信誉进行借款,或者通过"必要和适当"的法律,执行宪法规定的其他权力。但这个提案无法满足以上任何一个条件。麦迪逊表示汉密尔顿的一大堆理由所赖以存在的宪法"必要和适当"的条款,除了为行使政府权力而寻找"技术手段"外,没有任何意义。提案中的银行根本不是政府所"必要的",它至多算是"方便的"。宪法赋予联邦政府的权力是有限的、明确的,再没有别的了。通过故意揭示某些暗含的权力,他控诉"这些牵强附会地推演出来的权力可以相互关联"成一个链条,"达至任何立法目标,任何政治经济范围内的目标"。这样做将会带来极坏的结果:国会的权力将触及任何事——制造业公司、挖运河的公司、欺骗人的投机方案,以及宗教团体可能会派遣牧师到任何教区时"让美国财政部付款"。

这项法案主张的权力,麦迪逊有力地总结到,将遭到宪法的无声谴责，将遭到宪法解释权的谴责，将因为其破坏宪法主要精神的趋势而遭到谴责，将遭到支持宪法者的谴责，将遭到批准宪法者的谴责，将遭到国会提交的修正案的谴责。他希望众议院的投票结果能显现该议案所遭受的谴责。

这个演讲明白无疑地表明，麦迪逊现在奉行的原则已经有别于第一次会议期间，那时候他推动着有利于中央政府的各种议程。如今他对联邦权力的讨伐与反联邦主义者的做法非常相像，虽然他曾讥讽过那些人。他这样做的动机很复杂，但至少在一定程度上说，他的这些高尚原则是烟幕弹，用以掩盖他内心的某种焦虑情绪——如果国家银行获得批准，它可能永久地葬送了政府迁往波托马克的可能性。当其他办法无法奏效的时候，麦迪逊总是拿宪法说事，这是他的常规策略。然而，他给出的理由是很有说服力的。总让他不放心的是，国家银行会刺激大规模的投机行为，他还担心如果总是对宪法进行宽松的解释，行政权力将再也无法发挥作用。

但他到底说服了几个众议员就不得而知了。6天后进行投票的时候，只有20名议员支持他，这对一个曾被视为宪法最佳解释者的人来说，绝对是耻辱。现在解释宪法的工作落到了冉冉升起的亚历山大·汉密尔顿的肩上。投票结果同时还有一句潜台词：支持麦迪逊的20票里只有1票来自南方以外（这个人就是来自西马萨诸塞的反联邦主义者乔纳森·格洛特）。支持国家银行提案的31票中，只有5票来自北方以外，这是地区分歧的又一征兆，这将是接下去国家政治生活中的常态。麦迪逊并没有就此放弃。国家银行提案在成为法律之前还有一道障碍：总统签字。提案由众议院的一名职员从国会大楼送到了市场街上的总统官邸，仅仅5分钟的一段路，2月

14日它来到了总统面前。就这样放在总统面前,一天接着一天,国会每等待一天,焦虑就多一分。

华盛顿面临的压力是巨大的。他非常清楚国会内外对于巩固联邦权力的疑虑,但他个人倾向于支持汉密尔顿和北方联邦主义者,而非他的弗吉尼亚老乡。多年后,麦迪逊回忆道:"他相信建立国家银行意义重大,加上他倾向于对国家权力进行灵活的解释,这决定了他更支持某一方。"然而,华盛顿理解麦迪逊的担忧,国家银行就算不会阻止,也可能会减缓迁都波托马克的进程。否决这个法案对迁都波托马克有利,但如果他的否决权被国会推翻,是否会永久削弱总统的行政权?他有权力否决在参、众两院获得多数票通过的提案吗?但如果这样做违背宪法,他不是有责任否决提案吗?他没有多少时间仔细考虑这些问题,如果他无法在10天内做出决定,国家银行提案将自动生效成为法律。麦迪逊对他的处境感同身受,他说华盛顿"感到非常困惑"。

再过一些年头,总统的此类困惑就可以通过最高法院解决了。但是,目前最高法院还没有判决过任何案件。法官们不是在思考重大的宪法问题,而是疲于奔命,在新设立的地区法院之间巡回,直到1792年夏天才有了第一次判决。(直到1801年约翰·马歇尔成为首席大法官后,最高法院才开始履行宪法仲裁者的角色,并一直延续下去。)这一次,总统向总检察长埃德蒙德·兰道夫、国务卿杰斐逊,以及麦迪逊寻求帮助,请他们解释宪法涉及的复杂之处。麦迪逊是华盛顿一直依赖的人,但这一次麦迪逊的声音不是唯一的意见。

据称,麦迪逊说,如果设立国家银行符合宪法规定,那么联邦权力将突破一切约束,无限扩大,"美国将再难找到一片属于个人的叶子"。兰道夫声称,如果宪法条款中的"必要和适当"有任何意义,其意义就在于"不是扩大了国会的权力,而是限制了它"。(兰道夫是内阁中最弱势的官员,工作职责不清,薪水也不好——"一种介于各州和美国政府之间的受气包",他向麦迪逊如此抱怨道。)杰斐逊的回答则更为坚决。他引用尚未获得批准的第十修正案说,宪法未明确规定属于美国政府的权力,也没有明确禁止为各州所有的权力,属于各州或者人民。"突破国会权力界限的一小步,意味着拥有一大块不受约束的权力",他告诉总统。没错,宪法授权国会制定"必要和适当"的法律,以便让其规定的权力产生作用。但那些权力显然可以不必非要通过国家银行得到行使,因此这一切根本就不是"必要的"。"是否可以这样认为,假使宪法出于便利的考虑,国会可以被授权废止几个州最古老而基本的法律",如涉及永久营业的土地,外国人身份,继承,分配,归还和没收土地,垄断等方面的法律?除非其他手段无效,否则不可轻易废止法律,这是我们这个法学体系的支柱。否决权,他提醒华盛顿,是宪法抵御立法"侵略"的盾牌,他们现在就面临着这样的困境。即便如此,杰斐逊还是建议华盛顿签署法案,毕竟立法机构已经通过了。(很多现代美国人可能会发现杰斐逊的立场前后很不一致。他总体上是主张维护州权的,但他和同时代的人有个一样的信念——国会是更高一等的政府分支。)

麦迪逊对他和他的弗吉尼亚老乡能否说服总统否决国家银行提案,持一种谨慎的乐观态度。然而,联邦主义者手里有"人质"。几个月来,国会、整个国家以及一大帮土地投机分子都在焦急地等待华盛顿宣布永久首都的具体位置。当他终于打破沉默的时候,那声音足以让政坛为之震颤。"经过认真考察，权衡几个选址的利弊"，华盛顿在 1791 年 1 月 24 日给国会的信中不够坦诚地表示，自己决定把联邦政府首都落户在阿纳卡斯蒂亚河与马里兰乔治敦之间群山环绕绿草如茵的一大片区域——这也是他一直以来秘密打算的结果。

很多去年夏天投票支持波托马克的议员以为选址会定在更靠北的地方，现在他们愤怒了。这个选址不仅位于划定范围的最南端，华盛顿还要进一步向南延伸，把他的家乡亚历山德里亚包括进去，靠近他在弗农山庄的地产。不管是不是巧合，这个选址会把华盛顿自己的 200 英亩土地，以及其位于亚历山德里亚市中心的几处建筑区域划进联邦政府特区。总统的受监护人乔治·华盛顿·帕克·科斯蒂斯拥有的近 1000 英亩土地——未来的阿灵顿国家公墓所在地——之前已经被包括在选址范围内。按照总统的命令，未经国会批准，杰斐逊已经派遣勘测员安德鲁·埃里克特前往亚历山德里亚，确定新的联邦特区边界。

华盛顿还宣布，他已经选出三人作为专员，监督首都建设的进展情况。这三人都是华盛顿的密友：戴维·斯图尔特是华盛顿私人业务的主管、私人医生、玛莎·华盛顿儿媳妇的再婚丈夫。托马斯·约翰逊是前马里兰州长，曾在独立战争期间提名华盛顿为大陆军总司令。来自石溪的丹尼尔·卡罗尔曾在麦迪逊的要求下改投赞成票支持汉密尔顿的偿债方案，他拥有的 4000 英亩种植园一部分位于未来的联邦政府特区范围内。以上三人都没有任何城市规划、建设及建筑方面的经验。谁也不愿公开指责圣明的华盛顿是完全出于私利做出这样的决定的，然而，很多人仍然大为惊愕，私下表达了沮丧和失望。"我活得够久了，就算不了解人们的动机或行为准则，但我知道几乎所有人都从自身的利益出发考虑问题。"马里兰众议员威廉·史密斯语气里带着明显的失望。

为了让华盛顿和他来自波托马克河谷的朋友们得偿所愿，原先的《首都选址法》就需要修改，它规定政府的临时首都设在费城，永久首都定在波托马克。如果总统以为国会很高兴地按他的要求办事，那么他就错了。仅仅6个月前，《首都选址法》曾是第一届国会最激烈的议题之一，修改这个法案可能会让杰斐逊餐桌上达成的妥协付诸东流。尽管没人公开宣称总统面临一个交换条件——首都换国家银行，事实却很清楚。首都的未来再一次与汉密尔顿的金融方案纠缠在一起。

虽然困难重重，但费城在2月22日庆祝华盛顿59岁生日时却看不到任何迹象。庆典很隆重，华盛顿说不喜欢，但也没有出面阻止。大炮和轻步兵列队走过结冰的街道，13响礼炮鸣响。（随着北卡罗来纳和罗得岛正式加入联邦，终于可以鸣炮13响，而不是尴尬的11响了。）国会议员、行政部门首长、外交家、牧师、社会名流以及一些不知名的人士都来到华盛顿位于市场街的官邸，向他致以问候和祝贺。当晚，一场盛大的舞会在紧邻国会大楼的宾夕法尼亚州议会举行。在活动现场，一张华盛顿脚踩英国国旗的油画被悬挂在一面墙上——这一幕明显激怒了到场的几位英国官员。华盛顿进入舞厅时，众人高呼三声。人们举杯敬酒，祝福国家，祝福国会，祝福宾夕法尼亚州，祝福法国国王和法国国民议会（谨慎地讨好法国激进主义者和保守势力），祝福美国人民最热爱的法国人拉法叶侯爵，祝福国家的盟友，祝福"美妙的艺术"，祝福副总统亚当斯，最后是祝福总统本人。华盛顿在舞池里翩翩起舞——尽管身材高大，年事已高，但他却被认为是极好的舞者，这时，他不大可能忘记，离他行使否决权只有两天了。

没有人知道华盛顿的真实想法。麦迪逊乐观地认为他已经说服了总统做出不利于国家银行法案的决定；紧张情绪日趋强烈，人们在想立法机构会如何推翻总统的否决决定；传言四起，说如果国家银行的提案被否决，汉密尔顿将会辞职，国债的价格会崩盘。唯一没有见过总统的顾问就是汉密尔顿本人，他过去几天正在总统的要求之下，忙于起草给弗吉尼亚人的回复。

财政部部长应该只是在总统的生日庆典上稍微露了一下脸，当晚直到凌晨，他一直在工作，而他的妻子伊丽莎白也在誊抄他的话语。至 23 日中午，离总统的截止日期还剩 24 小时，汉密尔顿向华盛顿提交了他对批评者的反驳。这封长达 40 页，15000 词的材料，让对手相形见绌。

面对批评，汉密尔顿进行了针锋相对的反击。他代表对宪法进行广义解释的群体（支持灵活性、创新性以及现代美国人所称的积极政府），用尽浑身气力进行了反驳。他以近乎轻蔑的口吻驳斥兰道夫的说法，简明扼要地指出，总检察长的批评意见"漏洞百出，难以形成任何结论"。汉密尔顿引用麦迪逊自己在《联邦党人文集》中的理论反驳他。那时，弗吉尼亚人说，如果把所有对政府"必要和适当"的权力都列出来写进宪法里，那样宪法不仅变得冗长而荒谬，而且还要"把未来可能发生的所有变化"都考虑进去。然后，麦迪逊明确指出："无论是理性上还是法律上，任何公理都比不过现实有需要、手段又合法的情况；只要上位法律给予了做一件事情的授权，那么执行此事的具体法律就不言自明了。"这样恰恰就是如今麦迪逊视作违背宪法的立场。汉密尔顿对国务卿的回复是他付出最大努力的地方，如历史学家托马斯·麦克劳所言，这使"杰斐逊显得像个孩子，任性，又对宪法和金融知之甚少"。

汉密尔顿说，杰斐逊和兰道夫拒绝了美国政府创立公司的权力；如果他们的想法正确，那么这"将让美国的政治社会失去主权，或者让人民失去政府"。创立公司化的银行正是宪法"必要和适当"条款下的内容。"政府拥有的每一项权力在本质上都是国家主权，通过该条款，政府有权运用各种必要和适合的手段，实现该目的。该项权力不受宪法规定的各种限制和例外情况的约束，并非不道德，也不会与政治社会的目标背道而驰。"汉密尔顿还驳斥了弗吉尼亚人关于国家银行侵犯各州权益的观点。如果中央政府无法做出改变州法律的行为，那么它的所有权力都毫无意义。比如，联邦政府关于出口的规定明显就影响了好几个州现存的相关法律。联邦在海岸线建造灯塔和浮标的行为并不能算是严格意义上的"必要"行为，也未在宪法中有很多具体规定，但它是对社会有益的，没有人建议说联邦政府无权那样做。

汉密尔顿在结尾的时候，呼吁对宪法进行最宽松的解读："政府所拥有的权力，尤其那些涉及管理国家事务、金融、贸易、国防等的权力，应该从符合公众利益的角度进行解读。为了应对突发情况，消除天灾人祸，促进国家繁荣，必定需要采取各种措施，多样而复杂。在选择和运用这些手段的时候，应给予很大的自由度。"在解读宪法方面，麦迪逊遇到了对手，甚至是个更厉害的角色。

2月23日过去了，没有关于提案的进一步消息。24日早晨，约翰·拉特利奇写道:"大家普遍感到不安,总统站在了悬崖边上。如果他从悬崖上掉下去,他的一世英名将毁于一旦。"支持国家银行提案的人开始发泄怒气,越来越觉得总统会投否决票。麦迪逊评论说:"人们开始了各种猜忌和威胁。"几年后,麦迪逊回忆接下去发生的事情时写道:"时间越来越少,事实上已经没有时间了,而就在这个时刻,利尔(华盛顿的私人秘书)带着总统的批准签字走了进来。我对此很满意。如果他否决了提案,国会又会想办法推翻他的决定。"国家银行的未来确定了,国会很快就以绝对多数票通过了总统的联邦特区法案,将其向南延伸,把弗吉尼亚的亚历山德里亚包括进来。华盛顿去世以后,约翰·亚当斯刻薄地说,这个决定让华盛顿和柯蒂斯的地产升值了 10 倍。

国家银行法案是个分水岭。麦迪逊再一次败给了汉密尔顿,而后者将继续以牺牲这位弗吉尼亚人为代价,在华盛顿心中获得更高的地位。这个时期汉密尔顿的信件一定程度上揭示了他的私人情感。(如同罗恩·彻诺所言:"他的宏伟计划不是普通人所能理解的。")但是不难想象的是,他对自己的胜利倍感振奋:敌人倒下了,他的地位日渐上升,他对未来国家经济的设计就要取得成功了。从更广的角度看,前景无限美好的资本主义再一次战胜了农业经济,后者主要植根于南方,复杂性和活力都不如前者。政治权力将会在未来几十年里向有利于南方的方向发展,但北方金融和经济崛起的势头已经不可阻挡。尽管在接下去的一代人中间,地区仇恨不会显露无遗,但南方人对联邦政府扩权的不信任情绪不会减少。

在给华盛顿的信中,托马斯·杰斐逊用委婉的法律语言表达了对国家银行法案的反对意见。一年后,国务卿在给麦迪逊的信中又表达了更深的不安情绪,评价了新当选的弗吉尼亚州长亨利·李打算创立州立银行与国家银行进行竞争的问题。"任何人在州内事务上认可外部立法机构的裁决,都是对该州的背叛,"杰斐逊写道,"任何人依照外部立法机构的权威行使某种权力——无论是在记录上签字,发布或传播记录,还是担任主管、出纳或其他任何有关的职位,都应被视为严重的背叛行为,应根据州法院的判决处死。"他说的"外部立法机构"是指美国国会。这是美国内战爆发之前,对于维护州权发出的最强烈意见。

结局

美国曙光

Epilogue

American Dawn

系铃容易,解铃难。

——亚历山大·汉密尔顿,1790 年 9 月第一届国会第三次暨最后一次会议在3月3日晚上的烛光里闭幕，而本次会议的最后几天则是在混乱和嘈杂声中通过了各种立法进程。"在这样乱糟糟的环境里发言，就如同在暴风雨中扣动玩具枪，根本听不见。"麦克莱说。行政官员和雇员的工资法案需要审议，打击西北印第安人的新雇佣军法案需要审议，减少公共债务的法案需要审议，参加联邦法庭的证人和陪审员的津贴法案需要审议，减轻罚没的法案需要审议。在参议院，与摩洛哥签订的新友好条约需要批准。最终已经没有时间讨论设立邮局、建立国家铸币厂或民兵法案这些国会1月时已经争论过的问题了，这些将留到12月的第二届国会期间进行讨论。"之前我们仔细研究每个议题，深入探讨所有细节，"麦克莱写道，但是现在"一切都被推到这最后时刻，而现在最缺的就是时间。任何人想发言的时候，都会被停止讨论、直接投票表决的动议打断"。（在19世纪出现妨碍议事的行为前，"停止讨论、直接投票表决"是议会用来结束辩论，快速进行表决的方式。）

　　会议结束的时候，议员们"从参议院会议厅奔下楼"，和楼下的众议员一起，走出国会大楼，冲入费城的寒夜里。大多数人会尽快离开费城赶往远方的家。超过三分之一的人不会再回来了，一些人选择不再连任，另一些人则连任失败了。没有全国性的国会选举进度表，因此投票已经进行了好几个月。几乎整个马里兰代表团都连任失败了，佐治亚的詹姆斯·杰克逊也失败了，输给了他的老对手安东尼·韦恩。"他活该"，西奥多·塞奇威克吼道，因为没有哪一个人"像（杰克逊）那样信马由缰，随心所欲"。詹姆斯·麦迪逊轻松获得连任，塞奇威克、威廉·劳顿·史密斯、费希尔·埃姆斯、埃尔布里奇·格里以及罗杰·舍曼也得以连任。马萨诸塞缅因地区的自由思想者乔治·撒切尔，在经历了四场比拼后才艰难地获得50%的选票，重返国会。弗吉尼亚新选出的参议员是后来的总统詹姆斯·门罗；而在纽约，后来的副总统亚伦·伯尔击败了汉密尔顿的岳父菲利普·斯凯勒。（伯尔最出名的经历应该是在1804年的决斗中处死了汉密尔顿。）

麦克莱也未能获得连任，这一点他早就料到了。会议结束后，当大多数同僚纷纷离开的时候，他又在参议院会议厅继续逗留了一段时间，收集文件。只有一个人，马萨诸塞的特里斯特拉姆·道尔顿停下来跟他道了别，一定是想着他们恐怕很难再见面了。麦克莱当天夜里写道："当我离开国会大楼的时候，我带着满足看了它一眼，这是一个人离开时的感受。在这里他一度感觉拘束难堪，现在他非常满足地看到很多有罪之人在两年任期里负重前行"——一种对重罪犯的惩罚——"而不像我这样感到半点痛苦和耻辱"。

然而，麦克莱的同僚们几乎都感到很满足，当然也如释重负。弗吉尼亚的众议员亚历山大·怀特说出了众人的心声："根据我们所做的一切，以及这两年里我们行事的方式——我想我们回到家乡时不必感到脸红。"

随着麦克莱和同僚们的离开，美国历史上最伟大的政治时代之一结束了。16年前发源于莱克星顿和康科德的独立革命落下了帷幕。第一届国会的议员们从一张纸开始创立一个政府：关于共和的梦想变成了现实，变得有血有肉，他们迈开了前进的步伐。

但这只是开始。新一届议员选举的获胜者将在12月再次集结，担负起政治家的责任。新的战线即将形成，新的战斗就要打响，是敌是友都要在辩论中见分晓。政客和普通民众都对即将到来的一切充满期待，他们相信政治是国家复兴的工具，也是唯一能确保他们引以为傲的机构不断取得胜利的手段。政治权利是他们进行独立战争的目标，也是他们推翻邦联想进一步改善的。他们深知，政治是推动共和政府运转的引擎，并希望这台引擎一直在未来很多年里继续推动政府运转。

第一届国会的一些成就难免不完美。只是部分解决的问题或者被延迟的问题，将会卷土重来，而有些问题则由于基础性太强而一时难以找到永久解决方案。关于应该如何灵活或宽松地解释宪法的问题就永远不会结束，而且讨论只会随着最高法院走向成熟、加入联邦的州不断增加、美国社会变得日益复杂而更加激烈。在汉密尔顿提出金融方案过程中就出现过对银行家和投机分子的深度不信任，这个问题也将是美国政治生活中一个潜在的问题。

国家银行（在1816年重新获得牌照）只营业到了1836年。那一年安德鲁·杰克逊停止了国家银行，将其视为平民主义诉求的基石。在对待克里克人问题上颇为成功的印第安政策，不久就成了一纸空文。由于印第安与美国的关系一直悬而未决，与克里克人的协定或许为在美国宪法框架下安置印第安部落创造了先例。但是，协定从未得到全面贯彻。1793年就去世的亚历山大·麦吉利夫雷,并没有看到他的族人被极度渴求土地的佐治亚人赶出家园的那一幕。在西北边境,安东尼·韦恩率领的一支军队,于1794年对当地的好战部落进行了毁灭性打击。这预示着对原住民的系统性战斗即将开始。一向思想活跃的乔治·撒切尔冷静地反思道:"我认为现在必须决定,是彻底消灭印第安人,还是放弃在那片区域定居。没有其他选项了。印第安人和白人不可能在同一片区域生活。"

第一届国会留下的最坏结果是在教友会请愿的时候回避了腐朽的奴隶制问题。就算憎恶奴隶制的议员也担心,新政府公开讨论这个问题可能导致分裂。他们的担心也许有道理,但在接下去的70年里,无解的奴隶制问题不断纵容南方人以退出联邦或发生战争相威胁,阻止任何北方政客对奴隶制提出质疑。随着美国的奴隶数量从1790年的323000人大幅攀升到1861年的400万人左右,奴隶制涉及的道德问题越发同各州的权力问题深刻地纠缠在一起。弗吉尼亚众议院理查德·布兰德·李同其他人一样,预测联邦走向解体是不可避免的。他唯一的希望是,这能发生在南方变得更强大之后。"南方各州目前还太势弱,无法真正独立。"他在1790年时私下说。但是他们等待的时机总要到来:"我有信心,我们将有实力为自己赢得公正,破除把我们捆在一起的束缚。"

建国者曾梦想建立没有政党的政府,但这注定是一厢情愿。曾在纽约和费城取得成功的联邦主义者联盟在18世纪结束前就瓦解了。反联邦主义者如埃尔布里奇·格里,心怀不满的联邦主义者如威廉·麦克莱,以及主张州权的南方议员如伊达诺斯·伯克将联合组成民主—共和党,并在托马斯·杰斐逊的领导下,赢得1800年的总统大选，也进一步推动美国政党体系的形成。当时间进入19世纪的第二个十年，联邦主义者大势已去，只是一个没有多少影响力的地方政党，在东北以外的地区没有多少担任公职的党员。一边是联邦主义者日渐式微，另一边则是他们的对手稳步崛起，后来演变成了内战前的民主党，直到内战爆发，一直占据着美国政坛。

但这一切都是后话。当第一届国会议员在1791年3月离开费城的时候，他们坚信自己站在光明的一方，美国曙光的光明里，建立在开明原则之上的共和国将永葆青春。国会在1789年集结的时候，有些人认为它会像古典哲学家之间的秘密会议，然后他们开始感到失望。然而，一个月又一个月过去了，不时被同僚批评为"无礼又粗鲁""笨拙""爱挑毛病"的人却让宪法有效地发挥着作用，而且比热切倡导宪法的人期待的还要成功和灵活。这向欧洲甚至是全世界证明了一点：带着巨大创新和无比决心的人民共和国，不仅可以免于解体，还能繁荣昌盛。

每一位议员都明白，他做出的决定会在未来几十年里影响共和国的发展，而他犯下的错误都会带来相应的后果。"无论是谁，只要他悉心洞察我们政府的本质，都会发现，尽管在采取良好措施的过程中不断出现障碍和延迟，但措施一旦落实，就会永久有效，"亚历山大·汉密尔顿颇有先见之明地说，"系铃容易，解铃难。"有时候，过程有些不够理性，那当然不符合很多现代美国人所坚信的理想化政体。但它是有效的，时间将证明汉密尔顿是正确的。

如同之后的每届国会一样，第一届国会充满了不同的利益、不同的意识形态、不同的个性、个人和地区间的不信任、内部交易，以及平庸之辈引起的怠惰。但所有议员都担心失败，决心让政府运作起来，就算在深层次的原则问题上做出妥协也可以。"我驾舟行驶在联邦的汪洋之上，努力让她驶向预定的航向，"特拉华的联邦主义者约翰·瓦伊宁说，"只要它能满载价值连城的货物安然无恙地抵达彼岸，我将不会为沿线经过激流险滩时失去一小部分索具而伤感，那是为顺利抵达而付出的代价。"就算是极端反联邦主义者，也选择接受曾经强烈反对的结果。弗吉尼亚前州长帕特里克·亨利也许是对整个宪政体系提出最大批评的人，他也相对有风度地接受了结果。"尽管我讨厌把我的同胞置于这样的政府管辖之下，但由于我们是一个同舟共济的整体，当然有必要确保这台机器能够正常运作，至少在离开港口无法维修的情况下应该这样。"他在给自己的门生詹姆斯·门罗的信中写道。

美国人对立法者所做的一切感到很自豪。著名的康涅狄格律师约翰·特朗布尔在最后一次会议结束后热情洋溢地给自己的导师约翰·亚当斯写信道："无论哪个国家，无论什么立法机构，都不可能在政府成立后如此短的时间里完成如此多的任务：秩序、公共信誉及民众的平静情绪。"就算脾气不好的亚当斯也少见地表现出了纯粹的快乐："国民政府的成功，超过了乐天派的期望，比预想的更受欢迎，比我有生之年期待看到的满足还要多。"亚当斯又对一个朋友说："我很高兴自己能为这架机器的运转贡献一分力量。"

第一届国会给共和理念注入了新的巨大生命力。它建立的不是民主政体，那需要经过漫长的演化慢慢形成。18世纪90年代，几乎所有的从政人员，包括乔治·华盛顿，都认为管理政府是有钱有势之人的特权。然而，第一届国会的成功，不仅仅是管理阶层所取得的成功。麦迪逊和他的同僚把宪法的羊皮纸变成了强有力的长效机制，能足够灵活地在未来很多年满足美国人对权力和民主的诉求，而在这之前民众的声音只能隐约被听到。历史学家鲍林·梅尔恰如其分地表示，"宪法的成功，与其说源于其在设计上的完美无缺，不如说是得益于华盛顿等人做出的牺牲"，以及普通民众的坚守，"他们不愿意相信当今面临的问题不是他们能解决的，试图在独立革命的理想和民族需要之间进行调和；对于当时做出的决定，他们不仅考虑个人利益，还考虑对未来的影响"。

普通美国民众发生了改变。在邦联体制下，美国人极少获知有关国会的消息，而现在公众的意见变得重要了。得到鼓励的报纸把政府的所作所为报告给了每一位市民，包括没文化的市民，因为他们会聚集在城市的酒馆和边境的驿站，认真地聆听识文断字的邻居念报纸上的最新报道。见多识广的男女则拥进众议院的游客走廊倾听那里进行的辩论，并质问为什么不能进入参议院。1794年，民众的呼声终于敲开了参议院的大门。原先只是各州居民的人们，现在把自己看成一个国家的民众，用前所未有的方式迎接属于自己的新政府。众议院乔治·撒切尔自信满满地对一位缅因的朋友说："在自由的政府里，政治是人民的酒菜，如果它不合我们的胃口，我们就会把厨子换掉。"

后记

随着新战斗、新梦想和新英雄赢得美国人的关注，人们对议员们的印象日渐模糊，第一届国会所取得的成就慢慢被人们淡忘了。

来自康涅狄格的罗杰·舍曼是第一届国会里最老的议员，也是最早离世的人之一。他被弗吉尼亚的理查德·亨利·李称赞为"我们的共和派老朋友"，是坚忍和正直的代表。他在1790年被选入第二届国会，几乎立刻就被康涅狄格立法机构选为参议院议员。他的职业生涯于1793年戛然而止，享年72岁。

威廉·麦克莱没有再次担任联邦政府的职务。他加入了崛起中的民主—共和党，这比作为联邦主义者更有利于发挥他反对强势中央政府的作风，而在第一届国会期间他则经常与联邦主义者发生摩擦。他被多次选入宾夕法尼亚州立法机构，曾投票赞成修改宪法，把参议员的任期限制在三年；投票反对为华盛顿辞任总统正式表示遗憾；发布了该州反对战争的决议。他于1804年在哈里斯堡逝世，享年66岁。他的日记就是一座纪念碑，于1880年获得出版。

詹姆斯·杰克逊的后续职业生涯，还是和他的品性一样易怒多变。被安东尼·韦恩击败的他向法院提起申诉。在1791年进行的重新投票中，两人都以失败告终。杰克逊于 1793 年被选入参议院，但由于牵涉大规模的土地骗局（被称作"雅助丑闻"）而被迫于两年后辞职。尽管如此，他还是在 1798 年被选为佐治亚州长，然后于 1801 年再次被选为参议员，直到 1806 年去世，享年 48 岁。

罗伯特·莫里斯开始对政治生活失去兴趣，在 1795 年任期届满后从参议院辞职。之后，他专注于土地投机，规模巨大，风险极高。他的投资从纽约到佐治亚都有，新的联邦城市波托马克也有。当他的证券帝国于 1798 年崩溃的时候，他把自己封锁在宾夕法尼亚的家中，希望能躲开债权人。身陷囹圄三年之后，他在近乎贫困之中度过了余生，身旁有女儿照料。他逝世于 1806 年，享年 72 岁。

康涅狄格的奥利弗·埃尔斯沃思，联邦司法体系的教父，于 1790 年再次被选为参议员。他辞职后成了最高法院的第二任首席大法官，在 1796 年接替了约翰·杰伊的位置。还在担任大法官期间，总统约翰·亚当斯于 1799 年把他派到了巴黎，以特使的身份最终成功地解决了"美法准战争"问题，尽管也引起了一些争议。虽然他没有从最高法院辞职，但他没有再回到这个岗位，于 1807 年逝世于康涅狄格，享年 62 岁。

费希尔·埃姆斯因为出众的演说才能而被称为"美国的德摩斯梯尼"，一直是众议院最受尊敬的联邦主义者之一，为了总统和国会的权力而大声疾呼。1796 年，他拒绝了再次当选，虽然只有 40 多岁，就淡出了公众视野，专心监管他在波士顿郊区拥有的一个模范农场。1805 年，他被推荐担任哈佛学院的校长，但以健康问题为由谢绝了。他于 1808 年死于肺结核病，享年 50 岁。晚年的他对于国家发展的方向非常失望。

威廉·劳顿·史密斯的书信和费希尔·埃姆斯的一样，对众议院辩论进行了很好的记载，也展示了一些议员的鲜明个性。史密斯来自南卡罗来纳的查尔斯顿，在1797被约翰·亚当斯任命为美国驻葡萄牙大使前，一直是一名联邦主义者。1801年被杰斐逊免除了职务，返回到查尔斯顿，当起了律师，并与富有的伊泽德家族联姻。他对联邦主义变得越发不感兴趣，于1808年同杰斐逊党人结成了联盟，后来遭到昔日政治盟友的排挤，逝世于1808年，享年54岁。

西奥多·塞奇威克在国会里一直是亚历山大·汉密尔顿的忠实支持者。1795年，马萨诸塞立法机构选他为参议员，后来竞选成功，又当了一届众议员。1800年联邦主义者遭遇失败后，他选择远离政治，但继续在马萨诸塞最高法院任职，一边悉心照料他深爱的妻子帕梅拉，后者患有慢性焦虑和抑郁症，且越来越严重。他逝世于1813年，享年66岁。

埃尔布里奇·格里在第一届国会期间不太受欢迎，且常常遭到孤立，后来继续在马萨诸塞有着精彩的商业和政治作为。尽管有着明显的反联邦主义倾向，他还是支持好友约翰·亚当斯于1796年赢得了总统大选。得到的回报是，他被任命为一个委员会的委员，前往法国修复出现裂痕的外交关系。他与约翰·马歇尔、查尔斯·科茨沃思·平克尼组成的代表团未能完成任务，最终导致1798年美法准战争的爆发。格里后来以杰斐逊共和党人的身份被选为马萨诸塞州长；在第二任期期间的1812年，他以自己的所作所为给美国英语留下了一个新词：为本党利益改划选举区分（gerrymandering）。那一年晚些时候，他被选为副总统，与詹姆斯·麦迪逊搭档。两年后他成为第一个在任期内去世的副总统，享年70岁。

约翰·亚当斯尽管从严格意义上来说不能算作第一届国会议员，但他在担任参议院主席期间绝对是最活跃的角色之一。第三次会议快要结束之际，他写下了或许可以被看作这位副总统墓志铭的一段话："我发现我担任的职位尽管很辛苦，却没多大重要性。饱受煎熬和背叛，现在老了，我真希望再次回到那个老酒吧。我所处的环境几乎是唯一一个不需要坚毅和耐心的地方。"华盛顿1797年辞职以后，亚当斯接任他的职位，开始了一段被历史学家普遍认为最碌碌无为的总统任期。退休时，他和阿比盖尔回到了马萨诸塞的昆西，开始了笔耕不辍的日子，不断抱怨这个国家如何失去了爱国者的美德。亚当斯逝世于1826年7月4日，享年90岁，如此长寿让他得以见证自己的儿子约翰·昆西·亚当斯入主白宫的一幕。

对第一届国会贡献最大的人非詹姆斯·麦迪逊莫属。在前两次会议期间，他几乎凭借一己之力引导着国会的辩论，在巩固总统权力方面扮演着关键性角色，塑造了后来成为《权利法案》的宪法修正案，帮助各方达成妥协，最后定都波托马克，还对其他一些重要的法律文件产生了影响。尽管在国会讨论金融方案的过程中，他的权威减少了，但还是不能低估他为第一届国会取得成功而做出的贡献。他在众议院任职一直到1797年，慢慢变得远离早期的联邦主义立场，而转向拥护州权，这反映了支持他的弗吉尼亚选民和南方人的意愿。1800年，他成为托马斯·杰斐逊的国务卿，然后于1809年接替杰斐逊担任了总统。在他担任总统期间，发生了1812年的战争和白宫火灾，而第一届国会期间曾有人吹嘘，白宫能经受得住任何外来侵略。麦迪逊逝世于1836年，享年85岁。

曾召开过第一届国会的两座城市早已面目全非。除了曼哈顿岛最南端拥挤的巷子、圣保罗礼拜堂和重建的三一教堂，以及议员们工作之余常去的弗朗西斯酒馆，1789 年的纽约已无踪影。联邦大楼于 1812 年被夷为平地，乔治·华盛顿的临时官邸已经消失在布鲁克林大桥的桩结构之下，国会议员们散步的开阔地带早已在城市化的进程中销声匿迹。第一届国会在费城的遗迹保留得相对好一点。国会大楼被按照 18 世纪 90 年代的模样进行了复原，矗立在一群同时代风格的建筑之中，让人暂时忘却了现代都市的格局。最近，常年埋在地下的总统官邸地基被考古学家发掘出来，这处位于市场街的考古发现，在一定程度上有助于纪念乔治·华盛顿的奴仆们，虽然时代久远，但它确认了早期共和国存在的奴隶问题。

第一届国会结束后，一位名叫拜伦·海德·德·内维尔的敏锐外国观察家，乐观中带着些许担心地评论道："这些造反的殖民者正在创造最强大的国家。将来有一天，我们会看到他们让欧洲大吃一惊。即使他们不愿向两个世界发号施令，他们至少也会成为别人效仿的榜样。"他又补充道："只要美国人保持理智就好。"

致谢

数年前，在写一本有关奴隶制和建立华盛顿特区的书时，我结识了肯尼思·R.博林。他出版了很多有关早期首都的著作，内容广泛，学识丰富，睿智有趣，是学术著作中很少见的。《首届国会：美国政府的创造，1789—1791》（以下简称《首届国会》）在一定程度上是几年里我跟肯尼思谈话的结果，因为我开始发现"第一届联邦国会项目"中蕴藏的海量资源，而他则长期担任该项目的主编。肯尼思鼓励我写一本关于第一届国会的历史书，全面呈现其成就，而不仅仅是那些吸引人的部分。没有他的激励和指导，这本书不会成形。

同样重要的还有来自"第一届联邦国会项目"成员的一贯支持：（项目负责人）沙琳·邦士·比克福德，海伦·E.法伊特，以及威廉·C."查克"迪·吉奥克曼东尼奥。在乔治·华盛顿大学的资助下，该项目开始于半个多世纪前，目前已接近尾声。它收集了几乎全部已知的第一届国会议员撰写的文件，或者关于这些议员的文件，还有国会辩论最好的官方记录。这些文件的作者既有名不见经传的，也有大名鼎鼎的。作为记载立法机构历史的伟大工程，它是无可比拟的。肯尼思、沙琳、海伦，以及查克在位于华盛顿特区的办公室欢迎了我，为我提供了他们收集的资料，还有工作空间。所有人都不吝惜他们的宝贵时间，与我分享他们的思想，耐心地回答我的各种问题，其中有些问题一定是幼稚又愚蠢的。好几位项目成员阅读了本书的初稿，并做出了中肯的评价。书中出现的任何问题，一概由我负责。

除此以外，同美国参议院历史学家唐纳德·A. 里奇及其前任理查德·A. 贝克的谈话，在不同程度上有助于我厘清涉及第一届联邦国会的某些核心问题。

我非常感激我的编辑鲍勃·本德，他敏锐的洞察、合理的建议、有关语言精确度和启发性方面的提醒，都让这本书增色不少。同样来自西蒙与舒斯特出版公司的约翰娜·李，全程参与了本书的编辑工作，专业高效，兢兢业业。

我需要感谢我的朋友约翰·施密茨，他拥有极高的设计天分，为我的工作建立了名为 www.fergusbordewich.com 的网站，方便本书的创作，有效地帮助我收集了用于《首届国会》的影像册。国会图书馆文印部的玛丽莲·伊巴赫，在我不知如何获取好几幅珍贵图像时，提供了宝贵的帮助，我对此深表谢意。

在写作《首届国会》的过程中，我的代理人埃莉丝·切尼一如既往地给予我坚定的支持和鼓励。最重要的是，我要感谢我的妻子简，谢谢她宽容我写作过程中专注于美国的过去，未能尽好做丈夫的本分。

专有名词英汉对照表

英文	中文
Aaron Burr	艾伦·伯尔
Abiel Foster	埃比尔·福斯特
Abigail	阿比盖尔
Abraham Baldwin	亚伯拉罕·鲍德温
Aedanus Burke	伊达诺斯·伯克
Alabama	亚拉巴马州
Albany	奥尔巴尼
Albemarle	阿尔伯马尔
Alexander Hamilton	亚历山大·汉密尔顿
Alexander McGillivray	亚历山大·麦吉利夫雷
Alexander White	亚历山大·怀特
Alexandria	亚历山德里亚
Algiers	阿尔及利亚人
Alleghenies	阿勒格尼山脉
Allegheny(River)	阿利盖尼河
Amours of Count Palviano and Eleanora	《帕菲奥纳伯爵与埃莉诺拉的爱情故事》
Anacostia River	阿那卡斯蒂亚河
Andrew Ellicott	安德鲁·埃里克特
Andrew Jackson	安德鲁·杰克逊
Andrew Moore	安德鲁·摩尔
Anglican(Episcopal)Church	英国国教（现称新教圣公会）

Annapolis	安纳波利斯
Anne Bunyan	安·班扬
Anne Drummond	安·德拉蒙德
Anne Tiburona	安·蒂波罗纳
Annette Gordon-Reed	安妮塔·戈登·里德
Anthony Wayne	安东尼·韦恩
Appalachians	阿巴拉契亚山脉
Arlington Natonal Cemetery	阿灵顿国家公墓
Arthur St. Clair	亚瑟·圣·克莱尔
Articles of Confederation	《邦联条例》
Attorney General	司法部
Augean stable	奥吉亚斯王的牛厩
Augusta	奥古斯塔
Babylonians	巴比伦人
Baltimore	巴尔的摩
Barbary	巴巴里
Baron Hyde de Neuville	拜伦·海德·德·内维尔
Battery	巴特里
Bedloe's Island	自由岛
Benjamin Bourn	本杰明·伯恩
Benjamin Contee	本杰明·康蒂
Benjamin Fishbourne	本杰明·菲什伯恩
Benjamin Goodhue	本杰明·古德休
Benjamin Huntington	本杰明·亨廷顿
Benjamin Kawkins	本杰明·霍金斯
Benjamin Lincoln	本杰明·林肯
Benjamin Rush	本杰明·拉什
Benjamin Stoddert	本杰明·斯托德特
Betty Hemings	贝蒂·海明斯
Betty Washington Lewis	贝蒂·华盛顿·刘易斯
Big Fear	大恐惧（印第安人名）
Bill of Rights	《权利法案》
Billy Lee	比利·李
Bird Tail King	鸟尾王（印第安人名）

Bladensburg	布莱登斯堡
Bloomingdale	布卢明代尔
Blue Giver	蓝色施予者（印第安人名）
Blue Ridge Mountains	蓝岭山脉
Board of War and Ordnance	战争和兵器委员会
Bob Bender	鲍勃·本德
Botany Bay of America	美国的流放地
Bowling Green	鲍林·格林
Bowling Green	鲍林·格林（地名）
Braintree	布雷茵特里
Broad Street	布劳得大街
Bronx River	布朗克斯河
Brooklyn Bridge	布鲁克林大桥
Caleb Strong	凯莱布·斯特朗
Caligula	卡利古拉
Cape Cod	科德角
Cape May	开普梅
Captain Cook	库克船长
Carlisle	卡莱尔
Carlos Howard	卡洛斯·霍华德
Carpenter's Hall	卡朋特大楼
Carroll	卡罗尔
Carthage	迦太基
Castleman River	卡斯尔曼河
Catherine Macaulay Graham	凯瑟琳·麦考利·格莱姆
Charlene Bangs Bickford	沙琳·邦士·比克福德
Charles Carroll	查尔斯·卡罗尔
Charles Cotesworth Pinckney	查尔斯·科茨沃思·平克尼
Charles Francis Adams	查尔斯·弗兰西斯·亚当斯
Charles Thomson	查尔斯·汤姆森
Charles Willson Peale	查尔斯·威尔森·皮尔
Charleston	查尔斯顿
Cherokee	切罗基人
Cherry Street	樱桃街

Chester	切斯特
Chestnut Street	栗树街
Chickasaws	契卡索人
Chickwocky	契克沃克(印第安人名)
Chief Justice	大法官
Cicero	西塞罗
City Hall	城市大楼
Civil War	美国内战
Clandestine Marriage	《秘密婚礼》
Cloacina	克罗阿西娜
Coast Guard	海岸警卫队
Coasting Act	《海岸航行法》
Collect	克莱克特河
Collection Act	《稽征法》
Colossians	《歌罗西书》
Committee on Elections	选举委员会
Committee on Ways and Means	赋税委员会
Comte de Moustier	穆斯捷伯爵
Concord	康科德
Conegocheague	克内高奇各河
Conemaugh(River)	康乃莫河
Confederation Congress	邦联议会
Connecticut	康涅狄格州
Conococheague Creek	克诺克奇格溪
Constitutional Convention	制宪会议
Continental Army	大陆军
Continental Congress	大陆会议
Corinthians	《哥林多前书》
Creek	克里克人
Daniel Carroll	丹尼尔·卡罗尔
Daniel Hiester	丹尼尔·希斯特
Daniel Huger	丹尼尔·休杰
Daniel Shays	丹尼尔·谢司
Darby's Return	《达比回来了》

David Humphreys	戴维·汉弗莱斯
David McCullough	戴维·麦卡洛
David Stuart	戴维·斯图尔特
Declaration of Independence	独立宣言
Declaration of Rights and Grievances	《权利和不满宣言》
Decline and Fall of the Roman Empire	《罗马帝国衰亡史》
Delaware	特拉华州
Democratic Party	民主党
Democratic-Republican Party	民主共和党
Demosthenes	德摩斯梯尼
Department of Foreign Affairs	外交部
Department of State	国务院
Department of War	战争部
Department Treasury	财政部
Dewitt Clinton	德威特·克林顿
Don Quixote	《堂吉诃德》
Donald A. Richie	唐纳德·A. 里奇
Duchess of Devonshire	德文郡公爵夫人
Duddington	达丁顿
Duncan Phyfe	邓肯·费甫
East River	东河
Edmund Randolph	埃德蒙德·兰道夫
Egbert Benson	埃格伯特·本森
Elbridge Gerry	埃尔布里奇·格里
Élénor-François-Élie	伊利诺-弗朗索瓦-以利亚
Elias Boudinot	伊莱亚斯·布迪诺特
Elisha Perkins	伊莱沙·铂金斯
Elizabeth Wayle Eppes	伊丽莎白·威尔斯·艾普斯
Elyse Cheney	埃莉丝·切尼
Encyclopaedia Britannica	《不列颠百科全书》
English Civil War	英国内战
Ephesus	以弗所
Exeter	埃克赛特
Ezra Stiles	埃兹拉·斯泰尔斯

Federal Farmer	联邦农民（笔名）
Federal Gazette	《联邦公报》
Federal Hall	联邦大楼
Fisher Ames	费希尔·埃姆斯
Fort George	乔治堡
Fort Washington	华盛顿堡
Francis Deakins	弗兰西斯·迪金斯
Frank Monaghan	弗兰克·莫纳汉
Frederick Augustus Muhlenberg	费雷德雷克·奥古斯塔斯·米伦伯格
Frederick Muhlenburg	弗里德里希·穆伦伯格
Fredericksburg	弗雷德里克斯堡
Freeman's Journal	《自由人期刊》
French Revolution	法国大革命
Friedrich von Steuben	弗里德里希·冯·施托伊本
Gazette of the United States	《合众国公报》
General Israel Putnam	伊斯雷尔·帕特南将军
George A. Billias	乔治·A. 比利亚斯
George Beckwith	乔治·贝克威思
George Clinton	乔治·克林顿
George Clymer	乔治·克莱默
George Gale	乔治·盖尔
George Leonard	乔治·里奥纳德
George Mason	乔治·梅森
George Mathews	乔治·马修斯
George Partridge	乔治·帕特里奇
George Read	乔治·里德
George Rogers Clark	乔治·罗杰斯·克拉克
George Thatcher	乔治·撒切尔
George Walker	乔治·沃克尔
George Washington	乔治·华盛顿
George Washington Parke Custis	乔治·华盛顿·帕克·科斯蒂斯
George Washington University	乔治·华盛顿大学
Georgia	佐治亚州
Germantown	日耳曼敦

Gibbon	吉本
Gilbert Stuart	杰尔波特·斯图亚特
Gold Coast	黄金海岸
Gordian knot	戈尔迪之结
Gouverneur Morris	古弗尼尔·莫里斯
Grand Cairo	大开罗
Great Compromise	《康涅狄格妥协案》
Greenwich Village	格林威治村
Guilford Court House	吉尔福德郡府
Hackensack River	哈肯萨克河
Hancock	汉考克
Harrisburg	哈里斯堡
Hartford	哈特福德
Helen E. Veit	海伦·E. 法伊特
Henry Knox	亨利·诺克斯
Henry Lee	亨利·李
Henry Wynkoop	亨利·温库普
Hercules	赫拉克勒斯
Holland Tunnel	荷兰隧道
Hotel de Langeac	朗雅克宾馆
House of Commons	下院
House of Lords	上院
House of Representatives	众议院
Hudson River	哈得孙河
Hudson Valley Dutchmen	哈得孙河谷的荷兰人
Hugh Williamson	休·威廉姆森
Hutchins Almanac	《赫钦斯年鉴》
Iroquois	易洛魁人
Isaac	伊萨克
Issac Coles	伊萨克·科尔斯
Jacques Necker	雅克·内克尔
Jacques Pierre Brissot de Warville	雅克·皮埃尔·布里索·德·窝里勒
James Duane	詹姆斯·杜安
James Gunn	詹姆斯·冈恩

James Hemings	詹姆斯·海明斯
James Iredell	詹姆斯·艾尔德尔
James Jackson	詹姆斯·杰克逊
James Kent	詹姆斯·肯特
James Lovell	詹姆斯·洛弗尔
James Madison	詹姆斯·麦迪逊
James Madison Jr.	小詹姆斯·麦迪逊
James Monroe	詹姆斯·门罗
James Pemberton	詹姆斯·彭伯顿
James Schureman	詹姆斯·舒尔曼
James Wilson	詹姆斯·威尔逊
Jean	简
Jeremiah Van Rensselaer	杰里迈亚·范·伦塞勒
Jeremiah Wadsworth	杰里迈亚·沃兹沃思
Johanna Li	约翰娜·李
John Adams	约翰·亚当斯
John Alexander	约翰·亚历山大
John Armstrong Jr.	小约翰·阿姆斯特朗
John Baptista Ashe	约翰·巴普蒂斯塔·阿什
John Beckley	约翰·贝克利
John Blair	约翰·布莱尔
John Brown	约翰·布朗
John Delafield	约翰·达拉菲尔德
John E. Ferling	约翰·E. 费林
John Fenno	约翰·芬诺
John Hancock	约翰·汉考克
John Hathorn	约翰·哈索恩
John Henry	约翰·亨利
John Jay	约翰·杰伊
John Langdon	约翰·兰登
John Laurance	约翰·劳伦斯
John Leland	约翰·利兰
John Marshall	约翰·马歇尔
John O'Connor	约翰·奥康纳

John Page	约翰·佩奇
John Pemberton	约翰·彭伯顿
John Peter Muhlenberg	约翰·彼得·米伦伯格
John Quincy Adams	约翰·昆西·亚当斯
John Randolph	约翰·伦道夫
John Rutledge	约翰·拉特利奇
John Schmitz	约翰·施密茨
John Sevier	约翰·塞维尔
John Steele	约翰·斯蒂尔
John Sullivan	约翰·沙利文
John Trumbull	约翰·特朗布尔
John Vining	约翰·瓦伊宁
John Walker	约翰·沃克尔
John Woolman	约翰·沃尔曼
Johnson	约翰逊
Jonathan Elmer	乔纳森·埃尔默
Jonathan Grout	乔纳森·格洛特
Jonathan Sturges	乔纳森·斯特奇斯
Jonathan Trumbull Jr.	小乔纳森·特朗布尔
Joseph Decker	约瑟夫·戴克尔
Joseph Ellis	约瑟夫·埃利斯
Joseph J.Ellis	约瑟夫·J.埃利斯
Joseph Martin	约瑟夫·马丁
Joseph Stanton Jr.	小约瑟夫·斯坦顿
Joshua Seney	乔舒亚·锡尼
Josiah Harmar	乔舒亚·哈马
Josiah Parker	乔舒亚·帕克
Judas	犹大
Juniata (River)	朱尼亚塔河
Kekionga	柯基翁伽
Kenneth R.Bowling	肯尼思·R.博林
Kentucky	肯塔基州
King Charles I	查理一世国王
King George III	乔治三世国王

King Louis XVI	路易十六国王
King Street	国王街
Kiskiminetas(River)	吉斯吉米尼塔斯河
Kittery	基特里
Lambert Cadwalader	兰伯特·卡德瓦拉德
Leicester	莱切斯特
Lextington	莱克星顿
Library of Congress Prints and Photographs Division	国会图书馆文印部
Lieutenant Governor Samuel Adams	副总督塞缪尔·亚当斯
Lives of the Poets	《英国诗人传》
Long Island	长岛
Louis-Guillaume Otto	路易斯-纪尧姆·奥托
Lucy Knox	露西·诺克斯
Lutheran	路德教会
Machiavelli	马基雅维利
Macomb mansion	马科姆大厦
Madeira	马德拉葡萄酒
Maiden Lane	仕女巷
Maine	缅因
Mann's Inn	曼氏旅馆
Marblehead	马布尔黑德
Margaret Adams	玛格丽特·亚当斯
Marie Antoinette	玛丽·安托瓦内特
Marietta	玛丽埃塔
Marilyn Ibach	玛丽莲·伊巴赫
Marinus Willett	马里纳斯·威利特
Market Street	市场街
Marquis de Lafayette	拉法耶特侯爵
Marseilles	马赛
Martha Washington	玛莎·华盛顿
Marvin Lowenthal	马尔文·洛温塔尔
Mary Cranch	玛丽·克兰奇
Mary Daubing	玛丽·道宾

Maryland	马里兰州
Massachusetts	马萨诸塞州
Massachusetts Centinel	《马萨诸塞哨兵报》
Maumee River	莫米河
McComb's Wharf	麦库姆码头
McGill's printery	麦吉尔印刷厂
McGowan's Pass	麦高恩通道
Mehemet Ibrahim	默罕默德·易卜拉欣
Merry Wives of Windsor	《温莎的风流娘们》
Michael Jenifer Stone	迈克尔·詹妮弗·斯通
Middletown	米德尔敦
Milford	米尔福德
Milledgeville	米利奇维尔
Mississippi River	密西西比河
Molly	莫莉
Monocacy River	莫诺卡西河
Monongahela	莫农加希拉河
Monticello	蒙蒂塞洛
Montpelier	蒙彼利埃
Mordecai Collins	莫迪凯·柯林斯
Morrisville	莫里斯维尔
Mosaic laws	摩西律法
Mount Atlas	阿特拉斯山
Mount Vernon	弗农山庄
Mrs. Lewis	路易斯夫人
Mumbet	蒙博托
Murray Hill	默里山
Murray's Wharf	默里码头
Nathanael Greene	纳萨尼尔·葛林
National Bank	国家银行
Nebuchadnezzar	尼布甲尼撒
New Brunswick	新不伦瑞克
New Englander	新英格兰人
New Hampshire	新罕布什尔州

New Haven	纽黑文
New Jersey	新泽西州
New York	纽约州
New York Manumission Society	纽约奴隶解放会
Newark	纽瓦克
Newburgh Conspiracy	纽堡阴谋
Newburyport	纽伯里波特
Newport	纽波特
New-York Daily Advertiser	《每日广告报》
New-York Daily Gazette	《纽约每日公报》
Nicholas Gilman	尼古拉斯·吉尔曼
Nicholas Lewis	尼古拉斯·路易斯
Noah Webster	诺亚·韦伯斯特
Noah's Ark	挪亚方舟
Norfolk	诺福克
North Branch	北布兰奇河
North Carolina	北卡罗来纳
Notes on the State of Virginia	《弗吉尼亚笔记》
Notley Young	诺特利·杨
Ohio	俄亥俄州
Old Testament	《旧约全书》
Oliver Cromwell	奥利弗·克伦威尔
Oliver Ellsworth	奥利弗·埃尔斯沃思
Oliver Phelps	奥利弗·菲尔普斯
Oliver Wolcott Sr.	大奥利弗·沃尔科特
Opay Mico	沃培米可（印第安人名）
Orange County	奥伦治县
Packet	《邮包》
Paine Wingate	佩因·温盖特
Palisades	帕利塞兹山
Pamela Sedgwick	帕梅拉·塞奇威克
Parmesan cheese	巴马干酪
Patrick Henry	帕特里克·亨利
Patrick in Prussia, or Love in a Camp	《普鲁士的帕特里克》，又名《集中营里的爱情》

Patsy	佩特西
Paul Finkelman	保罗·芬克曼
Pauline Maier	鲍林·梅尔
Pennsylvania	宾夕法尼亚州
Pennsylvania Abolition Society	宾夕法尼亚废奴协会
Pennsylvania Gazette	《宾夕法尼亚公报》
Peter	使徒彼得
Peter L'Enfant	皮特·朗方
Peter Silvester	彼得·西尔维斯特
Philadelphia	费城
Philemon Dickinson	菲利蒙·迪金森
Philip John Schuyler	菲利普·约翰·斯凯勒
Philip Schuyler	菲利普·斯凯勒
Phoenicians	腓尼基人
Pierce Butler	皮尔斯·巴特勒
Pierre	皮埃尔
Pittsburgh	匹兹堡
Pliny	普林尼
Polly	波莉
Poor Paddy's Whole History	《派迪外传》
Poplar Run(River)	白杨流河
Port Tobacco	波特塔巴科
Portland	波特兰
Portsmouth	普利茅斯
Potomac River Valley	波托马克河谷
Potowmack Navigation Company	波托马克航运公司
Presbyterian	长老会成员
Providence (town)	普罗维登斯
Prussia	普鲁士
Punishment of Crimes Act	《犯罪惩罚法》
Quakery	教友会做派
Quasi-War with France	美法准战争
Queen Anne	安妮皇后村
Quincy	昆西

Ralph Izard	拉尔夫·伊泽德
Reading	雷丁
Rembrandt Peale	伦勃朗·皮尔
Residence Act	《首都选址法》
Revolutionary War	独立战争
Rhode Island	罗得岛州
Richard A. Baker	理查德·A.贝克
Richard Bassett	理查德·巴西特
Richard Bland lee	理查德·布兰德·李
Richard Brookhiser	理查德·布鲁克海瑟
Richard Henry Lee	理查德·亨利·李
Richmond	里士满
Roanoke	罗阿诺克
Robert Hemings	罗伯特·海明斯
Robert Hodge	罗伯特·霍奇
Robert Morris	罗伯特·莫里斯
Robert R. Livingston	罗伯特·R.利文斯顿
Robinson Crusoe	《鲁滨孙漂流记》
Rock Creek	岩溪
Rockaway	洛克威
Roger Sherman	罗杰·舍曼
Roman Senate	罗马元老院
Ron Chernow	罗恩·彻诺
Royal Exchange Building	皇家交易所大楼
Rufus King	鲁弗斯·金
Rufus Putnam	鲁弗斯·普特南
Sabbath	安息日
Saint Domingue	圣多米尼克
Salem	塞勒姆
Sally Hemings	萨利·海明斯
Samual Adams	塞缪尔·亚当斯
Samual Allinson	塞缪尔·埃林森
Samual Bard	塞缪尔·巴德
Samual Griffin	塞缪尔·格里芬

Samuel Bard	塞缪尔·巴德
Samuel Bryan	塞缪尔·布莱恩
Samuel Johnston	塞缪尔·约翰斯顿
Samuel Livermore	塞缪尔·利弗莫尔
Samuel Osgood	塞缪尔·奥斯古德
Samuel Otis	塞缪尔·奥蒂斯
Samuel Vaughn	塞缪尔·沃恩
Sarah	萨拉
Savannah	萨凡纳
School for Scandal	《丑闻学校》
Schuylkill River	斯库尔基尔河
Secretary of War	战争部部长
Senate	参议院
Shakers	震颤教派
Sharpsburg	夏普斯堡
Shawnee	萧尼人
Shays's Rebellion	谢司起义
Shepherdstown	谢泼兹敦
Sheridan	谢里丹
Sons of St. Tammany	圣坦慕尼之子
South Bronx	南布朗克斯
South Carolina	南卡罗来纳州
South Third Street	南三街
Southwark Theater	索斯沃克剧场
Spaniard	西班牙人
Sparta	斯巴达
Springfield	斯普林菲尔德
St. Andrews Society of New York	纽约圣安德鲁斯协会
St. Croix	圣克鲁伊岛
St. George Tucker	圣·乔治·塔克
St. Paul's Chapel	圣保罗礼拜堂
State Department	国务院
Stimafutchkee	思迪迈弗琪（印第安人名）
Stimalejie	思迪梅耶（印第安人名）

Stockbridge	斯托克布里奇
Stockbridge Western Star	《斯托克布里奇西部之星》
Stratford	斯特拉特福德
superintendent of finance	财政主管
Supreme Court	最高法院
Susquehanna	萨斯奎哈纳
Svengali	斯文加利
Tamanend	坦慕尼
Tammany Hall	坦慕尼协会
Telfair	泰尔费尔
Tench Coxe	滕驰·考克斯
Tennessee	田纳西
The Careless Husband	《粗心的丈夫》
the Cheat (river)	齐特河
The Fair Syrian	《叙利亚美人》
The Federalist	联邦主义者
The Federalist Papers	《联邦党人文集》
The Platonic Guardian	《柏拉图式的守护者》
The Power of Sympathy, or the Triumph of Nature	《怜悯的力量，还是自然的胜利》
The Treaty of Paris	《巴黎条约》
The Treaty of New York	《纽约条约》
Theodore Foster	西奥多·福斯特
Theodore Sedgwick	西奥多·塞奇威克
Theodorick Bland	西奥德里克·布兰德
Thomas Allen	托马斯·艾伦
Thomas Bird	托马斯·博德
Thomas Clarkson	托马斯·克拉克森
Thomas Dwight	托马斯·德怀特
Thomas Fitzsimons	托马斯·菲茨西蒙斯
Thomas Hartley	托马斯·哈特利
Thomas Jefferson	托马斯·杰斐逊
Thomas K. McCraw	托马斯·K.麦克劳
Thomas Lee Shippen	托马斯·李·希彭

Thomas Mann Randolph	托马斯·曼恩·兰道夫
Thomas Mann Randolph Jr.	小托马斯·曼恩·兰道夫
Thomas Night	托马斯·奈特
Thomas Scott	托马斯·斯科特
Thomas Sinnickson	托马斯·斯尼克孙
Thomas Sumter	托马斯·萨姆特
Thomas Tudor Tucker	托马斯·都铎·塔克
Thomas Wait	托马斯·韦特
Timothy Bloodworth	蒂莫西·布拉德沃思
Timothy Pickering	蒂莫西·皮克林
Titus	提多书
Tobias Lear	托拜厄斯·利尔
Tory	保守党人
town of Lynn	琳恩镇
Trenton	特伦顿
Tristram Dalton	特里斯特拉姆·道尔顿
Tuscan	托斯卡纳
Union Square	联合广场
Upper Midwest	上中西部
Uriah Forrest	尤赖亚·福里斯特
Van Hagen	范·哈根
Versailles	凡尔赛宫
Virgil	维吉尔
Virginia	弗吉尼亚州
Virginia Assembly	弗吉尼亚议会
Voyages	《航海记》
W. E. B. Du Bois	W.E.B. 杜波依斯
Wabash	沃巴什
Wallingford	沃灵福德
Warner Mifflin	华纳·米夫林
Water Street	沃特街
Well Meaning Club	善意俱乐部
West Indies	西印度群岛
Westchester	韦斯特切斯特

Wethersfield	韦瑟斯菲尔德
Wheeling	威灵
Whig	辉格党人
Who's the Dupe?	《谁被骗了？》
William Brach Giles	威廉·布兰奇·吉尔斯
William Bradford Jr.	小威廉·布拉德福德
William C. "Chuck" di Giacomantonio	威廉·C."查克"迪·吉奥克曼东尼奥
William C. di Giacomantonio	威廉·C.迪·吉奥克曼东尼奥
William Cushing	威廉·库欣
William Duer	威廉·杜尔
William Few	威廉·菲尤
William Floyd	威廉·弗洛伊德
William Grayson	威廉·格雷森
William Henry Harrison	威廉·亨利·哈里森
William Loughton Smith	威廉·劳顿·史密斯
William Maclay	威廉·麦克莱
William Paterson	威廉·彼得森
William Samuel Johnson	威廉·塞缪尔·约翰逊
William Short	威廉·肖特
William Smith	威廉·史密斯
William Tudor	威廉·都铎
Williamsburg	威廉斯堡
Williamsport	威廉斯波特
Wills Creek	维斯溪
Wilmington	威尔明顿
Winnipipocket Pond	维尼匹泡科特池塘
Woodrow Wilson	伍德罗·威尔逊
Yankee	新英格兰人
Yazoo Country	雅助区
Yorktown	约克镇

参考文献

Books

Abbott, W. W., Dorothy Twohig, et al., eds. *The Papers of George Washington*. Charlottesville: University of Virginia Press, 1987–.

Adams, John Quincy, and Charles Francis Adams. *The Life of John Adams*. 2 vols. New York: Haskell House, 1968.

Allen, W. B., ed. *Works of Fisher Ames*. 2 vols. Indianapolis: Liberty Classics, 1983.

Allen, W. B., and Gordon Lloyd, eds. *The Essential Antifederalist*. Lanham, MD: University Press of America, 1985.

Amar, Akhil Reed. *The Bill of Rights*. New Haven, CT: Yale University Press, 1998.

Arnebeck, Bob. *Through a Fiery Trial: Building Washington, 1790–1800*. Lanham, MD: Madison Books, 1991.

Bear, James A., and Lucia L. Stanton, eds. *Jefferson's Memorandum Books*. 2 vols. Princeton, NJ: Princeton University Press, 1997.

Beeman, Richard. *Plain, Honest Men: The Making of the American Constitution*. New York: Random House, 2010.

Berkeley, Edmund, and Dorothy Smith Berkeley. *John Beckley: Zealous Partisan in a Divided Nation*. Philadelphia: American Philosophical Society, 1973.

Bernhard, Winfred E. A. *Fisher Ames: Federalist and Statesman, 1758–1808*. Chapel Hill: University of North Carolina Press, 1965.

Bickford, Charlene Bangs, and Kenneth R. Bowling. *Birth of the Nation: The First Federal Congress, 1789–1791*. Lanham, MD: Madison House, 1989.

Billias, George Athan. *Elbridge Gerry: Founding Father and Republican Statesman*. New York: McGraw-Hill, 1976.

Bowling, Kenneth R. *The Creation of Washington, D.C.: The Idea and Location of the American Capital*. Fairfax, VA: George Mason University Press, 1991.

———. *Creating the Federal City, 1774–1800: Potomac Fever*. Washington, DC: American Institute of Architects Press, 1988.

Bowling, Kenneth R., and Donald R. Kennon, eds. *The House and Senate in the 1790s: Petitioning, Lobbying, and Institutional Development*. Athens: Ohio University Press, 2002.

———, eds. *Neither Separate nor Equal: Congress in the 1790s*. Athens: Ohio University Press, 2000.

Bowling, Kenneth R., and Helen E. Veit, eds. *The Diary of William Maclay*. Baltimore: Johns Hopkins University Press, 1988.

Boyd, Julian P. *Number 7: Alexander Hamilton's Secret Attempts to Control American Foreign Policy*. Princeton, NJ: Princeton University Press, 1964.

———, ed. *The Papers of Thomas Jefferson*. Princeton, NJ: Princeton University Press, 1958, 1961.

Brissot de Warville, J. P. *New Travels in the United States of America, 1788*. Cambridge, MA: Harvard University Press, 1964.

Brookhiser, Richard. *James Madison*. New York: Basic Books, 2011.

———. *Alexander Hamilton, American*. New York: Touchstone, 1999.

Burnett, Edmund Cody. *The Continental Congress*. New York: Norton, 1964.

———. *Letters of Members of the Continental Congress*. Vol. 8. Washington, DC: Carnegie Institution, 1936.

Burstein, Andrew, and Nancy Isenberg. *Madison and Jefferson*. New York: Random House, 2010.

Casto, William R. *Oliver Ellsworth and the Creation of the Federal Republic*. New York: Second Circuit Committee on History and Commemorative Events, 1997.

Caughey, John Walton. *McGillivray of the Creeks*. Norman: University of Oklahoma Press, 1938.

Cheney, Lynne. *James Madison: A Life Reconsidered*. New York: Viking, 2014.

Chernow, Barbara Ann. *Robert Morris: Land Speculator, 1790–1801*. New York: Arno Press, 1978.

Chernow, Ron. *Alexander Hamilton*. New York: Penguin, 2004.

Christman, Margaret C. S. *The First Federal Congress, 1789–1791*. Washington, DC: Smithsonian Institution Press, 1989.

Collier, Christopher. *Roger Sherman's Connecticut: Yankee Politics and the American Revolution*. Middletown, CT: Wesleyan University Press, 1971.

Daniels, Marcus. *Scandal & Civility: Journalism and the Birth of American Democracy*. New York: Oxford, 2009.

Decatur, Stephen, Jr. *Private Affairs of George Washington from the Records and Accounts of Tobias Lear, Esquire, His Secretary*. Boston: Houghton Mifflin, 1933.

DePauw, Linda Grant, ed. *Senate Executive Journal and Related Documents*. Vol. 2. Baltimore: Johns Hopkins University Press, 1974.

Dumbauld, Edward. *The Bill of Rights*. Norman: University of Oklahoma Press, 1957.

Elkins, Stanley, and Eric McKitrick. *The Age of Federalism: The Early American Republic, 1788–1800*. New York: Oxford University Press, 1993.

Ellis, Joseph J. *His Excellency George Washington*. New York: Knopf, 2004.

———. *Founding Brothers: The Revolutionary Generation*. New York: Vintage, 2002.

———. *Passionate Sage: The Character and Legacy of John Adams*. New York: Norton, 2001.

Farrand, Max, ed. *The Records of the Federal Convention of 1787*. New Haven, CT: Yale University Press, 1937.

Ferguson, E. J. *The Power of the Purse: A History of American Public Finance, 1776–1790*. Chapel Hill: University of North Carolina Press, 1961.

Ferling, John E. *The First of Men: A Life of George Washington*. Knoxville: University of Tennessee Press, 1988.

Finkelman, Paul. *Slavery and the Founders: Race and Liberty in the Age of Jefferson*. New York: M. E. Sharpe, 2001.

Flexner, James Thomas. *George Washington: Anguish and Farewell, 1793–1799*. Boston: Little, Brown, 1969.

———. *George Washington and the New Nation, 1783–1793*. Boston: Little, Brown, 1969.

Foster, William Omer, Sr. *James Jackson: Duelist and Militant Statesman, 1757–1806*. Athens: University of Georgia Press, 1960.

Friedman, Leon, and Fred L. Israel. *The Justices of the United States Supreme Court, 1789–1969: Their Lives and Major Opinions*. Vol. 1. New York: Chelsea House, 1969.

Goldstone, Lawrence. *Dark Bargain: Slavery, Profits, and the Struggle for the Constitution*. New York: Walker, 2005.

Gordon-Reed, Annette. *The Hemingses of Monticello: An American Family*. New York: Norton, 2008.

Greene, Jack P., and J. R. Pole. *The Blackwell Encyclopedia of the American Revolution*. Cambridge: Blackwell, 1991.

Griswold, Rufus Wilmot. *The Republican Court; or, American Society in the Days of Washington*. New York: Haskell House, 1971.

Gutheim, Frederick. *The Potomac*. New York: Holt, Rinehart and Winston, 1949.

Hamilton, Alexander, James Madison, and John Jay. *The Federalist Papers*. New York: Pocket Books, 2004.

———. *Writings*. New York: Library of America, 2001.

Hodges, Graham Russell. *Root & Branch: African Americans in New York & East Jersey, 1613–1863*. Chapel Hill: University of North Carolina Press, 1999.

Horton, James Oliver, and Lois Horton. *In Hope of Liberty: Culture, Community, and Protest among Northern Free Blacks, 1700–1860*. New York: Oxford University Press, 1997.

Hutchinson, William T., William M. E. Rachal, et al., eds., *The Papers of James Madison*. Chicago: University of Chicago Press, 1962–.

Hyde de Neuville, Jean-Guillaume. *Memoirs of Baron Hyde de Neuville: Outlaw, Exile, Ambassador*. 2 vols. London: Sands & Co., n.d.

Isaacson, Walter. *Benjamin Franklin: An American Life*. New York: Simon & Schuster, 2003.

Jackson, Donald, and Dorothy Twohig. *The Diaries of George Washington*. Charlottesville: University of Virginia Press, 1979.

Janvier, Thomas. *In Old New York*. New York: Harper & Brothers, 1894.

Jefferson, Thomas. *Writings*. New York: Library of America, 1984.

Kaminski, John P., and Timothy D. Moore. *An Assembly of Demigods: Word Portraits of the Delegates to the Constitutional Convention by Their Contemporaries*. Madison, WI: Parallel Press, 2012.

Kennon, Donald, ed., *A Republic for the Ages: The United States Capitol and the Political Culture of the Early Republic*. Charlottesville: University of Virginia Press, 1999.

Kolchin, Peter. *American Slavery, 1619–1877*. New York: Hill & Wang, 1993.

Kurlansky, Mark. *Cod: A Biography of the Fish That Changed the World.* New York: Vintage, 1999.

Labunski, Richard. *James Madison and the Struggle for the Bill of Rights.* New York: Oxford, 2006.

Lamplugh, George R. *Politics on the Periphery: Factions and Parties in Georgia, 1783–1806.* Newark: University of Delaware Press, 1986.

Larkin, Jack. *The Reshaping of Everyday Life, 1790–1840.* New York: Harper & Row, 1989.

Leibiger, Stuart. *Founding Friendship: George Washington, James Madison, and the Creation of the American Republic.* Charlottesville: University of Virginia Press, 1999.

Lettieri, Ronald John. *Connecticut's Young Man of the Revolution: Oliver Ellsworth.* Hartford: American Revolution Bicentennial Committee of Connecticut, 1978.

Lowance, Mason, ed. *Against Slavery: An Abolitionist Reader.* New York: Penguin, 2000.

Maier, Pauline. *Ratification: The People Debate the Constitution, 1787–1788.* New York: Simon & Schuster, 2010.

Main, Jackson Turner. *The Anti-federalists: Critics of the Constitution, 1781–1788.* New York: Norton, 1974.

Marcus, Maeva, ed. *The Documentary History of the Supreme Court of the United States.* Vol. 4. New York: Columbia University Press, 1992.

Martin, Joseph Plumb. *A Narrative of a Revolutionary Soldier.* New York: Signet Classic, 2001.

McCoy, Drew R. *The Last of the Fathers: James Madison and the Republican Legacy.* New York: Cambridge University Press, 1989.

McCraw, Thomas K. *The Founders and Finance: How Hamilton, Gallatin, and Other Immigrants Forged a New Economy.* Cambridge, MA: Belknap Press, 2012.

McCullough, David. *John Adams.* New York: Simon & Schuster, 2001.

Metcalf, Paul. *Waters of Potowmack.* Charlottesville: University of Virginia Press, 2002.

Monaghan, Frank, and Marvin Lowenthal. *This Was New York: The Nation's Capital in 1789.* Garden City, NY: Doubleday, Doran, 1943.

Moulton, Phillips P., ed. *The Journal and Major Essays of John Woolman.* Richmond, IN: Friends United Press, 1971.

Nash, Gary B. *The Forgotten Fifth: African Americans in the Age of Revolution*. Cambridge, MA: Harvard University Press, 2006.

———. *First City: Philadelphia and the Forging of Historical Memory*. Philadelphia: University of Pennsylvania Press, 2002.

———. *Race and Revolution*. Lanham, MD: Rowman & Littlefield: 1990.

Newman, Richard S. *The Transformation of American Abolitionism: Fighting Slavery in the Early Republic*. Chapel Hill: University of North Carolina Press, 2002.

Padover, Saul K., ed. *Thomas Jefferson and the National Capital*. Washington, DC: US Government Printing Office, 1946.

Prucha, Francis Paul. *American Indian Treaties: The History of a Political Anomaly*. Berkeley: University of California Press, 1994.

———. *The Great Father: The United States Government and the American Indians*. Lincoln: University of Nebraska Press, 1984.

Rakove, Jack N. *James Madison and the Creation of the American Republic*. New York: Longman, 2002.

Rappleye, Charles. *Robert Morris: Financier of the American Revolution*. New York: Simon & Schuster, 2010.

Sakolski, A. M. *The Great American Land Bubble: The Amazing Story of Land-Grabbing, Speculations, and Booms from Colonial Days to the Present Times*. New York: Harper & Brothers, 1932.

Schecter, Barnet. *The Battle for New York: The City at the Heart of the American Revolution*. New York: Penguin, 2002.

Schwartz, Bernard. *A History of the Supreme Court*. New York: Oxford University Press, 1993.

Sedgwick, John. *In My Blood: Six Generations of Madness and Desire in an American Family*. New York: HarperCollins, 2007.

Smith, James Morton. *The Republic of Letters: The Correspondence between Thomas Jefferson and James Madison, 1776–1826*. Vol. 1. New York: Norton, 1995.

Smith, Paul H., ed. *Letters of Delegates to Congress*. Vol. 25. Washington, DC: Library of Congress, 1998.

Smith, Thomas E. V. *The City of New York in the Year of Washington's Inauguration, 1789*. Riverside, CT: Chatham Press, 1972.

Stahr, Walter. *John Jay: Founding Fathers*. New York: Hambledon & London, 2005.

Stanton, Lucia. *Free Some Day: The African-American Families of Monticello.* Monticello, VA: Thomas Jefferson Foundation, 2000.

———. *Slavery at Monticello.* Monticello, VA: Thomas Jefferson Foundation, 1996.

Stewart, David O. *Madison's Gift: Five Partnerships That Built America.* New York: Simon & Schuster, 2015.

Stokes, I. N. Phelps. *The Iconography of Manhattan Island, 1498–1909.* Vol. 5. New York: Arno Press, 1967.

Syrett, Harold C., ed. *The Papers of Alexander Hamilton.* New York: Columbia University Press, 1961–87.

Thompson, C. Bradley. *John Adams and the Spirit of Liberty.* Lawrence: University Press of Kansas, 1998.

Thompson, Mary V. *"In the Hands of a Good Providence": Religion in the Life of George Washington.* Charlottesville: University of Virginia Press, 2008.

Veit, Helen E., Kenneth R. Bowling, and Charlene Bangs Bickford. *Creating the Bill of Rights: The Documentary Record from the First Federal Congress.* Baltimore: Johns Hopkins University Press, 1991.

White, Leonard D. *The Federalists: A Study in Administrative History.* New York: Free Press, 1965.

White, Shane. *Somewhat More Independent: The End of Slavery in New York City, 1770–1810.* Athens: University of Georgia Press, 1991.

Wiencek, Henry. *Master of the Mountain: Thomas Jefferson and His Slaves.* New York: Farrar, Straus & Giroux, 2012.

Wills, Gary. *James Madison.* New York: Times Books, 2002.

Wilson, Carol. *Freedom at Risk: The Kidnapping of Free Blacks in America, 1780–1865.* Lexington: University Press of Kentucky, 1994.

Winch, Julie. *A Gentleman of Color: The Life of James Forten.* New York: Oxford University Press, 2002.

Wood, Gordon S. *The Idea of America: Reflections on the Birth of the United States.* New York: Penguin, 2011.

———. *Empire of Liberty: A History of the Early Republic, 1789–1815.* New York: Oxford University Press, 2009.

———. *The Radicalism of the American Revolution.* New York: Knopf, 1992.

Wright, Robert E., and David J. Cowen. *Financial Founding Fathers: The Men Who Made America Rich.* Chicago: University of Chicago Press, 2006.

Zilversmit, Arthur. *The First Emancipation: The Abolition of Slavery in the North.* Chicago: University of Chicago Press, 1970.

Articles, Pamphlets, and Other Sources

Bartoloni de Tuazon, Mary Kathleen. "Mr. President: Washington, the Presidency, & the Indispensable Title Controversy of 1789." PhD thesis, George Washington University, 2010.

Bowling, Kenneth R. "'A Tub to the Whale': The Founding Fathers and the Adoption of the Federal Bill of Rights." *Journal of the Early Republic* 8, no. 3 (Fall 1988).

———. "Good-by 'Charle': The Lee-Adams Interest and the Political Demise of Charles Thompson, Secretary of Congress, 1774–1789." *Pennsylvania Magazine of History and Biography* 100, no. 3 (July 1976).

di Giacomantonio, William C. "'For the Gratification of a Volunteering Society': Antislavery and Pressure Group Politics in the First Federal Congress." *Journal of the Early Republic* 15 (Summer 1995).

Finkelman, Paul. "James Madison and the Bill of Rights: A Reluctant Paternity." *Supreme Court Review* 301 (1990).

Franklin, Benjamin. *Observations Concerning the Increase of Mankind, Peopling of Countries, &c.* Pamphlet. S. Kneeland, 1755.

Frost, J. William. "Quaker Antislavery: From Dissidence to Sense of the Meeting." Unpublished paper. Friends Historical Library, Swarthmore College. http://www.swarthmore.edu/Library/friends/Frost.

Hamilton, Alexander. *Report of the Secretary of the Treasury on the Subject of a National Bank.* Pamphlet. New York: S. Whiting & Co., 1811.

Lamplugh, George R. "'Oh the Colossus! The Colossus!': James Jackson and the Jeffersonian Republican Party in Georgia, 1796–1806." *Journal of the Early Republic* 9 (Autumn 1989).

Langdon, John. *Remarks on the Report of the Secretary of the Treasury to the House of Representatives.* Pamphlet. May 1790.

"Memorial of the Pennsylvania Society for Promoting the Abolition of Slavery to the Senate and Representatives of the United States." February 3, 1790. PAS Collection, Historical Society of Pennsylvania. http://www.digitallibrary.hsp.org.

Minutes of the Manumission Society of New-York. Vol. 6. New-York Historical Society.

Stiles, Ezra. "The United States Elevated to Glory and Honor." Sermon. 1783. University of Nebraska-Lincoln Digital Commons. http://digitalcommons.unl.edu/etas.

Winch, Julie. "Philadelphia and the Other Underground Railroad." *Pennsylvania Magazine of History and Biography* 111, no. 1 (January 1987).

Newspapers

Congressional Register
Connecticut Journal
Dunlap's American Daily Advertiser
Federal Gazette
Gazette of the United States
General Advertiser
Lloyd's Notes
New-York Daily Advertiser
New-York Daily Gazette
New-York Journal
Pennsylvania Gazette
Pennsylvania Packet